Posttraumatische Belastungsstörung

Posttraumatische Belastungsstörung

Ein Manual zur Cognitive Processing Therapy

von
Julia König, Patricia A. Resick,
Regina Karl und Rita Rosner

HOGREFE

GÖTTINGEN · BERN · WIEN · PARIS · OXFORD · PRAG · TORONTO
CAMBRIDGE, MA · AMSTERDAM · KOPENHAGEN · STOCKHOLM

Dipl.-Psych. Julia König, geb. 1980. 2000–2005 Studium der Psychologie in München. 2005 Beginn der Ausbildung in Verhaltenstherapie bei der DGVT München und Münster. Seit 2008 Wissenschaftliche Mitarbeiterin am Lehrstuhl für Klinische Psychologie der LMU München und Psychotherapeutin in der Institutsambulanz. 2010 Approbation als Psychologische Psychotherapeutin.

Ph.D. Patricia A. Resick, geb. 1949. Studium der Klinische Psychologie an der Kent State University und der Universität von Georgia, USA. 1976 Promotion. Anschließend Lehre an der Universität von South Dakota, der medizinischen Universität von South Carolina und der Universität von Missouri-St. Louis. Seit 2003 Professorin für Psychiatrie und Psychologie an der Boston University und Direktorin der Abteilung für Frauengesundheitsforschung am Nationalen Zentrum für PTBS des Veterans Affairs (VA) Gesundheitssystems in Boston, USA. Seit 2006 Leitung einer US-weiten Kampagne zur Verbreitung der Cognitive Processing Therapy.

Dr. Regina Karl, geb. 1957. 1995–2001 Studium der Psychologie in München. 2007 Promotion. Seit 2001 Wissenschaftliche Mitarbeiterin und seit 2007 Mitarbeiterin und Traumatherapeutin an der Traumaambulanz der LMU München.

Prof. Dr. Rita Rosner, geb. 1962. 1983–1989 Studium der Psychologie in München. 1991–1992 Forschungsstipendium an der University of California at Santa Barbara. 1996 Promotion. 1999 Approbation als Psychologische Psychotherapeutin (Verhaltenstherapie). 2002–2003 Vertretung der Professur für Psychologische Diagnostik und Intervention an der Friedrich-Schiller-Universität Jena. 2003 Habilitation. 2003–2011 Professur für Klinische Psychologie, Psychologische Beratung und Intervention an der Ludwig-Maximilians-Universität München. Seit 2011 Inhaberin des Lehrstuhls für Klinische und Biologische Psychologie an der Katholischen Universität Eichstätt-Ingolstadt.

Wichtiger Hinweis: Der Verlag hat für die Wiedergabe aller in diesem Buch enthaltenen Informationen (Programme, Verfahren, Mengen, Dosierungen, Applikationen etc.) mit Autoren bzw. Herausgebern große Mühe darauf verwandt, diese Angaben genau entsprechend dem Wissensstand bei Fertigstellung des Werkes abzudrucken. Trotz sorgfältiger Manuskriptherstellung und Korrektur des Satzes können Fehler nicht ganz ausgeschlossen werden. Autoren bzw. Herausgeber und Verlag übernehmen infolgedessen keine Verantwortung und keine daraus folgende oder sonstige Haftung, die auf irgendeine Art aus der Benutzung der in dem Werk enthaltenen Informationen oder Teilen davon entsteht. Geschützte Warennamen (Warenzeichen) werden nicht besonders kenntlich gemacht. Aus dem Fehlen eines solchen Hinweises kann also nicht geschlossen werden, dass es sich um einen freien Warennamen handele.

Bibliografische Information der Deutschen Nationalbibliothek
Die Deutsche Nationalbibliothek verzeichnet diese Publikation
in der Deutschen Nationalbibliografie; detaillierte bibliografische
Daten sind im Internet über http://dnb.d-nb.de abrufbar.

© 2012 Hogrefe Verlag GmbH & Co. KG
Göttingen · Bern · Wien · Paris · Oxford · Prag · Toronto
Cambridge, MA · Amsterdam · Kopenhagen · Stockholm
Merkelstraße 3, 37085 Göttingen

http://www.hogrefe.de
Aktuelle Informationen · Weitere Titel zum Thema · Ergänzende Materialien

Das Werk einschließlich aller seiner Teile ist urheberrechtlich geschützt. Jede Verwertung außerhalb der engen Grenzen des Urheberrechtsgesetzes ist ohne Zustimmung des Verlags unzulässig und strafbar. Das gilt insbesondere für Vervielfältigungen, Übersetzungen, Mikroverfilmungen und die Einspeicherung und Verarbeitung in elektronischen Systemen.

Satz: ARThür Grafik-Design & Kunst, Weimar
Gesamtherstellung: Hubert & Co, Göttingen
Printed in Germany
Auf säurefreiem Papier gedruckt

ISBN 978-3-8017-2419-1

Inhaltsverzeichnis

Vorwort 9

Kapitel 1: Grundlagen der Cognitive Processing Therapy (CPT) 10
1.1 Überblick über das Störungsbild der Posttraumatischen Belastungsstörung 10
1.1.1 Klassifikation 10
1.1.2 Diagnostische Kriterien 10
1.1.3 Prävalenz und Komorbidität 12
1.1.4 Verlauf und Prognose 12
1.1.5 Diagnostik der PTBS 13
1.2 Theoretischer Hintergrund 14
1.2.1 Die Konfrontation mit dem Ereignis bei der CPT 14
1.2.2 Schemata, Assimilation und Akkommodation – Die kognitive Theorie der CPT 15
1.2.3 Natürliche und sekundäre Gefühle – Die „Emotionstheorie" der CPT 16
1.3 Inhalte und Ablauf der CPT 17
1.3.1 Psychoedukation, Auswirkungen des Traumas, Gedanken und Gefühle 17
1.3.2 Beschäftigung mit dem traumatischen Ereignis und dessen Folgen 17
1.3.3 Kognitive Arbeit 17
1.4 Evaluation der Cognitive Processing Therapy 18
1.4.1 Wirksamkeitsstudien 18
1.4.2 Klinische Studie im Einzelsetting – CPT mit traumatisierten Flüchtlingen 19
1.4.3 Adaptationen des CPT-Gruppenformats 20
1.4.4 Einzelfallstudien 22
1.4.5 Besondere Aspekte 23

Kapitel 2: Die Münchner Adaptation der CPT 27
2.1 Unterschiede zur Originalversion der CPT 27
2.1.1 Sitzungen 27
2.1.2 Bereich „Aktivitäten und Kontakte" 27
2.1.3 Arbeitsblätter 28
2.2 Allgemeine Überlegungen 28
2.2.1 Planung der Sitzungen 29
2.2.2 Therapeutenverhalten 29
2.2.3 Manualisierung und Individualität 30
2.2.4 Ablauf der Sitzungen 31

Kapitel 3: CPT im Überblick 34
3.1 Entscheidungen vor der Therapie 37
3.1.1 Indikation und Kontraindikationen in Bezug auf die Patienten 37
3.1.2 Überlegungen für Therapeuten 38
3.1.3 Mit oder ohne Traumabericht? 40
3.1.4 „Aktivitäten und Kontakte" – Ja oder nein? 41
3.1.5 Soll das Trauermodul durchgeführt werden? 41
3.2 Anpassungsmöglichkeiten während der Therapie 41
3.2.1 Zusätzliche Sitzungen oder Themen 41
3.2.2 Kürzen von Sitzungen oder Themen 42
3.3 Bestandteile der CPT 42

3.3.1	Zeitlicher Verlauf der kognitiven Arbeit	43
3.3.2	Hängepunkte	44
3.3.3	Mögliche ergänzende kognitive Techniken	47
3.3.4	Inhalte der kognitiven Arbeit – Fünf wichtige Themenbereiche	49
3.3.5	Traumanarrativ	50
3.3.6	Fakultativ: Verhaltensbezogene Arbeit – Bereich „Aktivitäten und Kontakte"	50
3.3.7	Fakultativ: Trauer	52
3.4	Umgang mit Gefühlen und andere wichtige Themen	52
3.4.1	Schuld und Verantwortung	52
3.4.2	Scham	53
3.4.3	Dissoziation	54
3.4.4	Trauer	54
3.4.5	Wut, Ärger, Rachewünsche	54
3.4.6	Ekel	55
3.4.7	Angst	56
3.4.8	Trauma und das soziale Umfeld des Patienten	56
3.5	Komplizierende Faktoren	56
3.5.1	Gerichts-, Asyl- und Rentenverfahren	56
3.5.2	Medikation	57
3.5.3	Bleibende körperliche Schäden durch das Trauma	58

Kapitel 4: Die CPT-Sitzungen ... 59

4.1	Erste Sitzung – Einführung und Psychoedukation	59
4.2	Zweite Sitzung – Ziele und Hängepunkte	67
4.3	Optionale Sitzung – Traumatischer Verlust	72
4.4	Dritte Sitzung – Die Bedeutung des Ereignisses	75
4.5	Vierte Sitzung – ABC-Blätter und Alltagsbewältigung	79
4.6	Fünfte Sitzung – Gedanken und Gefühle identifizieren	85
4.7	Sechste Sitzung – Die Erinnerung an das Trauma	88
4.8	Siebte Sitzung – Hängepunkte finden	94
4.9	Achte Sitzung – Hilfreiche Fragen	99
4.10	Neunte Sitzung – Problematische Denkmuster	103
4.11	Zehnte Sitzung – Sicherheit	107
4.12	Elfte Sitzung – Vertrauen	112
4.13	Zwölfte Sitzung – Macht und Kontrolle	115
4.14	Dreizehnte Sitzung – Wertschätzung	118
4.15	Vierzehnte Sitzung – Intimität und Selbstfürsorge	121
4.16	Fünfzehnte Sitzung – Reflexion und Abschluss	124

Kapitel 5: Evaluation ... 126

5.1	Vorgehen	126
5.1.1	Studiendesign	126
5.1.2	Stichprobe	126
5.1.3	Maße	127
5.2	Ergebnisse	128

Literatur ... 130

Anhang
Übersicht über die Arbeitsblätter auf der CD-ROM ... 133

CD-ROM

Die CD-ROM enthält PDF-Dateien aller Arbeitsblätter, die zur Durchführung des Therapieprogrammes verwendet werden können.

Die PDF-Dateien können mit dem Programm Acrobat® Reader (eine kostenlose Version ist unter www.adobe.com/products/acrobat erhältlich) gelesen und ausgedruckt werden.

Vorwort

In den letzten Jahren hat es im Bereich der Therapie und Forschung zur Posttraumatischen Belastungsstörung viele Fortschritte gegeben. Trotz der eindeutigen Evidenz der traumafokussierten Verfahren sind nach wie vor Therapieplätze nicht in ausreichendem Maß verfügbar. Woran liegt das? An der fehlenden Ausbildung in wirksamen Therapieverfahren vielleicht, aber oft auch an Ängsten vor negativen Auswirkungen. Vielleicht macht dieses Buch einigen Kollegen Mut, sich an diese Klientel „heranzuwagen" und dabei festzustellen, dass die Arbeit nicht nur anstrengend, sondern auch sehr bereichernd ist – und oft sogar Spaß macht.

Bei diesem Manual handelt es sich um eine konsequente Anwendung allgemeiner kognitiv-verhaltenstherapeutischer Interventionen. Therapeuten mit einer Ausbildung und langjähriger Erfahrung in diesem Bereich, werden vieles wiedererkennen und vielleicht Aufsehen erregend Neues vermissen. Auch wenn es dadurch für einige Leser zu Wiederholungen kommt, haben wir uns jedoch für eine detaillierte Beschreibung der Interventionen entschieden. Denn diejenigen, die mit dem allgemeinen Vorgehen nicht so vertraut sind, können so sicher eher davon profitieren und Wiederholen, Auffrischen und die konsequente Umsetzung tragen sicher zum Erfolg dieser Intervention in der täglichen Praxis bei.

Hier auch noch ein Wort zum Thema Geschlecht – die Autorinnen und daher die Therapeutinnen der Fallbeispiele sind Frauen, und auch der Großteil der von uns behandelten Menschen ist weiblichen Geschlechts. Daher erschien es uns unpassend, die im Deutschen übliche männliche Form zu verwenden, mit der in der Regel beide Geschlechter gemeint sind. Da wir aber anderseits sowohl „Patienten/innen" als auch „Therapeutinnen und Therapeuten" wenig elegant finden, haben wir uns dafür entschieden, zwischen männlichen und weiblichen Formen abzuwechseln, wobei immer auch Menschen des anderen Geschlechts angesprochen sind.

Wir sagen danke

First and foremost, we would like to thank Prof. Patricia Resick for her openness toward this project and for all her help in implementing CPT in Munich. We were able to participate in her excellent workshops in Mannheim and Munich and we enjoyed the great privilege of a supervision session on our more difficult cases. These experiences were valuable both because of the information and tips we received and because of the therapeutic model we were able to witness. Thank you Patti! You are still being quoted in our therapies.

Großer Dank geht an die Therapeutinnen, die an der Traumaambulanz der Universität München Patientinnen und Patienten mit CPT behandelt haben. Sie waren die „Testpiloten" für dieses Manual und haben mit Feedback und Fallgeschichten dazu beigetragen. Danke, Dr. Iris Liwowsky, Dipl.-Psych. Marion Drechsler, Dipl.-Psych. Katja Eichen, Dipl.-Psych. Cristiana Martellotta, Dr. Alexandra Liedl und Dipl.-Psych. Alexandra Ortenburger.

Besonders bedanken möchten wir uns auch bei den Patienten und Patientinnen, die wir ein Stück auf ihrem Weg begleiten duften. Sie haben uns ihr Vertrauen entgegen gebracht, ihre Geschichten erzählt, ihre Fragen gestellt, uns herausgefordert, überrascht, beeindruckt und zum Lachen gebracht. Von ihnen haben wir viel gelernt.

München und Eichstätt, Juni 2011

Julia König, Regina Karl
und *Rita Rosner*

Kapitel 1

Grundlagen der Cognitive Processing Therapy (CPT)

Das vorliegende Manual zur kognitiv-verhaltenstherapeutischen Behandlung der Posttraumatischen Belastungsstörung (ICD-10: F43.1) basiert auf der *Cognitive Processing Therapy* (im Folgenden CPT genannt) von Prof. Patricia Resick (Resick & Schnicke, 1993; Resick, Monson & Chard, 2007). Das Buch wendet sich an Psychotherapeuten und setzt Grundkenntnisse der kognitiven Verhaltenstherapie voraus.

In diesem Einführungskapitel wird, nach einem Überblick über das Störungsbild der Posttraumatischen Belastungsstörung und einer kurzen Übersicht über die theoretischen Hintergründe der CPT, eine grundlegende Orientierung über die Inhalte der Therapie gegeben, bevor näher auf die bisherige Forschung zur US-amerikanischen Originalversion eingegangen wird.

1.1 Überblick über das Störungsbild der Posttraumatischen Belastungsstörung

1.1.1 Klassifikation

Die Posttraumatische Belastungsstörung (im Folgenden mit PTBS abgekürzt) ist ein Störungsbild, das seit etwa 30 Jahren in den Klassifikationssystemen für psychische Störungen enthalten ist und das seit den 1980er Jahren beforscht wird. Auch vorher waren die PTBS-typischen Symptome schon bekannt, wurden aber direkter mit dem auslösenden Ereignis in Zusammenhang gebracht und mit spezifischen Begriffen bezeichnet, wie *shell shock* (Granatenschock), *rape trauma syndrome* (Vergewaltigungssyndrom) oder *railway spine* (Wirbelsäulenerkrankung nach Eisenbahnunfällen). Ein guter Überblick über die historische Entwicklung der Diagnose findet sich bei Resick (2003).

1.1.2 Diagnostische Kriterien

Die beiden Klassifikationssysteme, DSM (APA, 1994) und ICD (WHO, 2005), entsprechen sich bei der Klassifikation der Posttraumatischen Belastungsstörung weitgehend. An dieser Stelle werden die Kriterien beider Systeme angegeben, da im deutschen Gesundheitssystem eine ICD-Diagnose verlangt wird, für die Forschung aber meist nach DSM diagnostiziert wird.

> **Kriterien für PTBS (F43.1) nach ICD-10 (WHO, 2005, S. 169f.)**
>
> Die PTBS entsteht als eine verzögerte oder protrahierte Reaktion auf ein belastendes Ereignis oder eine Situation außergewöhnlicher Bedrohung oder katastrophenartigen Ausmaßes, die bei fast jedem eine tiefe Verzweiflung hervorrufen würde. Hierzu gehören eine durch Naturereignisse oder von Menschen verursachte Katastrophe, eine Kampfhandlung, ein schwerer Unfall oder Zeuge des gewaltsamen Todes anderer oder selbst Opfer von Folterung, Terrorismus, Vergewaltigung oder anderen Verbrechen zu sein. Prämorbide Persönlichkeitsfaktoren wie bestimmte Persönlichkeitszüge (z. B. zwanghafte oder asthenische) oder neurotische Erkrankungen in der Vorgeschichte können die Schwelle für die Entwicklung dieses Syndroms senken und seinen Verlauf verstärken, aber die letztgenannten Faktoren sind weder notwendig noch ausreichend, um das Auftreten der Störung zu erklären.
>
> Typische Merkmale sind das wiederholte Erleben des Traumas in sich aufdrängenden Erinnerungen (Nachhallerinnerungen, Flashbacks), oder in Träumen, vor dem Hintergrund eines andauernden Gefühls von Betäubtsein und emotionaler Stumpfheit, Gleichgültigkeit gegenüber anderen Menschen, Teilnahmslosigkeit der Umgebung gegenüber, Anhedonie sowie Vermeidung von Aktivitäten und Situationen, die Erinnerungen an das Trauma wachrufen könnten.
>
> Gewöhnlich tritt ein Zustand von vegetativer Übererregtheit mit Vigilanzsteigerung, einer übermäßigen Schreckhaftigkeit und Schlaflosigkeit auf. Angst und Depression sind häufig mit den genannten Symptomen und Merkmalen assoziiert und Suizidgedanken sind nicht selten. Drogeneinnahme oder übermäßiger Al-

koholkonsum können als komplizierende Faktoren hinzukommen.

Die Störung folgt dem Trauma mit einer Latenz, die wenige Wochen bis Monate dauern kann (doch selten mehr als sechs Monate nach dem Trauma). Der Verlauf ist wechselhaft, in der Mehrzahl der Fälle kann jedoch eine Heilung erwartet werden. Bei wenigen Patienten nimmt die Störung über viele Jahre einen chronischen Verlauf und geht dann in eine andauernde Persönlichkeitsänderung über (siehe F62.0).

Kriterien für PTBS (309.81) nach DSM-IV-TR (Saß, Wittchen, Zaudig & Houben, S. 193ff.)

A. Die Person wurde mit einem traumatischen Ereignis konfrontiert, bei dem die beiden folgenden Kriterien vorhanden waren:

1. Die Person erlebte, beobachtete oder war mit einem oder mehreren Ereignissen konfrontiert, die tatsächlichen oder drohenden Tod oder ernsthafte Verletzung oder eine Gefahr der körperlichen Unversehrtheit der eigenen Person oder anderer Personen beinhalteten.
2. Die Reaktion der Person umfasste intensive Furcht, Hilflosigkeit oder Entsetzen. *Beachte:* Bei Kindern kann sich dies auch durch aufgelöstes oder agitiertes Verhalten äußern.

B. Das traumatische Ereignis wird beharrlich auf mindestens eine der folgenden Weisen wiedererlebt:

1. Wiederkehrende und eindringliche belastende Erinnerungen an das Ereignis, die Bilder, Gedanken oder Wahrnehmungen umfassen können. *Beachte:* Bei jüngeren Kindern können Spiele auftreten, in denen wiederholt Themen oder Aspekte des Traumas ausgedrückt werden.
2. Wiederkehrende, belastende Träume von dem Ereignis. *Beachte:* Bei Kindern können auch stark beängstigende Träume ohne wieder erkennbaren Inhalt auftreten.
3. Handeln oder Fühlen, als ob das Ereignis wiederkehrt (beinhaltet das Gefühl, das Ereignis wiederzuerleben, Illusionen, Halluzinationen und dissoziative Flashback-Episoden, einschließlich solcher, die beim Aufwachen oder bei Intoxikationen auftreten). *Beachte:* Bei jüngeren Kindern kann eine traumaspezifische Neuinszenierung auftreten.
4. Intensive psychische Belastung bei der Konfrontation mit internalen oder externalen Hinweisreizen, die einen Aspekt des traumatischen Ereignisses symbolisieren oder an Aspekte desselben erinnern.
5. Körperliche Reaktionen bei der Konfrontation mit internalen oder externalen Hinweisreizen, die einen Aspekt des traumatischen Ereignisses symbolisieren oder an Aspekte desselben erinnern.

C. Anhaltende Vermeidung von Reizen, die mit dem Trauma verbunden sind, oder eine Abflachung der allgemeinen Reagibilität (vor dem Trauma nicht vorhanden). Mindestens drei der folgenden Symptome liegen vor:

1. Bewusstes Vermeiden von Gedanken, Gefühlen oder Gesprächen, die mit dem Trauma in Verbindung stehen.
2. Bewusstes Vermeiden von Aktivitäten, Orten oder Menschen, die Erinnerungen an das Trauma wachrufen.
3. Unfähigkeit, einen wichtigen Aspekt des Traumas zu erinnern.
4. Deutlich vermindertes Interesse oder verminderte Teilnahme an wichtigen Aktivitäten.
5. Gefühl der Losgelöstheit oder Entfremdung von anderen.
6. Eingeschränkte Bandbreite des Affektes (z. B. Unfähigkeit, zärtliche Gefühle zu empfinden).
7. Gefühl einer eingeschränkten Zukunft (z. B. erwartet nicht, Karriere, Ehe, Kinder oder ein normal langes Leben zu haben).

D. Anhaltende Symptome erhöhten Arousals (vor dem Trauma nicht vorhanden). Mindestens zwei der folgenden Symptome liegen vor:
1. Schwierigkeiten, ein- oder durchzuschlafen.
2. Reizbarkeit oder Wutausbrüche.
3. Konzentrationsschwierigkeiten.
4. Übermäßige Wachsamkeit (Hypervigilanz).
5. Übertriebene Schreckreaktionen.

E. Das Störungsbild (Symptome unter Kriterium B, C und D) dauert länger als 1 Monat an.

F. Das Störungsbild verursacht in klinisch bedeutsamer Weise Leiden oder Beeinträchtigungen in sozialen, beruflichen oder anderen wichtigen Funktionsbereichen.

Bestimme, ob:
- *Akut:* wenn die Symptome weniger als drei Monate andauern.
- *Chronisch:* wenn die Symptome mehr als drei Monate andauern.

> Bestimme, ob:
> - *Mit verzögertem Beginn:* Wenn der Beginn der Symptome mindestens sechs Monate nach dem Belastungsfaktor liegt.

1.1.3 Prävalenz und Komorbidität

Prävalenzraten

Wie häufig die PTBS auftritt, hängt auch immer mit der Häufigkeit von potenziell traumatischen Ereignissen zusammen. Eine repräsentative Studie von Maercker, Forstmeier, Wagner, Glaesmer und Brähler (2008) ergab, dass in Deutschland 28.0 % der Frauen und 20.9 % der Männer mindestens ein traumatisches Ereignis erlebt hatten. Die 1-Monats-Prävalenz für PTBS lag bei 2.3 %, weitere 2.7 % wiesen eine deutliche Symptombelastung auf, ohne die Kriterien vollständig zu erfüllen (partielle PTBS). Dabei fanden die Autoren Unterschiede zwischen den verschiedenen Altersgruppen: Teilnehmer über 60 Jahre waren mit 3.4 % signifikant häufiger betroffen als Teilnehmer zwischen 30 und 59 (1.9 %) und zwischen 14 und 29 Jahren (1.3 %). Geschlechtsunterschiede zeigten sich in dieser Studie nicht, was im Kontrast zu Ergebnissen aus anderen Ländern steht, wo oft eine höhere PTBS-Prävalenz bei Frauen gefunden wurde (z. B. Perkonigg, Kessler, Storz & Wittchen, 2000; ESEMeD/MHEDEA 2000 Investigators, 2004; de Vries & Olff, 2009).

Komorbidität

Die PTBS weist hohe Komorbiditätsraten auf. In einer Studie an 14- bis 24-jährigen Deutschen hatten 87.5 % aller Personen mit PTBS-Diagnose mindestens eine komorbide Störung, 77.5 % hatten zwei oder mehr (Perkonigg et al., 2000). Die Autoren untersuchten auch die zeitliche Abfolge des Auftretens von traumatischen Ereignissen und den verschiedenen Diagnosen und es zeigte sich, dass Traumata, und noch mehr eine voll entwickelte PTBS, mit der späteren Entwicklung anderer psychischer Störungen in Zusammenhang stehen und umgekehrt.

Maercker, Michael, Fehm, Becker und Margraf (2004) fanden in einer deutschen Stichprobe von Frauen zwischen 18 und 45 Jahren, dass 29 % der Frauen mit PTBS gleichzeitig eine Depression hatten, während umgekehrt 32 % der depressiven Frauen auch die Kriterien einer PTBS erfüllte.

Andere psychische Störungen wurden in dieser Arbeit nicht untersucht.

Auch chronische Schmerzen gehen häufig mit einer PTBS einher. Beck und Clapp (2011) berichten in ihrem Überblick zu diesem Thema von Prävalenzraten für chronischen Schmerz bei behandlungssuchenden PTBS-Patienten von 20 bis 80 % und von PTBS-Raten bei behandlungssuchenden Schmerzpatienten von 10 bis 50 %. Dabei beeinflussen sich Schmerzen und PTBS-Symptomatik, dort, wo beide auf dasselbe Ereignis zurückzuführen sind, gegenseitig: „Früh aufgetretene Schmerzen stellen sich als robuster Prädiktor für chronische PTBS heraus, während eine frühe PTBS-Symptomatik das Risiko für die Entwicklung eines chronischen Schmerzsyndroms erhöht" (Beck & Clapp, 2011, S. 103, eigene Übersetzung).

Weitere mit der PTBS verbundene Schwierigkeiten

Neben komorbiden Erkrankungen im engeren Sinne stehen zahlreiche andere Schwierigkeiten mit der PTBS in Zusammenhang. PTBS-Patienten weisen ein höheres Suizidrisiko auf als Gesunde (Kessler, 2000; Jakupcak et al., 2009), sind ähnlich stark in ihrer Arbeitsfähigkeit eingeschränkt wie depressive Menschen (Wald, 2009) und haben ein erhöhtes Risiko für Teenager-Schwangerschaften, Eheprobleme und Arbeitslosigkeit (Kessler, 2000). Diese Arbeiten stammen alle aus den USA. Vor allem unter traumatisierten US-amerikanischen Soldaten wurde auch ein Zusammenhang von PTBS und erhöhter Aggressivität festgestellt (Taft et al., 2007; Teten et al., 2010). PTBS-Patienten berichten mehr gesundheitliche Probleme, die zum Teil auf eine PTBS-Therapie ansprechen (Neuner et al., 2008; Rauch et al., 2009; Galovski, Monson, Bruce & Resick, 2009).

1.1.4 Verlauf und Prognose

Prognose ohne Behandlung

Im Allgemeinen geht man davon aus, dass nach einem traumatischen Ereignis viele Menschen zunächst mit Symptomen reagieren (wie auch die oben dargestellte ICD-Definition nahe legt), was aber kein Anzeichen von Psychopathologie, sondern eine normale Reaktion auf die Belastung darstellt. In den meisten Fällen klingen diese allerdings in den folgenden Tagen und Wochen ab, so dass die Posttraumatische Belastungsstörung eher als eine „Störung des Nicht-Genesens" denn als eine sich schrittweise entwickelnde Störung anzusehen ist. Sehr eindrucksvoll dokumentieren dies die Daten von Rothbaum, Foa, Riggs, Murdoch und Walsh (1992), die Frauen nach einer Vergewaltigung untersuchten. Interviews, in denen jeweils die aktuelle Symptomatik erhoben wurde, fanden knapp zwei Wochen nach dem Ereignis und dann in wöchentlichem Abstand statt. Es zeigte sich, dass bei der ersten Erhebung 94 % der Teilnehmerinnen das Vollbild einer PTBS nach DSM-III-R (Kriterien B bis D) aufwiesen. Dieser Prozentsatz verringerte sich dann bis einschließlich zur fünften Erhebung stetig und deutlich auf 53 % und in den folgenden Wochen nur noch leicht mit einigen Schwankungen auf 47 % bei der zwölften und letzten Erhebung. An dem Punkt, an dem aufgrund der Dauer eine PTBS diagnostiziert werden konnte (das heißt, mindestens vier Wochen nach dem Ereignis) lag die Rate der PTBS-Diagnosen bei 64 %.

Auch Breslau et al. (1998) untersuchten den zeitlichen Verlauf der PTBS. In 26 % der Fälle remittierte die Störung innerhalb der ersten sechs, in 40 % innerhalb der ersten 12 Monate. Ab diesem Punkt sank die Remissionsrate ab. Diese Ergebnisse zeigen, dass bei länger zurückliegenden Traumatisierungen (mehrere Monate oder Jahre) Verbesserungen der Symptomatik oder Spontanremissionen unwahrscheinlich sind.

Prognose mit Behandlung

Die PTBS gehört zu den psychischen Störungen, für die wirksame psychotherapeutische Behandlungen vorliegen. Für die CPT sind in den Studien gute Remissionsraten berichtet – etwa 50 bis 60 % der behandelten Patienten wiesen sechs Monate nach Behandlungsende keine PTBS-Diagnose mehr auf (Resick, Nishith, Weaver, Astin & Feuer, 2002; Resick et al., 2008, siehe auch Kapitel 1.4). Allerdings argumentieren manche Autoren, dass die hohen Erfolgsquoten aus randomisierten Studien oft im „wahren Leben" nicht erreicht werden können, weil dort nicht nur ausgewählte Patienten behandelt werden (vgl. Zayfert et al., 2005). Andererseits konnten mit kognitiv-verhaltenstherapeutischen Therapieverfahren für PTBS auch in Standardsettings gute Erfolge erzielt werden (Gillespie, Duffy, Hackman & Clark, 2002). Obwohl nur wenige Arbeiten vorliegen, in denen längere Katamnesezeiträume als sechs bis 12 Monate untersucht wurden, scheint die Rezidivrate nach erfolgreicher Therapie auch nach Jahren sehr gering zu sein (Tarrier & Sommerfield, 2004).

1.1.5 Diagnostik der PTBS

Es stehen mehrere diagnostische Verfahren für PTBS zur Verfügung, von denen einige hier genannt werden sollen.

Strukturiertes Klinisches Interview für DSM-IV (SKID)

Die Diagnosestellung selbst sollte am besten mit einem Interviewverfahren erfolgen, beispielsweise dem Strukturierten Klinischen Interview für DSM-IV (SKID, Wittchen, Zaudig & Fydrich, 1997), von dem auch eine computerbasierte Fassung vorliegt (DIA-X, Wittchen & Pfister, 1997).

Posttraumatic Diagnostic Scale (PDS) und Posttraumatic Symptom Scale (PSS)

Das einzige Selbstbeurteilungsinstrument, das die Stellung einer PTBS-Diagnose nach DSM-IV (APA, 1994) erlaubt, ist die *Posttraumatic Diagnostic Scale* (PDS, Foa, Cashman, Jaycox & Perry, 1997). Die PDS ist eine Weiterentwicklung der *Posttraumatic Symptom Scale* PSS (Foa, Riggs, Dancu & Rothbaum, 1993). Dieses Selbstbeurteilungsinstrument fragt die DSM-Kriterien B bis D ab und ermöglicht so eine Einschätzung des Schweregrads der Störung. Diesem Fragebogen wurden, um eine Diagnosestellung zu ermöglichen, Fragen zum auslösenden Ereignis und den anderen Kriterien (E und F) hinzugefügt, wodurch die PDS entstand. Die PDS eignet sich allerdings aufgrund ihrer hohen Sensitivität bei geringerer Spezifität eher als Screeninginstrument und sollte nicht allein zur Diagnostik verwendet werden (Griesel, Wessa & Flor, 2006). Sie weist ansonsten gute testtheoretische Eigenschaften auf.

Impact of Events Scale – Revised (IES-R)

Die IES-R (Maercker & Schützwohl, 1998) ist ein Selbstbeurteilungsinstrument der posttraumatischen Belastungssymptomatik. Sie besteht aus 22 Items, die sich auf die drei Subskalen Vermeidung, Übererregung und Wiedererleben verteilen. Die Probanden werden gebeten, die Häufigkeit der Items auf einer vierstufigen Skala einzuschätzen (in Klammern sind die für jede Antwort vergebenen Punkte angegeben): überhaupt nicht (0) – selten (1) – manchmal (3) – oft (5). Für jede Subskala wird ein eigener Summenwert gebildet. Werte von 8 oder darunter weisen dabei auf eine leichte, Werte zwischen 9 und 19 auf eine mittlere und Werte über 19 auf eine schwere Symptomatik in dem entsprechenden Bereich hin.

Die IES-R weist gute testtheoretische Eigenschaften auf. Die internen Konsistenzen lagen bei α= .79 bis α=.92 und die Retest-Reliabilitäten zwischen $r=.89$ und $r=.94$. Durch die Ökonomie bei der Durchführung eignet sich die IES-R in besonderem Maße für die Verlaufsmessung. Auch erlaubt sie eine schnelle Einschätzung, in welchem Symptomcluster eine besonders starke Beeinträchtigung vorliegt. Von der Bildung eines Summenwerts wird abgeraten (Maercker & Schützwohl, 1998).

Posttraumatic Cognitions Inventory (PTCI)

Der PTCI (Foa, Ehlers, Clark, Tolin & Orsillo, 1999; deutsche Version bei Ehlers, 1999 oder Boos, 2005) ermöglicht die Messung von Kognitionen, wie sie häufig bei PTBS-Patienten vorkommen. Es enthält 33 Items, die sich in drei Subskalen einteilen lassen: „negative Gedanken über die Welt", „negative Gedanken über das Selbst" und „Selbstvorwürfe". Weitere 4 Items befinden sich noch in Erprobung. Das Instrument wurde vor allem für die Verwendung in der kognitiven Therapie für PTBS entwickelt. Zusätzlich sind elf Items enthalten, die sich auf Kognitionen über die ersten Reaktionen auf das Trauma beziehen. Der PTCI eignet sich nicht zur Diagnosestellung, da er nur Kognitionen erfragt; er weist jedoch eine gute Fähigkeit auf, zwischen PTBS-Patienten und Traumatisierten ohne PTBS zu unterscheiden (Foa et al., 1999). Außerdem können die abgefragten Kognitionen auch direkt in der Therapie thematisiert werden.

1.2 Theoretischer Hintergrund

Die *Cogitive Processing Therapy* beruht auf einer sozial-kognitiven Theorie der Entstehung und Aufrechterhaltung von PTBS-Symptomen. An dieser Stelle sollen drei wichtige Merkmale der CPT auf dem Hintergrund der zugrunde liegenden Theorie dargestellt werden, und zwar die Konfrontation mit dem Ereignis sowie die Sichtweise auf und den Umgang mit Kognition und Emotion.

1.2.1 Die Konfrontation mit dem Ereignis bei der CPT

Eine zentrale Annahme der lerntheoretisch orientierten Modelle besteht darin, dass sich eine PTBS entwickelt, weil ein traumatisches Ereignis zur Herausbildung einer Furchtstruktur im Gehirn führt. Diese Furchtstruktur beinhaltet Informationen über Reize, Reaktionen und Bedeutungselemente. Jeder Reiz, der mit dem Trauma verbunden ist, kann die Furchtstruktur aktivieren. Angenommen wird dabei, dass diese Struktur bei PTBS-Patienten besonders stabil ist, immer weiter generalisiert und damit auch leicht aktivierbar ist. Wenn dieses Angstnetzwerk aktiviert wird, gelangt die dort gespeicherte Information ins Bewusstsein (intrusive Symptome). Durch eine solche kurz andauernde Aktivierung der Furchtstruktur wird diese verstärkt (die Verbindungen zur Aktivierung werden gebahnt, während die Aktivierung zu kurz andauert, um zu Veränderungen der Struktur zu führen). Versuche, diese Aktivierung zu verhindern, äußern sich in den Vermeidungssymptomen der PTBS. Die Übererregungssymptomatik entsteht durch die häufige physiologische Aktivierung durch Intrusionen, aber auch durch Versuche, durch besondere Wachsamkeit eine Aktivierung der Furchtstruktur zu verhindern sowie durch Ängste vor den eigenen Reaktionen auf das Trauma.

Auf dieser Theorie beruht eine der in ihrer Wirksamkeit am besten belegten kognitiv-verhaltenstherapeutischen Therapien, die prolongierte Exposition (*prolonged exposure*, PE). Bei dieser Interventionsform soll sich der Patient in einer sicheren Umgebung wiederholt der Erinnerung an das traumatische Ereignis aussetzen, indem er das Ereignis (in der ersten Person und im Präsens) erzählt, mit dem Ziel einer Habituation an die Angst und damit einhergehenden Veränderungen der Furchtstruktur. Angenommen wird dabei, dass sich die Bedeutungselemente ebenfalls anpassen, wenn die emotionale Aktivierung nachlässt.

Die PE besteht, nach einer gründlichen Psychoedukation, aus mehreren Sitzungen, die zwischen 30 und 60 Minuten dauern und in denen das Ereignis von der Patientin immer wieder erzählt wird, mit einer kurzen Nachbesprechung. Bei dieser Vorgehensweise werden Kognitionen zwar angesprochen (und verändern sich oft spontan), eine wirkliche „kognitive Therapie" findet jedoch nicht statt. Zusätzlich wird eine Konfrontation mit real sicheren, aber angstauslösenden Reizen in vivo durchgeführt. Das Vorgehen entspricht also einer

Habituation an einen gefürchteten Reiz und kann auch als *Bottom-up*-Prozess gesehen werden.

Im Gegensatz dazu wird in der CPT eher *top-down* gearbeitet. Zwar gibt es auch hier zwei Traumanarrative, die Arbeit mit der traumatischen Erinnerung erfolgt aber mit mehr emotionaler Distanz. Die Patienten werden gebeten, die Geschichte des Ereignisses zu Hause in der Vergangenheitsform aufzuschreiben und in der nächsten Sitzung vorzulesen. Dabei wird betont, dass es wichtig ist, auftretende Emotionen zuzulassen und zu spüren, die Patienten werden aber nicht aufgefordert, negative Emotionen so intensiv wie möglich zu spüren. Auch nimmt die Arbeit am Traumanarrativ nur einen kleinen Teil der Therapie ein. Die Narrative dienen in der CPT vor allem dazu, festzustellen, an welchen Stellen die Patienten das traumatische Ereignis kognitiv nicht in ihr Bild von sich und der Welt einordnen konnten und sozusagen in der Verarbeitung „hängen geblieben" sind, die sogenannten Hängepunkte *(stuck points)*. Habituation spielt dabei eine untergeordnete Rolle, wobei aber auch in der CPT betont wird, dass eine Veränderung ganz ohne emotionale Aktivierung nicht zu erwarten ist. Das therapeutische Vorgehen bei der Beschäftigung mit dem Ereignis ist in der Übersicht auf Seite 17 und bei der entsprechenden Sitzung (Sitzung 6, vgl. Kapitel 4.7) genauer beschrieben.

Während in den ersten Jahren davon ausgegangen wurde, dass eine Traumatherapie ohne eine narrative Auseinandersetzung mit dem Ereignis nicht auskommt, konnte in einer neueren Studie gezeigt werden, dass eine rein kognitive Form der CPT (CPT-C, das Therapieformat ohne die beiden Traumanarrative) genauso gute Ergebnisse erzielt wie das komplette Format (Resick et al., 2008). Offenbar ist also die emotionale Aktivierung, die durch die kognitive Arbeit an Aspekten des Traumas resultiert, ausreichend, um Veränderungen herbeizuführen.

1.2.2 Schemata, Assimilation und Akkommodation – Die kognitive Theorie der CPT

Wie in vielen kognitiven Theorien wird auch in der CPT davon ausgegangen, dass das Wissen über die Welt in Form von Schemata organisiert ist, die kognitiven, aber auch emotionalen Gehalt haben. Schemata existieren auf verschiedenen Allgemeinheitsebenen. Sie entstehen und differenzieren sich im Laufe des Lebens durch Lernerfahrung und wirken selbst wieder auf die Verarbeitung neuer Informationen ein, indem sie beeinflussen, wie Informationen wahrgenommen, gespeichert, interpretiert und abgerufen werden.

Man kann davon ausgehen, dass Menschen motiviert sind, der Realität möglichst angemessene Schemata zu haben, um eine reibungslose Interaktion mit der Umwelt zu gewährleisten. Wenn ein Individuum mit einem schemadiskrepanten Ereignis konfrontiert ist, wird es versuchen, die Diskrepanz abzubauen. Hierfür gibt es zunächst zwei Möglichkeiten: das Schema kann verändert und so an die neue Information angepasst werden (Akkommodation), oder das Ereignis kann so interpretiert werden, dass es in die existierenden Schemata passt (Assimilation). Diese Begriffe gehen auf die Arbeiten des schweizerischen Entwicklungsforschers Jean Piaget zurück.

Assimilation

Man spricht von Assimilation, wenn wir Ereignisse so wahrnehmen oder interpretieren, dass sie in unsere bereits bestehenden Schemata passen. Meist ist dies unproblematisch – wenn etwa ein Schüler im Mathematikunterricht eine neuartige Aufgabe so interpretieren kann, dass er sie mit dem bereits bestehenden Wissen lösen kann, ist das ein guter Lernschritt. Während Assimilation an sich also ein häufiger und oft sogar positiver Vorgang ist, ist sie in Bezug auf traumatische Ereignisse problematisch, da diese definitionsgemäß nicht in die Schemata der meisten Menschen passen. Um Überzeugungen aufrechterhalten zu können, wird das Ereignis in seiner Bedeutung verzerrt oder negiert. Die Assimilation eines traumatischen Ereignisses zeigt sich häufig in Selbstvorwürfen oder Ungeschehenmachen und verhindert eine wirkliche Verarbeitung des Traumas.

Selbstvorwürfe („Ich hätte es wissen müssen", „Es ist meine Schuld") haben oft den Sinn, Überzeugungen über die eigene Sicherheit („Ich kann mich vor Gefahren schützen", „Die Welt ist im Großen und Ganzen sicher und vorhersehbar") nicht zu gefährden – die Erkenntnis, dass manchmal schlimme Dinge passieren, ohne dass man eine Einflussmöglichkeit hat, würde einen großen Verlust an wahrgenommener Sicherheit bedeuten. Gleichzeitig bedeuten die begleitenden Schuld- und Schamgefühle eine große Belastung.

Ungeschehenmachen („Wenn ich nur …", „Es ist gar nicht so schlimm", „Es war nicht wirklich eine Vergewaltigung", „Wenn es nicht passiert wäre …")

verhindert ebenfalls die Verarbeitung des traumatischen Ereignisses und seiner Folgen, weil dieses letztlich gar nicht als wirklich geschehen akzeptiert wird.

Im Bereich der Assimilation spielt der verbreitete „Glaube an eine gerechte Welt" *(just world belief)* eine wichtige Rolle. Die meisten Menschen sagen zwar auf Nachfrage „Ich weiß, dass die Welt nicht gerecht ist", kennen aber doch Situationen, in denen sie denken „Warum ist das mir passiert?" oder „Warum diese Person?", was ein Zeichen für den Glauben an eine gerechte Welt ist, weil darin zum Ausdruck kommt, dass manchen Menschen schlimme (oder auch gute) Dinge nicht passieren *sollten*. Der Glaube an eine gerechte Welt kann dazu führen, dass sich ein Opfer selbst Vorwürfe macht, nach dem Muster: „Nur schlechten Menschen passieren schlimme Dinge, also habe ich das, was passiert ist, verdient", er kann sich aber auch in Ungeschehenmachen äußern, nach dem bekannten Satz, dass „nicht sein kann, was nicht sein darf". Assimilation kann so weit gehen, dass relevante Details des Ereignisses nicht mehr erinnert werden.

Merke: Assimilation
Ereignisse werden so wahrgenommen oder interpretiert, dass sie in bereits bestehende Schemata passen. In Bezug auf traumatische Ereignisse kann dieser Vorgang problematisch sein, da er eine wirkliche Verarbeitung des Traumas verhindert, indem das Ereignis in seiner Bedeutung verzerrt oder negiert wird, um Überzeugungen aufrechterhalten zu können. Die Assimilation zeigt sich in Selbstvorwürfen oder Ungeschehenmachen.

Akkommodation und Über-Akkommodation

Im Gegensatz zur Assimilation steht der Mechanismus der Akkommodation. Akkommodation findet statt, wenn Menschen ihre Überzeugungen oder kognitiven Schemata anpassen, um neue Informationen integrieren zu können. Im Beispiel mit dem Mathematikunterricht wäre das der Fall, wenn eine neue Aufgabe nicht mit bereits bekannten Methoden zu lösen ist und etwas Neues gelernt werden muss.

Auch in Bezug auf traumatische Ereignisse ist Akkommodation die adaptive Variante der Informationsverarbeitung. Viele Menschen haben unrealistisch positive Einschätzungen der Kontrolle, die sie in bestimmten Situationen ausüben können, und traumatische Erfahrungen stehen im Gegensatz zu diesen Einschätzungen. Adaptiv wäre es nun, die Überzeugungen anzupassen nach dem Motto „Ich habe X erlebt, das bedeutet, dass ich doch nicht ganz so viel Kontrolle habe (aber ich kann weiterhin vieles in meinem Leben kontrollieren)".

Allerdings passiert es nach traumatischen Ereignissen häufig, dass Menschen ihre Schemata zu sehr anpassen, also überakkommodieren. Überakkommodation äußert sich in übertrieben negativen Überzeugungen, die sich auf Gefahren („Die Welt ist gefährlich und unkontrollierbar", „Mir wird so etwas wieder passieren"), andere Menschen („Man kann Menschen nicht vertrauen") oder das eigene Selbst („Ich habe überhaupt keine Menschenkenntnis") beziehen können. Solch extreme Sichtweisen führen zu Angst, Anspannung und Misstrauen und können die Aufnahme und Erhaltung von persönlichen Beziehungen sehr erschweren.

Merke: Über-Akkommodation
Akkommodation findet statt, wenn Menschen ihre Überzeugungen oder kognitiven Schemata anpassen, um neue Informationen integrieren zu können. Nach traumatischen Ereignissen kommt es häufig zu einer Über-Akkommodation. Die Betroffen passen ihre Schemata zu sehr an, was sich in übertrieben negativen Überzeugungen in Bezug auf Gefahren, andere Menschen oder das eigene Selbst äußert.

1.2.3 Natürliche und sekundäre Gefühle – Die „Emotionstheorie" der CPT

Bei der CPT wird zwischen „natürlichen" und „sekundären" oder „gemachten" Gefühlen unterschieden.

Natürliche Gefühle

Die sogenannten natürlichen Gefühle sind die, die aus dem traumatischen Erlebnis selbst folgen. Neben Angst (z. B. nach einem Angriff oder Unfall) sind z. B. Trauer (nach einem Verlust), Ekel oder Wut (auf einen Täter) häufig, aber jedes Gefühl kommt in Frage. Nach einem traumatischen Ereignis sind intensive negative Gefühle völlig normal. Es wird angenommen, dass die natürlichen Gefühle, wenn sie denn wirklich in ihrer ganzen

Intensität zugelassen (und nicht vermieden) werden, von selbst in ihrer Intensität nachlassen. Es ist ein Ziel der Konfrontationskomponente der CPT, diese natürlichen Gefühle zu fühlen, anstatt sie zu vermeiden und so ihren natürlichen (abnehmenden) Verlauf nehmen zu lassen.

Sekundäre oder gemachte Gefühle

Die sekundären Gefühle resultieren aus den Interpretationen und Bewertungen des Traumas. Im Gegensatz zu natürlichen Gefühlen sind sie deutlich stabiler. Dabei sagt die Art des Gefühls nichts darüber aus, ob es natürlich oder sekundär ist. Ein gutes Beispiel ist Wut. Es ist völlig normal, z.B. auf einen Unfallgegner wütend zu sein. Wenn diese Wut (und auch die anderen natürlichen Gefühle) wirklich gespürt wird, nimmt sie irgendwann ab. Wenn Patienten denken „Das darf nicht passieren", „Das ist eine Ungerechtigkeit, die nicht sein darf" etc., können sie jahrelang wütend bleiben. Dann handelt es sich aber um ein sekundäres Gefühl. Die häufig auftretenden selbstbewertenden Gefühle Scham und Schuld sind zumeist ebenfalls sekundäre Gefühle, da sie aus den Interpretationen des Traumas resultieren.

1.3 Inhalte und Ablauf der CPT

Die CPT beinhaltet mehrere Komponenten, die aufeinander aufbauen. Das ursprüngliche Manual umfasst 12 Sitzungen, die einzeln (mit einer Dauer von je einer Stunde) oder in der Gruppe (mit 90-minütigen Sitzungen) durchgeführt werden. Das Vorgehen lässt sich grob in die drei Phasen Psychoedukation, Arbeit mit dem Traumanarrativ und kognitive Arbeit einteilen, die im Folgenden dargestellt werden.

1.3.1 Psychoedukation, Auswirkungen des Traumas, Gedanken und Gefühle

Psychoedukation spielt vor allem zu Beginn der Therapie eine große Rolle. Sie soll über eine Normalisierung der Symptome, der Vermittlung eines Modells über die Symptomentstehung und Aufklärung über das häufige Vorkommen der Erkrankung erste Erleichterung schaffen (manche Patienten fürchten, Flashbacks und Ängste seien ein Zeichen dafür, dass sie verrückt würden). Vor allem aber dient die Psychoedukation dazu, ein Verständnis für die Erkrankung zu vermitteln, das sowohl Wissen über gelernte Angstreaktionen als auch die Bedeutung von Kognitionen berücksichtigt.

Aufbauend auf diesem Verständnis kann das Therapierational abgeleitet werden. Hier wird dem Patienten der Therapieverlauf mit den verschiedenen Phasen ausführlich erklärt und jeweils auf das vermittelte Störungsmodell bezogen.

Die kognitive Arbeit beginnt früh in der Therapie. Die Patienten werden gebeten, einen Bericht über die Auswirkungen zu schreiben, die das Trauma auf ihr Leben und ihre Überzeugungen hatte. Das Konzept der Hängepunkte wird eingeführt. Außerdem wird anhand von ABC-Arbeitsblättern (vgl. CD-ROM) die Verbindung von Gedanken und Gefühlen gelehrt und geübt. An dieser Stelle wird zwar bereits im sokratischen Dialog Assimilation vorsichtig exploriert, die Überzeugungen aber noch nicht zu sehr hinterfragt.

1.3.2 Beschäftigung mit dem traumatischen Ereignis und dessen Folgen

Die Konfrontation mit dem traumatischen Ereignis erfolgt im Normalfall schriftlich zwischen den Sitzungen; die Patientinnen werden gebeten, das traumatische Erlebnis aufzuschreiben, beginnend mit dem Zeitpunkt, zu dem sie wussten, dass etwas passieren würde, bis zu dem Zeitpunkt, als sie sich wieder einigermaßen sicher fühlten. In der darauf folgenden Stunde wird die Patientin gebeten, das Narrativ vorzulesen, dabei soll sie ihre „Gefühle fühlen", also wirklich mit den negativen Emotionen in Kontakt kommen. Zur wiederum darauf folgenden Stunde wird die Geschichte ein weiteres Mal geschrieben, nach Möglichkeit mit mehr sensorischen und emotionalen Details. Häufig erinnern Patientinnen beim zweiten „Durchgang" auch Details wieder, die davor vergessen waren. Falls immer noch nicht alles erinnert wurde, oder falls bestimmte Szenen weiterhin sehr schwierig sind, kann optional eine dritte Fassung geschrieben werden. Zwischen den Stunden soll das neueste Narrativ jeden Tag gelesen werden.

1.3.3 Kognitive Arbeit

Wenn die Beschäftigung mit dem traumatischen Ereignis nicht mehr zu intensiven emotionalen Reaktionen führt, wird die kognitive Arbeit an dysfunktionalen Überzeugungen über das traumatische Ereignis fortgesetzt. Nach (und bereits während) der Konfrontation wird zunächst an Selbstbeschuldigungen und mentalem Ungeschehenmachen (Assimilation) gearbeitet und anschließend an möglichen übertriebenen Folgerungen aus dem Ereignis (Über-Akkommodation). Mit zunehmenden reflexiven Fähigkeiten der Patienten und einer stabiler werdenden therapeutischen Beziehung können Therapeuten dysfunktionale Überzeugungen direkter in Frage stellen.

Hierfür werden schrittweise drei weitere Arbeitsblätter eingeführt, mit deren Hilfe Patienten ihre Gedanken und Überzeugungen auch zwischen den Stunden protokollieren und hinterfragen können. Die Blätter „Hilfreiche Fragen" (vgl. CD-ROM) und „Problematische Denkmuster" (vgl. CD-ROM) sind eng an die kognitive Therapie nach Beck (z. B. Beck, Shaw, Rush & Emery, 1992) angelehnt. Das letzte kognitive Arbeitsblatt, „Überzeugungen hinterfragen" (vgl. CD-ROM), bleibt für den ganzen restlichen Therapieverlauf erhalten und ist ein Werkzeug für das eigenständige Hinterfragen und Verändern von Überzeugungen. Letztlich geht es also darum, Patienten in die Lage zu versetzen, „ihre eigenen Therapeuten" zu sein.

Die letzten fünf Sitzungen sind speziellen Themenbereichen gewidmet, in denen traumatisierte Menschen häufig Schwierigkeiten haben. Diese Bereiche sind Sicherheit, Vertrauen, Macht/Kontrolle, Wertschätzung und Intimität. Dabei werden jeweils Kognitionen über sich selbst und über andere betrachtet, also z. B. „Kann ich meinem eigenen Urteil vertrauen" und „Wie vertrauenswürdig sind andere Menschen". Für diese Themenbereiche gibt es jeweils eigene Arbeitsblätter, um die Selbstreflexion anzuregen. Problematische Kognitionen werden dann mithilfe der Arbeitsblätter „Überzeugungen hinterfragen" bearbeitet.

1.4 Evaluation der Cognitive Processing Therapy

Die CPT wurde in verschiedenen Settings und unter verschiedenen Rahmenbedingungen auf ihre Wirksamkeit hin untersucht. In den folgenden Absätzen wird der derzeitige Forschungsstand zur CPT dargestellt. Die Studien unterscheiden sich deutlich nach Zielsetzung, Setting und methodischen Gesichtspunkten. Hier wurde eine Einteilung in kontrollierte Wirksamkeitsstudien des ursprünglichen CPT-Formats (sowohl in der Gruppe als auch einzeln), Untersuchungen von Adaptationen des CPT-Einzel- und Gruppenformats und Einzelfallstudien gewählt.

1.4.1 Wirksamkeitsstudien

Bei den hier dargestellten Studien handelt es sich um Wirksamkeitsstudien, bei denen das 12-stündige CPT-Manual von Resick und Schnicke (1993) erprobt wurde.

Erste Überprüfung der Gruppen-CPT an Vergewaltigungsopfern

In einer ersten Studie untersuchten Resick und Schnicke (1992) die Wirksamkeit der CPT (Resick & Schnicke, 1993) im Gruppensetting mit einem quasi-experimentellen Design mit Warte-listen-Kontrollgruppe. 19 Frauen, die nach einer Vergewaltigung deutliche PTBS-Symptomatik aufwiesen (zwei erfüllten nicht alle diagnostischen Kriterien, wurden aber aufgrund der schweren klinischen Symptomatik in die Behandlung aufgenommen), wurden in drei Gruppen mit CPT behandelt. Als Kontrollgruppe dienten 20 Frauen aus derselben Population, die auf den Beginn einer neuen Gruppe mindestens 12 Wochen warten mussten. Die Zuordnung zu Kontroll- oder Behandlungsgruppe erfolgte auf diese Weise zwar nicht randomisiert, aber doch relativ zufällig (alle Frauen wurden zum jeweils nächsten Beginn einer neuen Gruppe aufgenommen, wer darauf länger als drei Monate warten musste, zählte zur Kontrollgruppe). Die Gruppen unterschieden sich zum Prä-Messzeitpunkt nicht signifikant in Störungsmaßen oder demografischen Daten. Es zeigten sich signifikante Verbesserungen in der CPT-Gruppe, und zwar sowohl in den PTBS- als auch in den Depressionsmaßen. Die PTBS-Werte blieben über die beiden Katamnesezeitpunkte (drei und sechs Monate nach der Post-Messung) stabil, bei der depressiven Symptomatik zeigte sich eine signifikante Verbesserung von prä zu post und von post zur ersten Katamnese.

Kritisch zu sehen ist die relativ große Zahl an Ausschlusskriterien in dieser Studie, die zu einer Stichprobe mit relativ wenig komorbiden Problemen führten, was möglicherweise die ökologische Validität der Ergebnisse einschränkt. Drei Frauen nahmen zwar an der Eingangsdiagnostik teil, aber nicht an der Intervention, zwei weitere brachen die Behandlung ab. Die Daten dieser Frauen gingen nicht in die Auswertung ein, es handelt sich also um eine *Completer*-Analyse.

Vergleichsstudie mit verlängerter Exposition

In einer Therapievergleichsstudie (Resick, Nishith, Weaver, Astin & Feuer, 2002) wurde CPT direkt mit verlängerter Exposition (*PE*, siehe die kurze Beschreibung auf S. 14) und mit einer Wartelisten-Kontrollgruppe (mit minimalen Kontakten am Telefon, *minimal attention*, MA) verglichen. Die *Intent-to-treat*-Stichprobe bestand aus 171 Frauen, die nach einer Vergewaltigung an einer PTBS litten, 121 davon blieben bis zum Post-Messzeitpunkt in der Studie. Sowohl in der CPT-Gruppe ($n=41$) als auch in der PE-Gruppe ($n=40$) zeigten sich deutliche Verbesserungen von prä zu post in der posttraumatischen und depressiven Symptomatik. Die Kontrollgruppe ($n=40$) zeigte keine Veränderung. Zu den beiden Katamnese-Zeitpunkten drei und neun Monate nach der Therapie blieben die Werte stabil. Die Effektstärken (Hedges' *g*) im Vergleich zur Kontrollgruppe waren für CPT durchgängig etwas höher als für PE, dieser Unterschied war aber nicht signifikant. In der *Intent-to-treat*-Stichprobe war die durchschnittliche Effektstärke für die drei Hauptmaße für CPT gegen MA 1.01, für PE gegen MA .68. In der *Completer*-Stichprobe zeigten sich in diesen Maßen sehr hohe Effektstärken von durchschnittlich 2.52 bei CPT und 1.66 bei PE.

Randomisierte, kontrollierte Studie mit Kriegsveteranen

In einer neueren randomisierten Studie wurde das für die Behandlung kriegstraumatisierter Veteranen angepasste neue CPT-Manual (Resick et al., 2007) an 60 traumatisierten Militärangehörigen erprobt. Monson et al. (2006) verglichen eine CPT-Interventionsgruppe (Einzelsitzungen zweimal wöchentlich über einen Zeitraum von sechs Wochen) mit einer Wartelistenkontrollgruppe. Hier zeigte sich ein deutlicher Unterschied zwischen den Gruppen in Bezug auf posttraumatische (Fremd- und Selbstbeurteilung) und Angstsymptomatik, sowie ein tendenziell besseres Abschneiden in Bezug auf Depressivität (hier verbesserte sich interessanterweise auch die Kontrollgruppe).

Die Effektstärken, die durchschnittlich 1.0 betrugen (Hedges' *g*), sind für diese oft als schwierig zu behandeln angesehene Population ermutigend, vor allem, wenn man bedenkt, dass es sich bei der Stichprobe vor allem um Vietnamveteranen handelte, also eine Gruppe mit einem hohen Grad an Chronifizierung. Interessanterweise zeigte sich im Gegensatz zu anderen Studien eine deutliche Verbesserung beim Symptom der emotionalen Taubheit. Als tertiäre Outcomes wurden Affektkontrolle, Alexithymie, soziale Anpassung und Schuldkognitionen erhoben. In den ersten drei Maßen zeigten sich signifikante Unterschiede zwischen Kontroll- und Behandlungsgruppe zugunsten der behandelten Probanden.

1.4.2 Klinische Studie im Einzelsetting – CPT mit traumatisierten Flüchtlingen

Flüchtlinge sind eine Gruppe, die besonders hohe Raten von Traumatisierungen und auch PTBS aufweist. Gleichzeitig stellt die Arbeit mit traumatisierten Flüchtlingen den Behandler häufig vor Schwierigkeiten: Flüchtlinge sprechen häufig die Landessprache nicht oder kaum, die Arbeit mit Dolmetschern bringt eigene Probleme mit sich, und es gibt kulturelle Unterschiede, die eine Therapie erschweren können. Außerdem haben Flüchtlinge häufig neben der Traumastörung mit vielen aktuellen Problemen und Belastungen zu kämpfen und sind oft multipel traumatisiert. Dazu kommt, dass Migration auch ohne Traumatisierung ein kritisches Lebensereignis darstellen kann.

Schulz, Huber und Resick (2006) beschreiben die Schwierigkeiten und das Vorgehen bei der Implementierung von CPT mit bosnischen Bürgerkriegsflüchtlingen. Sie gehen dabei besonders auf die Arbeit mit Dolmetschern ein und legen an einem Fallbeispiel dar, wie kognitive Arbeit auch dann stattfinden kann, wenn kulturell bedingt bei Patient und Therapeut ganz verschiedene Überzeugungen über die Ursache von Symptomen bestehen.

Schulz, Resick, Huber und Griffin (2006) berichten die Ergebnisse einer nicht randomisierten, nicht kontrollierten klinischen Studie, im Rahmen derer 53 erwachsene Flüchtlinge (46 Frauen, sieben Männer) aus zwei verschiedenen Ländern (neun aus Afghanistan, 44 aus Bosnien), die an einer PTBS litten, mit CPT behandelt wurden.

Hierbei wurde nicht streng nach Manual verfahren, sondern die Anzahl (es fanden zwischen zwei und 55 Sitzungen pro Therapie statt), Dauer (ein bis zwei Stunden) und Ort (es gab viele Hausbesuche) der Sitzungen richteten sich stark nach den individuellen Bedürfnissen und Möglichkeiten der Patienten sowie den organisatorischen Rahmenbedingungen. Auch inhaltlich blieben die Sitzungen nicht auf das Manual beschränkt, sondern die Patienten wurden z. B. auch darin unterstützt, sich für andere aktuelle Probleme Hilfe von anderen Stellen (Flüchtlingsorganisationen) zu holen.

Die berichteten Prä-post-Effektstärken für die posttraumatische Symptombelastung sind für eine so schwer betroffene Stichprobe (66 % waren Überlebende von Folter) beeindruckend – die durchschnittliche Effektstärke lag bei 2.6 (Hedges' g), was eine sehr große Verbesserung bedeutet. Zwar interessant, aber, wie die Autoren anführen, wohl ein Artefakt, war die extrem große Veränderung bei den afghanischen Patientinnen (Hedges' $g = 6.0$).

Wurde die Belastung zu Therapiebeginn statistisch kontrolliert, profitierten die Patienten mit zwei Sitzungen genauso gut wie die mit 55. Das lässt darauf schließen, dass, während die stärker belasteten Patienten auch mehr Symptome behielten, jeder Patient so viel Therapie bekommen hatte wie benötigt.

Die Autoren analysierten auch die Effekte der Arbeit mit vs. ohne Dolmetscher. Hier zeigte sich ein Vorteil der Behandlung durch einen muttersprachlichen Therapeuten (Effektstärken 2.0 mit vs. 3.4 ohne, nur Bosnier: 1.4 mit vs. 3.4 ohne). Allerdings wurden alle muttersprachlichen Therapien durch dieselbe Therapeutin durchgeführt, sodass hier auch ein Therapeuteneffekt vorliegen könnte. Die Tatsache, dass sich die gedolmetschten Therapien von den muttersprachlich durchgeführten zwar nicht in der Zahl der Sitzungen unterschieden, aber signifikant weniger Behandlungsstunden umfassten (das heißt, die Sitzungen waren kürzer), wird von den Autorinnen auf effizienteres Arbeiten der Therapeuten mit Dolmetscher zurückgeführt, da die Anwesenheit eines Dolmetschers als zusätzlicher Stress empfunden wurde. Obwohl die Studie durch die Durchführung in einem naturalistischen Setting nicht alle methodischen Kriterien der Outcome-Forschung erfüllt (so wurde die Manualtreue nicht überprüft und die behandelnden Therapeuten machten die Diagnostik selbst), sind die Ergebnisse doch ermutigend und weisen darauf hin, dass CPT auch mit Dolmetscher und über kulturelle Unterschiede hinweg wirksam ist.

1.4.3 Adaptationen des CPT-Gruppenformats

Die in diesem Abschnitt dargestellten klinischen Studien berichten über Ergebnisse von im stationären Kontext durchgeführter Gruppenbehandlung. Dabei wurde jeweils eine adaptierte Form der CPT durchgeführt.

Evaluation einer Gruppe „Traumabewältigung" in einer deutschen psychosomatischen Klinik

Boos, Scheifling-Hirschbiel und Rüddel (1999) evaluierten eine deutschsprachige Adaptation der Gruppen-CPT. Bei der Stichprobe handelte es sich um meist multipel traumatisierte Patientinnen einer psychosomatischen Klinik mit einer durchschnittlichen Aufenthaltsdauer von etwa neun Wochen. Die Autoren berichten die Daten von 55 Patientinnen, die zu Beginn der Therapie einen mittleren PSS-Wert von 31,7 aufwiesen (siehe S. 13), was einer schweren PTBS-Symptomatik entspricht. Es zeigte sich eine hohe Komorbidität von Achse I- und Achse II-Störungen, die allerdings nicht systematisch erhoben wurde. Die meisten Patientinnen waren in der Kindheit sexuell missbraucht worden. Die Gruppe „Traumabewältigung" wurde als Gruppentherapie mit zehn Sitzungen zusätzlich zur Einzeltherapie angeboten. Die Patientinnen waren aufgefordert, anderen Patientinnen keine Einzelheiten der von ihnen erlebten Traumata mitzuteilen. Während der Konfrontationsphase waren die Patientinnen gehalten, ihre Traumanarrative während der Arbeitszeiten des Klinikpersonals zu schreiben, um die Möglichkeit für entlastende Gespräche zu haben.

Die Häufigkeit von PTBS-Symptomen insgesamt (gemessen mit dem PSS, vgl. S. 13) verringerte sich über alle drei Messzeitpunkte, wobei der Unterschied von prä zu post und zur Katamnese signifikant war, und sich die Symptomhäufigkeit von post zur Katamnese tendenziell ($p = .06$) nochmals verringerte. Am Ende der Therapie unterschritten 33 % bzw. 19 % der Stichprobe den Cut-off-Wert für eine PTBS-Diagnose im PSS (beim Ansetzen eines Cut-offs von 18 bzw. 15

Punkten). Dies bedeutet umgekehrt, dass mindestens zwei Drittel der Patientinnen immer noch die Kriterien für eine PTBS erfüllten und 14 % (also etwa ein Siebtel) eine grenzwertig klinische Symptombelastung aufweisen. Die Autoren führen dies darauf zurück, dass für multipel traumatisierte Patientinnen eine längere Therapie, in deren Rahmen mehrere Traumata bearbeitet werden können, notwendig wäre. Sie berichten über den Eindruck, dass die in der Therapie bearbeiteten Traumata quasi „verblassen", während die Belastung durch andere Ereignisse bestehen bleibt. Effektstärken und Abbrecher werden nicht erwähnt.

Traumatherapie in einer Jugendstrafanstalt

Ahrens und Rexford (2002) erprobten ein stark verkürztes CPT-Format an in einer Jugendstrafanstalt einsitzenden 15- bis 18-Jährigen. 38 Insassen, bei denen eine PTBS-Diagnose gestellt worden war, wurden randomisiert der Behandlungs- oder der Wartelistenkontrollgruppe zugeordnet. Die Behandlung erfolgte in acht Sitzungen mit einer Dauer von je 60 Minuten in wöchentlichem Abstand. Dies ist eine deutliche Verkürzung des von Resick und Schnicke (1993) vorgeschlagenen Formats von 12 Sitzungen mit je 90 Minuten Dauer. Eine Gruppengröße gaben die Autorinnen nicht an. In einem Prä-post-Design (Messzeitpunkte waren direkt vor Beginn und vier Wochen nach Abschluss der Therapie, sodass dazwischen 12 Wochen lagen) ließen die Autorinnen die Teilnehmer ihre Belastung durch PTBS- und depressive Symptome einschätzen. In allen drei erhobenen Maßen ergaben sich signifikante Verbesserungen. Die behandelte Gruppe veränderte sich im Schnitt vom Grenzbereich einer klinischen Depression zu normalen Werten, die posttraumatische Symptomatik veränderte sich von mittelgradiger zu geringer Belastung (gemessen mit dem IES) bzw. halbierte sich (gemessen mit der PSS). In der Kontrollgruppe blieben diese Maße konstant. Angaben zu Effektstärken fehlen.

Obwohl die Studie einige methodische Unschärfen aufweist (so wurde der Einfluss der erhaltenen Aufmerksamkeit oder von geweckten Erwartungen nicht kontrolliert, es wurden für die recht jungen Probanden die Erwachsenen-Versionen der Instrumente verwendet und die Erstautorin war als Therapeutin tätig), lässt sie sich doch als Hinweis darauf lesen, dass CPT auch bei Jugendlichen mit Gewinn eingesetzt werden kann. Dass bei einer so schwer belasteten Gruppe (ein Drittel hatte multiple Traumatisierungen in der Vorgeschichte, zwei Drittel waren aufgrund ihrer Traumavorgeschichte bereits aktenkundig, mehr als ein Drittel hatte zusätzlich eine ADS/ADHS-Diagnose) innerhalb von acht Stunden Gruppentherapie überhaupt eine solche Verbesserung erzielt werden konnte, ist sehr ermutigend.

CPT mit stationär behandelten weiblichen Militärangehörigen

Zappert und Westrup (2008) berichten über die Implementierung von CPT am *Women's Trauma Recovery Program* (WTRP), einer stationären Einrichtung zur Versorgung von weiblichen Militärangehörigen. Dort erfolgt nach der (kohortenweisen) Aufnahme eine dreiwöchige Phase der Vorbereitung auf die Traumaarbeit *(skills track)* und anschließend, nach eingehender Aufklärung und sofern dies von Klientin und Behandlungsteam als sinnvoll erachtet wird, eine CPT-Phase. CPT wurde hier in viermal wöchentlich (Montag bis Donnerstag) stattfindenden 90-minütigen Gruppensitzungen durchgeführt. Einzigartig im Vergleich zu den anderen hier beschriebenen Studien ist dabei, dass die Traumanarrative in der Gruppe vorgelesen und besprochen wurden. Dieses Vorgehen ist unüblich; in den meisten stationären und Gruppensettings ist es ausdrücklicher Teil der Therapievereinbarungen, dass die Patienten Einzelheiten der eigenen Traumata nicht mit Mitpatienten besprechen, da sonst sekundäre Traumatisierungen befürchtet werden. Der Grund für dieses Abweichen vom üblichen CPT-Vorgehen lag darin, dass in der Einrichtung vor dem Beginn der Arbeit mit CPT gute Erfahrungen mit einem Besprechen von traumatischen Erfahrungen in der Gruppe gemacht worden waren. Die Autorinnen berichten, dass die Öffentlichkeit der (inzwischen ja seit mehreren Wochen durch täglichen Kontakt bekannten) Gruppe eine unterstützende Wirkung habe. Es falle den Patientinnen oft leichter, Rückmeldungen von anderen Betroffenen anzunehmen und die Gruppe habe auch eine validierende Funktion (im Sinne von Zeugen) für Frauen, deren Erfahrungen oft nicht ernst genommen oder die dafür beschuldigt worden seien. Die Autorinnen berichten, es habe bisher keine nachteiligen Effekte gegeben. Da jede Patientin für ihr erstes und zweites Traumanarrativ jeweils eine ganze Sitzung zur Verfügung hatte, bestand die Therapie hier aus wesentlich mehr Sitzungen. Die

Autorinnen berichten vorläufige Ergebnisse einer Stichprobe von 18 Frauen. 15 zeigten verlässliche Veränderungen der selbst berichteten Traumasymptomatik (das heißt, eine Veränderung, die nicht aufgrund von Zufall oder Messungenauigkeit entstanden ist). Von den restlichen drei hatte sich eine kurz vor Ende der CPT-Phase an ein weiteres Kindheitstrauma erinnert, das sie zum Zeitpunkt der Diagnostik noch bearbeitete, bei einer anderen schienen die hohen Symptomwerte vor allem an ihrer Angst vor der anstehenden Entlassung zu liegen. Effektstärken werden nicht berichtet, Abbrecher gab es nicht.

1.4.4 Einzelfallstudien

Neben den größeren Studien liegen Einzelfallstudien vor, die die Wirksamkeit von CPT auch bei anderen Traumata nahe legen.

Hohe Komorbidität und weitere traumatische Ereignisse im Therapieverlauf

Messman-Moore und Resick (2002) berichten über die Behandlung einer Klientin, die seit ihrer Kindheit multiple Traumata erlebt hatte, vor allem sexuelle und gewalttätige Übergriffe. Die Patientin litt zu Therapiebeginn unter einer schweren PTBS, Depression und ausgeprägten Waschzwängen. Das Indextrauma war die Vergewaltigung durch einen Bekannten (und Vater ihres Kindes) und mehrere seiner Freunde. Der Bekannte hatte sie auch vorher schon mehrmals gekidnappt und über mehrere Tage festgehalten, misshandelt und vergewaltigt. Der Therapieverlauf gestaltete sich wechselvoll, da die Patientin mehrfach in suizidale Krisen geriet, vor allem aber auch mehrmals erneut Opfer von Verbrechen wurde. Die Behandlung bestand im Grundgerüst aus CPT mit einer besonderen Betonung der therapeutischen Beziehung, es wurden aber zusätzlich Sitzungen eingefügt, die sich auf die Herstellung von Sicherheit im aktuellen Leben der Patientin konzentrierten, sowie solche, in denen der Umgang mit Sexualität und körperlicher Gesundheit thematisiert wurde. Außerdem wurde ein Modul aus der verlängerten CPT-Version für Überlebende von sexuellem Missbrauch in der Kindheit verwendet (Chard, 2005). Die Autoren betonen, dass es gelang, die posttraumatische Symptomatik dieser schwer betroffenen Patientin in nur 20 Sitzungen auf ein nicht klinisches Niveau zu senken. Die Tatsache, dass letztlich 37 Sitzungen stattfanden, ist vor allem den im Therapieverlauf auftretenden neuen Viktimisierungserlebnissen und deren Bearbeitung in der Therapie geschuldet. Die Autorinnen berichten weiter, an bestimmten Stellen im Therapieverlauf Prinzipien der dialektisch-behavioralen Therapie angewendet zu haben.

CPT in der Behandlung einer akuten Belastungsstörung

Kaysen, Lostutter und Goines (2005) beschreiben die Durchführung einer CPT-Behandlung bei einem homosexuellen Mann, der nach einem schwulenfeindlich motivierten Raubüberfall eine akute Belastungsstörung (ABS) entwickelt hatte. Sie argumentieren, dass es, bedingt durch die große Überschneidung zwischen den Symptomen von ABS und PTBS, sinnvoller sein könne, bewährte Behandlungsformen für PTBS anzupassen, anstatt eigene Therapien für ABS zu entwickeln. In ihrem Fallbericht legen sie dar, dass CPT, die in diesem Fall von einer in der Arbeit mit gleichgeschlechtlich orientierten Klienten erfahrenen Therapeutin durchgeführt wurde, auch für Opfer von schwulenfeindlich motivierten (und damit möglicherweise gegen Minderheiten allgemein gerichteter) Verbrechen wirksam ist. Die Therapie wurde in 12 Einzelsitzungen durchgeführt, die dem ursprünglichen CPT-Format entsprachen. Internalisierte negative Zuschreibungen über Homosexualität *(internalized homonegativity)* wurden genau wie andere dysfunktionale Gedanken bearbeitet. Zu Therapieende und drei Monate später waren die depressiven und posttraumatischen Symptome des Klienten signifikant reduziert und im nicht klinischen Bereich, für drei von fünf Subskalen eines Kognitionsmaßes zeigte sich eine signifikante Verbesserung, und die internalisierten negativen Zuschreibungen über Homosexualität waren ebenfalls signifikant reduziert.

Durchführung der CPT durch einen geschulten Laien

Plouffe (2007) berichtet über die Behandlung einer Soldatin, die nach (sexuellem) Missbrauch unter einer PTBS litt. Außerdem hatte die Patientin deutliche Schwierigkeiten, sich von Forderungen und Wünschen anderer abzugrenzen und zeigte riskantes Verhalten in ihren Beziehungen zu Männern. Die Besonderheit dieser Studie ist, dass die Behandlung durch einen geschulten Laien unter

Supervision einer Psychotherapeutin durchgeführt wurde. Die Behandlung umfasste nach einer Eingangssitzung 13 einstündige CPT-Einzelsitzungen in wöchentlichem Abstand und vier Sitzungen mit der supervidierenden Therapeutin.

Ein häufiges Thema war die Selbstbehauptung in verschiedenen Situationen und es wurden zusätzlich verhaltensbezogene Hausaufgaben vereinbart. Nach Ende der Therapie erfüllte die Patientin die Kriterien für eine PTBS-Diagnose nicht mehr. Der Autor betont, dass sich CPT deshalb für die Anwendung durch Laien eigne, weil das Vorgehen sehr strukturiert und nachvollziehbar sei und diese Strukturiertheit auch die Supervision erleichtere. Besonders in Kontexten mit knappen Ressourcen könne durch die Verwendung geschulter Laien (meist Personen mit einem College-Abschluss oder ähnlicher Ausbildung, aber ohne Approbation) eine Verbesserung der Versorgung erreicht werden.

CPT nach einem Verkehrsunfall

Galovski und Resick (2008) beschreiben die Therapie eines 63-jährigen Lastwagenfahrers, der nach einem schweren Verkehrsunfall an einer PTBS litt. Er war auf der Autobahn unterwegs, etwa eine Stunde nach einer Pause, als ein Auto auf der Gegenspur plötzlich von der Fahrbahn abkam, den Mittelstreifen überquerte und, trotz eines Ausweichversuchs seinerseits, mit seinem Lastwagen kollidierte. Alle bis auf einen Insassen des anderen Autos starben. Obwohl ihm von Seiten der Polizei keine Schuld an dem Unfall gegeben wurde, litt der Patient unter starken Schuldgefühlen, einer PTBS, depressiven Symptomen und vermied die Teilnahme am Straßenverkehr.

Die Behandlung folgte dem von Resick und Schnicke (1993) beschriebenen Vorgehen. Der einzige Unterschied war, dass die Frau des Patienten einem Teil der ersten Sitzung beiwohnte, um ebenfalls etwas über die bei ihrem Mann diagnostizierte Störung zu erfahren. Bereits in der sechsten Sitzung zeigte sich in dem jede Stunde erhobenen Symptomverlaufsmaß eine so geringe Symptombelastung, dass die Therapie zu diesem Zeitpunkt beendet werden konnte. Daher wurde in diesem Fall nicht das komplette Manual durchgeführt, sondern dem Patienten die verbleibenden Arbeitsblätter für zu Hause mitgegeben. Das Fallbeispiel zeigt, dass CPT auch für PTBS nach Verkehrsunfällen wirksam sein kann.

1.4.5 Besondere Aspekte

Im Folgenden finden einige Arbeiten Erwähnung, die nicht zur Wirksamkeitsforschung im engeren Sinn gehören, sondern spezielle Aspekte der CPT betrachten.

Schuld

In der bereits erwähnten Vergleichsstudie mit PE (Resick et al., 2002) zeigte sich ein Unterschied in einem tertiären Outcome-Maß: In zwei der vier erhobenen Maße für Schulderleben (*hindsight bias*, also die Bewertung des damaligen Verhaltens auf der Basis jetzt vorliegender Informationen und *lack of justification*, also fehlende Rechtfertigung) schnitten die CPT-Patienten signifikant besser ab als die PE-Gruppe. Für die weiteren Schuld-Maße (*wrongdoing*, Fehlverhalten und *overall guilt*, Schuld insgesamt, Summe der anderen drei) fand sich allerdings kein Unterschied.

Nishith, Nixon und Resick (2005) gingen in einer erweiterten Analyse der in dieser Studie erhobenen Schuldmaße der Frage nach, ob die gefundene Verringerung der Schuldkognitionen dadurch bedingt sein könnte, dass durch CPT neben der PTBS auch eine komorbide Depression behandelt wird. Diese Hypothese bestätigte sich nicht; die untersuchten Schuldkognitionen verringerten sich unabhängig vom Vorliegen einer komorbiden depressiven Störung, und CPT war in diesem Bereich der PE überlegen.

Auch in der oben berichteten Studie mit Militärangehörigen (Monson et al., 2006) erzielte die Behandlungsgruppe eine signifikante Reduktion der Belastung durch Schuldkognitionen. Interessanterweise veränderten sich die Schuldkognitionen selbst nicht, und auch das globale Schuldmaß blieb stabil. Man kann also sagen, dass CPT eine Bearbeitung von Schuldthematiken gut ermöglicht.

Komponentenanalyse der CPT

Resick et al. (2008) verglichen das vollständige CPT-Protokoll mit seinen Bestandteilen – kognitive Therapie (CPT-C) und schriftliche Konfrontation (*written accounts*, WA). Die Zuordnung der Probandinnen zu den drei Gruppen erfolgte randomisiert. CPT-C und WA wurden jeweils so ausgedehnt, dass sie, wie die vollständige Therapie, in 12 Stunden innerhalb von sechs Wochen durchgeführt werden konnten.

Es zeigten sich keine signifikanten Unterschiede zwischen CPT und CPT-C nach der Therapie und zur Katamnese (sechs Monate nach Therapieende). Beide kognitiven Therapien waren zu Therapieende, nicht aber zur Katamnese, der WA-Gruppe signifikant überlegen. Relativ viele Patientinnen brachen die Behandlung ab oder erschienen nach der Eingangsdiagnostik nicht zur ersten Sitzung; einer *Intent-to-treat*-Stichprobe von 150 Probandinnen stehen 86 Patientinnen gegenüber, die ihre jeweilige Therapie vollständig durchliefen. Allerdings hatten einige „Abbrecher" wohl bereits vor dem geplanten Therapieende ausreichend von der Behandlung profitiert, sodass sie aus diesem Grund keine weiteren Sitzungen in Anspruch nahmen.

Insgesamt waren alle drei Therapien erfolgreich und führten zu deutlichen Reduktionen der PTBS-Symptomatik. Sechs Monate nach Therapieende erfüllten noch 45.3 % (25.9 %)[1] der CPT-Gruppe, 58.0 % (36.7 %) der WA-Gruppe und 34.0 % (10.7 %) der CPT-C-Gruppe die Kriterien für eine Posttraumatische Belastungsstörung. Bei einer Einteilung der Probandinnen nach der Dosis erhaltener Therapie ergaben sich große Effektstärken für die *Intent-to-treat*- und *Completer*-Stichprobe, mittlere Effektstärken für die Probandinnen, die einen Teil der Therapie erhalten hatten, und geringe Effektstärken für die, die nur die Diagnostik mitgemacht hatten. Die absolute Höhe dieser Effektstärken ist in Tabelle 1 angegeben.

Muster der Veränderung von Symptomen

Nishith, Resick und Griffin (2002) unterzogen die Daten aus der oben berichteten Studie von Resick et al. (2002) einer erweiterten Analyse, um mögliche Unterschiede im Verlauf der Symptomatik über die Behandlungszeit zu untersuchen. Während der sechswöchigen Behandlungsphase wurde vor jeder zweiten Sitzung (also wöchentlich) die Symptomatik mit einem kurzen Selbstbeurteilungsinstrument bestimmt. Die drei Symptomcluster (Vermeidung, Wiedererleben, Übererregung) wurden, zusätzlich zum Gesamtscore, getrennt betrachtet.

Es zeigte sich, dass in der PE-Gruppe für alle drei Symptomcluster eine quadratische Funktion den Verlauf der Symptomatik am besten wiedergab. Bei CPT war das für Wiedererleben und Übererregung ebenfalls der Fall, bei Vermeidung ergab eine lineare Funktion die bessere Passung. Bei den Gesamtscores zeigte sich für beide Therapien ein quadratischer Verlauf der Symptomatik. In beiden Therapieformen brachen signifikant mehr Frauen die Behandlung vor der vierten Stunde ab als danach.

In beiden Bedingungen zeigte sich initial ein Ansteigen der intrusiven Symptomatik, bevor diese nach der vierten Stunde abfiel. Die Autoren erklären dies mit der relativen Chronizität der Störung in der Stichprobe (die Vergewaltigung war im Durchschnitt 8,5 Jahre her). Sie gehen davon aus, dass die Patientinnen in dieser Zeit recht erfolgreich gelernt hatten, Erinnerungen an das Trauma zu vermeiden, sodass Intrusionen vor Therapiebeginn relativ selten vorkamen, sich dann aber durch die Entscheidung zur aktiven Beschäftigung mit dem Ereignis zunächst verstärkten.

Die Übererregungssymptomatik verschlechterte sich zwar zu Therapiebeginn nicht, blieb aber bis zur dritten Messung (vor Sitzung 4) relativ unverändert. In beiden Therapien erfolgte vor der vierten Sitzung eine Konfrontation mit dem Ereignis (bei PE war die erste Konfrontation in sensu in Sitzung 3, die CPT-Patientinnen schrieben zwischen den Sitzungen 3 und 4 das traumatische Ereignis zum ersten Mal auf). Wenn nach dieser Sitzung die Verarbeitung des Ereignisses weiterging, zeigte sich ein deutlicher Abfall der Symptomatik.

Für die Vermeidungssymptomatik ergab sich ein Unterschied zwischen CPT und PE in der Form, dass diese in der PE-Gruppe zunächst leicht anstieg, um dann nachzulassen, während sich bei CPT ein linearer Abfall zeigte.

Diese Ergebnisse zeigen, dass es sehr wichtig ist, Patienten vor Therapiebeginn darüber aufzuklären, dass ihre Symptome zunächst möglicherweise leicht ansteigen. Eventuell könnten sich so die deutlich höheren Abbruchraten vor der vierten Sitzung mindern lassen.

Veränderungen in den Kognitionen

Sobel, Resick und Rabalais (2009) untersuchten die Veränderung in den Kognitionen von 37 Patientinnen, die nach einer Vergewaltigung mit CPT

---
[1] Angegeben sind hier jeweils die *Intent-to-treat*-Analysen, Werte für *Completer*-Analysen in Klammern.

Tabelle 1: Zusammenfassung der Forschungsergebnisse zur CPT

Studie	Stichprobe	Trauma	CPT-Format	Dropouts	Ergebnisse	Effektstärke prä-post innerhalb der Gruppe (Hedges' g)	Effektstärke prä-post zwischen den Gruppen (Hedges' g)
Resick & Schnicke (1992)	41 Frauen	Vergewaltigung	Gruppe, 12 Sitzungen	CPT: 9,5 % KG: –	Verbesserung in BG, KG stabil; Ergebnisse stabil 3 und 6 Mon. später	CPT: 0.92–1.09	SCL-90 CPT vs. WL: 0.62
Resick, Nishith, Weaver, Astin & Feuer, 2002	171 Frauen	Vergewaltigung	Einzel, 12 Sitzungen	CPT: 26,8 % PE: 27,3 % MA: 14,9 %	CPT = PE beides > MA	ITT CPT: 1.38 PE: 1.15 MA: 0.03 compl. CPT: 3.07 PE: 2.36 MA: 0.01	ITT CPT vs. MA 1.13 PE vs. MA: 0.86 PE vs. CPT: –0.18 compl. CPT vs. MA: 2.78 PE vs. MA: 2.04 PE vs. CPT: –0.24
Monson et al. (2006)	60 Soldaten	Kriegserlebnisse (v. a. Vietnam)	Einzel, 12 Sitzungen	CPT: 20,0 % WL: 13,3 %	CPT > WL	CPT: 1.36 WL: 0.16	CPT vs. WL: 1.15
Schulz, Resick, Huber & Griffin (2006)	53 Flüchtlinge	Kriegserlebnisse, Verfolgung	Einzel, 2–55 Sitzungen (adaptiert)	k.A.	signifikante Verbesserungen mit Behandlung	CPT: 2.53	
Boos, Scheifling-Hirschbiel & Rüddel (1999)	55 Frauen	multiple Traumatisierungen	Gruppe, 10 Sitzungen (adaptiert), zusätzlich Einzel	5,5 %	19–33 % verloren Diagnose, Symptombelastung sank signifikant prä-post		
Ahrens & Rexford (2002)	38 straffällige Jugendliche	verschiedene Traumatisierungen	Gruppe, 8 Sitzungen (adaptiert)	–	signifikante Verbesserungen prä-post		
Zappert & Westrup (2008)	18 weibliche Militärangehörige	Kriegs- und sexuelle Traumata	Gruppe, sehr viele Sitzungen (adaptiert)	–	15 von 18 zeigten verlässliche Verbesserung		
Resick et al. (2008)	150 Frauen	verschieden	Einzel, Komponenten (CPT-C, WA, CPT)	CPT: 30,4 % CPT-C: 19,6 % WA: 23,6 %	ITT: CPT-C = CPT, beide > WA	CPT: 1.62 CPT-C: 1.45 WA: 1.01	CPT vs. WA: 0.34 CPT-C vs. WA: 0.39 CPT vs. CPT-C: –0.10
Chard (2005)	71 Frauen	sexueller Kindesmissbrauch	CPT-SA	CPT: 18 % WL: 21 %	Behandlung der KG deutlich überlegen	CPT: 2.75 WL: 0.19	CPT vs. WL: 2.32

Abkürzungen: BG: Behandlungsgruppe, KG: Kontrollgruppe, ITT: Intent-to-treat-Stichprobe, MA: *minimal attention* (Kontrollgruppe), WL: Warteliste (Kontrollgruppe), WA: *written accounts* (schriftliche Traumaberichte), CPT-C: CPT ohne Traumaberichte; Effektstärken teilweise aus Cahill, Rothbaum, Resick und Follette (2009)

behandelt worden waren. Hierzu wurden die von den Patientinnen zu Beginn und Ende der Therapie zu verfassenden Berichte über die Auswirkungen des Traumas *(impact statements)* mit einem eigens entwickelten Codiermanual auf Assimilation, Akkommodation, Über-Akkommodation und informierende Aussagen codiert. Wie erwartet zeigte sich eine deutliche Veränderung hin zu adaptiveren Kognitionen (mehr Akkommodation, weniger Assimilation und Über-Akkommodation). Ein ebenfalls erwarteter Zusammenhang zwischen der Größe dieser Veränderung und dem Therapieerfolg konnte nur teilweise bestätigt werden.

Erweiterung für Überlebende sexuellen Kindesmissbrauchs: CPT-SA

Die ursprüngliche CPT war für Frauen konzipiert, die nach einer oder mehreren Vergewaltigungen im Erwachsenen- oder Jugendlichenalter an einer PTBS litten. Für Klientinnen, die in der Kindheit sexuell missbraucht worden waren, war dieses kurze strukturierte Vorgehen mit nur 12 Stunden nicht ausreichend. Deshalb begann die Arbeitsgruppe um P. Resick bereits Mitte der 1990er, die CPT für Patienten anzupassen, die sexuellen Kindesmissbrauch erlebt haben (Chard, Weaver & Resick, 1997). Chard (2005) evaluierte das CPT-SA[2] genannte Format an 71 Frauen gegen eine Wartelisten-Kontrollgruppe. Es zeigten sich signifikante Verbesserungen, die in der 1-Jahres-Katamnese stabil waren. Effektstärken wurden nicht angegeben.

---

2 SA: *sexual abuse*, sexueller Missbrauch

Kapitel 2

Die Münchner Adaptation der CPT

In diesem Kapitel soll eine allgemeine Einführung in den Aufbau des Manuals gegeben und die Unterschiede zur ursprünglichen CPT aufgezeigt werden. Es enthält auch eine Aufstellung der verwendeten Arbeitsblätter sowie allgemeine Richtlinien für die Gestaltung der Therapiestunden.

2.1 Unterschiede zur Originalversion der CPT

Das hier vorgestellte Vorgehen ist zwar eng an die von Resick und Schnicke (1993) bzw. Resick et al. (2007) veröffentlichten Manuale angelehnt, unterscheidet sich aber in mancher Hinsicht von der ursprünglichen CPT. Die Unterschiede sollen in diesem Abschnitt aufgeführt werden.

2.1.1 Sitzungen

Der erste und offensichtlichste Unterschied ist die Anzahl der Sitzungen. Die ursprüngliche CPT besteht aus 12 Sitzungen, dieses Manual umfasst 15. Diese Verlängerung hat zwei Gründe. Erstens sind manche Sitzungen thematisch sehr dicht, so dass wir entschieden, diese zu entzerren, auch im Hinblick darauf, dass für eine Kurzzeittherapie in Deutschland 25 Sitzungen zur Verfügung stehen. Zweitens ist der Bereich „Aktivitäten und Kontakte" in der Originalform nicht enthalten. Die Sitzungen 2 und 4 wurden neu eingefügt und die Inhalte der ursprünglichen Sitzung 12 auf zwei Sitzungen verteilt.

Sitzung 2 (Ziele und Hängepunkte)

Diese Sitzung wurde neu eingefügt. Einerseits dient dies der Entzerrung der in der Originalversion inhaltlich sehr dichten ersten Sitzung (so werden die Hängepunkte erst hier behandelt), zum anderen ist auf diese Weise Zeit, um Fragen zur Psychoedukation in der vorangegangenen Sitzung zu klären. Zusätzlich werden anhand eines neu entwickelten Arbeitsblatts die Ziele besprochen, die die Patienten in der Therapie erreichen wollen. Ein neu eingeführter Aspekt ist der Start in die behaviorale Komponente der Therapie, „Aktivitäten und Kontakte", die unten genauer beschrieben wird. Da dieser Bereich für die in den Studien nachgewiesene Reduktion der posttraumatischen Symptomatik nicht notwendig ist, kann sie, wie unten beschrieben, als fakultativ betrachtet werden.

Sitzung 4 (Alltagsbewältigung)

Hierbei handelt es sich vor allem um eine Entzerrung der ursprünglichen dritten Sitzung. Es erschien uns sinnvoll, etwas mehr Zeit für die Bearbeitung der ABC-Blätter zu haben, da diese eine wichtige Grundlage für die kognitive Arbeit darstellen und viele Patienten damit zu Anfang Schwierigkeiten haben. Daher gibt es auch, im Unterschied zur ursprünglichen Therapie, zwei verschiedene ABC-Blätter. „Alltagsbewältigung" heißt das Kapitel deshalb, weil in den ABC-Blättern häufig Alltagsthemen auftauchen. Außerdem ist hier Zeit, eventuell bestehende weitere Schwierigkeiten zu besprechen, die mit der Symptomatik in Zusammenhang stehen können, aber nicht unbedingt im Therapieverlauf angesprochen werden, wie zum Beispiel Psychoedukation zum Thema Schlafhygiene.

Sitzung 14 und 15 (Thema Intimität und Abschlusssitzung)

Die Themen der ursprünglich 12. Sitzung, die thematisch ebenfalls recht dicht ist, wurden in Sitzung 14 und 15 aufgeteilt. Somit beschäftigt sich die Sitzung 14 ausschließlich mit dem Thema Intimität, während der zweite Bericht über die Auswirkungen des Traumas zur 15. Sitzung geschrieben und dort besprochen wird.

2.1.2 Bereich „Aktivitäten und Kontakte"

Die ursprüngliche CPT enthält keine verhaltensbasierten Interventionen. Dies liegt nicht daran, dass solche Interventionen nicht mit der CPT vereinbar wären, sondern daran, dass das Manual in mehreren Studien mit PE verglichen wurde und man daher möglichst unterschiedliche Manuale gestalten wollte. In Einzelfallstudien außerhalb der Evaluierung der Therapie wurden durchaus auch Verhaltensaufgaben und -ziele vereinbart (vgl. Calhoun & Resick, 1993).

Der Bereich „Aktivitäten und Kontakte" wird mit dem Arbeitsblatt „Ziele und Ressourcen" (vgl. CD-ROM) vorbereitet. Fast immer haben Patienten den Wunsch, etwas wieder tun oder wieder genießen zu können. Viele dieser Ziele eignen sich für ein schrittweises Vorgehen. In jeder Stunde kann ein Blatt „Aktivitäten und Kontakte" (vgl. CD-ROM) mitgegeben werden. Die Patienten können sich eine Aufgabe für die kommende Woche vornehmen und notieren. Das Blatt besteht aus einer Checkliste und Zeilen, auf denen die Aktivität dokumentiert werden kann. Die Checkliste soll dabei helfen, erreichbare und beeinflussbare Ziele zu formulieren, um so Überforderung und Frustration zu vermeiden. Da die PTBS eine hohe Komorbidität mit depressiven Störungen aufweist, greifen hier „antidepressiver Aktivitätenaufbau" und „Abbau von posttraumatischem Vermeidungsverhalten" ineinander.

Da diese Komponente in der ursprünglichen CPT nicht vorkommt, also für die PTBS-Behandlung offenbar nicht notwendig ist, ist sie im Ganzen als fakultativ zu betrachten. Manchen Patienten kommt das strukturierte Vorgehen entgegen und sie sind stolz, ihre Fortschritte zu dokumentieren, andere zeigen von Beginn an kein sehr deutliches Vermeidungsverhalten oder können dieses schnell aufgeben, so dass die Blätter überflüssig werden. Bei zwei Terminen pro Woche empfiehlt es sich teilweise, nur in jeder zweiten Stunde ein Blatt mitzugeben. Dies hängt auch davon ab, wie groß der zeitliche Druck ist, unter dem Patienten im Privatleben stehen. Eine genauere Darstellung des Bereichs „Aktivitäten und Kontakte" findet sich ab Seite 50.

2.1.3 Arbeitsblätter

Einige Arbeitsblätter der ursprünglichen CPT-Version wurden verändert, andere neu hinzugefügt. Neu sind neben den oben bereits beschriebenen Blättern des Bereichs „Aktivitäten und Kontakte" vor allem Blätter aus der ersten Stunde. So haben wir die Arbeitsblätter 1.1 bis 1.3 neu entwickelt, um die Psychoedukation und die Ableitung des Therapierationals visuell zu unterstützen. Außerdem gibt es zu jeder Stunde ein Blatt (meist mit dem Titel: „Bis zur nächsten Sitzung"), auf dem die Aufgaben vermerkt sind. Die auch in der ursprünglichen CPT beschriebenen Aufgaben (Traumaschilderungen, Berichte über Auswirkungen) wurden für die deutsche Version übersetzt; in diesen Stunden gibt es kein zusätzliches Aufgabenblatt.

Neu ist auch das fakultative Arbeitsblatt Z.2 „Schlafhygiene", das für Patienten bestimmt ist, deren Schlafgewohnheiten problematisch sind. Es kann z. B. in der vierten Sitzung eingesetzt werden.

Das Arbeitsblatt 2.3 „Hängepunkte" wurde verändert, illustriert aber dieselben Inhalte wie das ursprüngliche Arbeitsblatt.

Wie bereits erwähnt, gibt es zwei Formen des klassischen ABC-Blattes, mit und ohne Zeilen für alternative Gedanken. In der ursprünglichen CPT wird das zweite Blatt verwendet, es ist jedoch nicht erforderlich, dass die Zeilen unten ausgefüllt werden. Bei Patienten, die später im Verlauf Schwierigkeiten haben, mit den komplexeren Blättern zurechtzukommen, kann man dann zu den ABC-Blättern zurückkehren und diese inkl. der unteren Zeilen verwenden.

Bei den Arbeitsblättern zu den Themen Sicherheit, Vertrauen, Macht und Kontrolle, Wertschätzung und Intimität wurden die grundlegenden Inhalte aus den ursprünglichen Blättern übernommen, die Gestaltung wurde jedoch verändert und zudem durch Fragen ergänzt, die die Patienten zur Selbstreflexion anregen sollen. Die Arbeitsblätter „Hilfreiche Fragen", „Problematische Denkmuster" und „Überzeugungen hinterfragen" wurden inhaltlich unverändert übernommen. Dasselbe gilt für die zugehörigen ausgefüllten Beispielblätter. Das Arbeitsblatt „Identifying Assumptions", das in der ersten CPT-Version (Resick & Schnicke, 1993) vorkommt, aber nicht mehr in der späteren Version (Resick, Monson & Chard, 2007), wurde in der deutschen CPT-Version nicht übernommen.

2.2 Allgemeine Überlegungen

In diesem Abschnitt werden einige Punkte dargestellt, die Rahmenbedingungen oder Voraussetzungen für die Therapie sind. Diese unterscheiden sich nicht sehr von anderen Störungsbildern und Therapieformen, wenn auch bei traumatisierten Patienten manches eine größere Bedeutung erlangt.

2.2.1 Planung der Sitzungen

Bei einer Diagnose, bei der „Vermeidung" zu den Kernsymptomen gehört, ist es nicht weiter verwunderlich, dass alle Quellen (z. B. Ehlers, 1999; Resick & Schnicke, 1993) darauf hinweisen, dass man auch im Kontext der Therapie mit Vermeidungsverhalten rechnen muss. Daher empfiehlt es sich, die Rahmenbedingungen so zu gestalten, dass den Patientinnen die Teilnahme zumindest erleichtert wird. Zum Beispiel kann es sinnvoll sein, bei verpassten oder abgesagten Terminen den Patienten anzurufen, um einen neuen Termin zu vereinbaren. Das heißt, Therapeuten sollten aktiver sein, als sie es vielleicht bei anderen Patientengruppen, aus Gründen der Eigenverantwortung der Patientinnen, wären. Dabei ist es wichtig, das Vermeidungsverhalten als Versuch der Bewältigung anzuerkennen und gleichzeitig deutlich zu machen, dass es die Symptomatik aufrechterhält und letztlich Veränderung verhindert.

2.2.2 Therapeutenverhalten

Im Folgenden sind einige wichtige Aspekte des Therapeutenverhaltens aufgeführt.

Verständnis

Viele Traumapatienten sind durch andere Menschen traumatisiert worden, andere haben nach ihrem traumatischen Erlebnis vom sozialen Umfeld negative Reaktionen erfahren. Es ist daher besonders wichtig, dass die Therapeuten Verständnis zeigen und deutlich machen, dass sie ganz auf der Seite der Patienten stehen. Das bedeutet nicht, vorschnell Verständnis zu äußern, sondern trotzdem genau nachzufragen, wie jemand denkt und welche Gründe es dafür gibt.

Eine besondere Bedeutung hat dies auch bei der kognitiven Umstrukturierung. Es ist wichtig, gleichzeitig zu vermitteln, dass auf der einen Seite die Denkmuster völlig verständlich sind, dass dysfunktionale Kognitionen nichts sind, wofür man sich bewusst entscheidet, sondern das Ergebnis eines Problemlösungsversuchs, der nicht erfolgreich war und auf der anderen Seite die Bedeutung von Veränderung zu betonen.

Viele Patienten geben sich selbst die Schuld an dem Trauma oder schämen sich für bestimmte Aspekte ihres Verhaltens während des Ereignisses. Hier ist es wichtig, dieses Verhalten nicht zu hinterfragen, sondern zu validieren. Während eines traumatischen Erlebnisses kann man keine „vernünftigen" Entscheidungen treffen, weil das Gehirn im Rahmen der Fight-Flight-Freeze-Reaktion in den „Überlebensmodus" schaltet. Resick und Schnicke (1993) warnen in diesem Zusammenhang (bei Frauen, die vergewaltigt wurden) vor Fragen nach dem Muster „warum haben Sie (nicht) …", da gerade diese Patientengruppe sehr sensibel für Kritik sei. Auch eine in Hinblick auf Informationsgewinn gestellte solche Frage könne als Kritik aufgefasst werden. Wenn eine Begründung für Schuldgefühle angegeben wird („Ich hätte (nicht) …"), ist es allerdings wichtig, die Umstände, unter denen dies oder jenes getan oder gelassen wurde, genau zu erfragen. Meist hat das nachträglich negativ bewertete Verhalten einen guten Grund, war zu dem Zeitpunkt einfach das naheliegendste oder aufgrund der vorliegenden Informationen sinnvollste.

Starke Emotionen in der Therapie aushalten

Die emotionale Aktivierung des Patienten ist in der Therapie erwünscht. Diese sollte von Therapeuten nicht unterbunden, entmutigt oder vermieden werden. Es kommt häufig vor, dass Therapeuten auf mehr oder weniger subtile Weise signalisieren, ihr Gegenüber solle sich zusammenreißen, indem sie z. B. Taschentücher reichen, wenn Patienten weinen. Es ist wichtig, dass Patienten wirklich die ganze Geschichte erzählen können und nichts zensieren, um etwa ihren Therapeuten zu schonen. Sonst kann beim Patienten der Eindruck entstehen, dass die eigenen Emotionen, das Erlebnis oder Aspekte davon so schrecklich sind, dass auch der Therapeut es nicht aushalten kann – und dies wäre kontraproduktiv. Auch, weil manchmal Gefühle selbst zu ausgeprägten sekundären Schamgefühlen führen (z. B. sich schämen für die eigene Angst), ist eine validierende Haltung jeder Emotionsäußerung gegenüber wichtig. Therapeutinnen sollten also die ganze Geschichte und alle damit verbundenen Emotionen aushalten können und dies auch vermitteln. (Was die Taschentücher angeht, kann man bereits vor der Stunde welche in Griffweite platzieren.)

Die Sorge, ob Patienten ihre Erinnerungen und die damit verbundenen Gefühle „aushalten" können, scheint häufig eher therapeutisches Vermeidungsverhalten zu sein als eine begründete Sorge. Resick und Schnicke (1993) weisen darauf hin, dass die Patienten meist schon eine ganze Weile „mit dem Ereignis leben", wenn auch bisher nicht auf eine sehr adaptive Weise. Viele Patienten haben Angst, ihre Gefühle nicht aushalten zu können, beziehungsweise durch eine Annäherung an die traumatische Erinnerung ihre mühsam erworbene „Alltagsstabilität" zu verlieren. Wenn Therapeuten jetzt Äußerungen intensiver Gefühle unterbrechen oder abschwächen wollen, bekräftigen sie diese Angst.

Wichtig ist an dieser Stelle auch der Hinweis darauf, dass es sich bei dem vorherrschenden Gefühl nicht unbedingt um Angst handeln muss. Viele Patienten sind weniger voller Angst als „voller Ärger und Feindseligkeit" (vgl. Orth & Wieland, 2006). Während chronische Wut und Rachepläne sicher ausführlicher kognitiver Arbeit bedürfen, hat es sich in unserer Erfahrung als durchaus hilfreich herausgestellt, Wutgefühlen zunächst einmal Raum zu geben als Gefühlen, die aus einer wie auch immer gearteten von außen kommenden Einschränkung resultieren und als solche „natürliche" Gefühle sind. Dabei ist die Unterscheidung von Gefühlen und Verhalten wichtig: Während jedes Gefühl als solches völlig in Ordnung ist, trifft das nicht auf jeden Gefühlsausdruck zu.

Äußere Sicherheit

Dass Patienten das Gefühl brauchen, in der therapeutischen Situation sicher zu sein, gilt für alle Patientengruppen und über alle Therapieschulen hinweg. Bei traumatisierten Patienten ist dies möglicherweise von besonders großer Bedeutung. Auch ist hier zu bedenken, dass möglicherweise Trigger für Intrusionen im Raum sein können. Dabei kann es sich zum Beispiel um räumliche Anordnungen, Lichtverhältnisse, Muster, Gerüche oder Geräusche handeln, die an das Trauma erinnern. Außerdem ist es wichtig, gerade bei Patienten, denen Gewalt angetan wurde, diesen möglichst viel Kontrolle zu lassen und den Therapieverlauf nicht zu sehr zu forcieren. Auch die Vermittlung eines klaren Störungsverständnisses und Therapierationals sorgt für Transparenz und damit für Vorhersehbarkeit und kann damit das Sicherheitsgefühl verstärken.

Voraussetzung für die Traumabehandlung ist äußere Sicherheit auch in dem Sinne, dass die Patienten akut nicht der Gefahr einer erneuten Traumatisierung ausgesetzt sind, also z. B. mit dem gewalttätigen Partner weiter zusammenleben.

Therapeutische Beziehung

Die therapeutische Beziehung ist die Grundlage, auf der sich jede therapeutische Begegnung abspielt und ihre Wirksamkeit entfaltet. Gerade traumatisierte Patienten haben oft schlechte Erfahrungen mit anderen Menschen gemacht (ob nun im Rahmen des Traumas oder danach) und Schuld und Scham spielen häufig eine große Rolle. Die therapeutische Haltung in der CPT ist von Interesse am Denken und Fühlen der Patientin, Empathie, Direktivität und Zuversicht gekennzeichnet. Wie zu Beginn bereits erwähnt, richtet sich dieses Buch an ausgebildete Therapeuten. Deshalb geht es auf den folgenden Seiten mehr um Techniken als um Beziehung, da wir davon ausgehen, dass die Leserinnen bereit in der Lage sind, therapeutische Beziehungen einzugehen und zu gestalten. Die Bedeutung, die wir dieser Beziehung zumessen und das strukturierte Vorgehen widersprechen sich keineswegs.

2.2.3 Manualisierung und Individualität

Viele Therapeuten stehen Manualen skeptisch gegenüber. Es wird argumentiert, dass nicht jeder Patient in Sitzung 5 dasselbe braucht, dass manche schneller oder langsamer voranschreiten und dass es häufig neben der hauptsächlich zu behandelnden Störung noch andere Themen gibt (Cook, Schnurr & Foa, 2004). In der Anfangsphase bestand auch in unserer Gruppe oft die Befürchtung, nur entweder den Anforderungen des Manuals oder denen des Patienten gerecht werden zu können. Diese Befürchtungen bestätigten sich nicht, vielmehr ergaben sich Vorteile für die Arbeit.

Durch ein Manual, das vorgibt, wann eine Exposition oder das Anschneiden eines heiklen Themas „dran ist", kommen Therapeutinnen weniger in Versuchung, eigenen Vermeidungstendenzen nachzugeben. Mehrere Kolleginnen erlebten auch die Struktur als Erleichterung. Sich gegenüber dem Patienten auf ein bewährtes Manual berufen zu können, macht zum Teil auch Diskussionen über das therapeutische Vorgehen leichter zu navigieren (z. B. „Ich weiß, dass Ihnen das sehr schwerfällt. Und ich möchte deshalb, dass Sie es tun, weil dieses Vorgehen wissenschaftlich erprobt ist und ich wirklich glaube, dass es Ihnen hilft. Wenn ich nicht voll dahinter stehen würde, würde ich es nicht vorschlagen.").

Trotz der Strukturierung kann das Manual durchaus flexibel eingesetzt werden. Die Arbeitsblätter für die kognitive Umstrukturierung sind so allgemein gehalten, dass auch andere Themen gut damit bearbeitet werden können. Erfahrungsgemäß empfiehlt es sich oft, die Beschäftigung mit dem Ereignis über mehr als die zwei vorgesehenen Sitzungen auszudehnen, da manche Patienten hierfür länger brauchen. Manche Patienten vermeiden zunächst noch auf recht subtile Weise, das heißt, das Ereignis wird durchaus erinnert, aber eine bestimmte Emotion oder ein bestimmter Moment bleiben zunächst ausgeklammert. Wenn mehrere traumatische Ereignisse vorliegen, können diese nacheinander bearbeitet werden, was ebenfalls mehr Zeit braucht. Manchmal werden auch mehrere Aspekte desselben Traumas aufgeschrieben.

Fallbeispiel

Eine Patientin, deren Bruder bei einem Skiunfall mit ungeklärtem Hergang verstorben und zunächst vermisst war, schrieb zwei sehr unterschiedliche Traumaschilderungen. Im ersten Bericht (von dem es, wie im Manual vorgesehen, zwei Versionen gibt) schilderte sie die Ereignisse, wie sie sie erlebt hatte – die Gespräche mit der Polizei, Reaktionen der anderen Familienmitglieder, Unsicherheit und schließlich schreckliche Gewissheit. Sie berichtete über eine gewisse Erleichterung durch das Schreiben – dadurch, dass das Erlebte aufgeschrieben sei, sei es geordneter und sie brauche es nicht mehr ständig im Kopf haben. Allerdings litt sie weiterhin unter Alpträumen und intrusiven Bildern von dem Unfallgeschehen selbst (das sie nicht erlebt hatte, aber aus den Akten in groben Zügen kannte). So schrieb sie einen weiteren Bericht über ihre Vorstellung vom Unfallhergang und die Intrusionen ließen nach.

Auch gibt es selbstverständlich die Möglichkeit, bei Auftreten von gravierenden aktuellen Ereignissen eine Stunde mit dem Manual zu pausieren und das aktuelle Thema zu bearbeiten (häufig bieten sich die Arbeitsblätter dafür sogar an). Dabei ist es Aufgabe der Therapeuten, einzuschätzen, ob es sich um Vermeidungsverhalten handelt, wenn jemand z. B. immer wieder dringende aktuelle Themen zu besprechen hat, oder ob es eher eine Missachtung der Bedürfnisse des Patienten wäre, über ein aktuelles Ereignis hinweg- und zum „Tagesgeschäft" überzugehen. Grundsätzlich haben wir gute Erfahrungen damit gemacht, nur in Ausnahmefällen vom Manual abzuweichen und den Fokus auf der Auseinandersetzung mit dem Trauma zu belassen. Das gilt vor allem, bis eine Symptomreduktion eingetreten ist. Andere Themen werden für spätere Sitzungen notiert.

Dieses Vorgehen hat mehrere Vorteile:
1. Es wirkt dem Wunsch nach Vermeidung der Auseinandersetzung mit dem Trauma (der möglicherweise auf beiden Seiten besteht) entgegen.
2. Wenn Patienten wissen, dass auch ihre anderen Themen ihren Platz bekommen werden, können sie sich besser auf die Traumaarbeit konzentrieren.
3. Die Erfahrung zeigt, dass andere Lebensprobleme zwar nicht verschwinden, wenn die Traumasymptomatik nachlässt, aber sie können oft klarer gesehen werden und es stehen mehr Kapazitäten zu ihrer Lösung zur Verfügung.
4. Die kognitiven Arbeitsblätter sind so allgemein gehalten, dass nach der Beschäftigung mit dem Ereignis auch andere Lebensbereiche thematisiert werden können. Somit sorgt die Vereinbarung „zuerst das Trauma, dann weitere Themen" auch dafür, dass die anderen Themen dann behandelt werden, wenn optimale Voraussetzungen dafür bestehen, weil die Therapie sich ohnehin mit kognitiver Arbeit beschäftigt.

2.2.4 Ablauf der Sitzungen

Hier soll zunächst der allgemeine Ablauf der Sitzungen dargestellt werden. Dieser beginnt mit dem Einstieg in die Sitzung. Anschließend wird dem Besprechen der zu Hause durchgeführten Übungsaufgaben Zeit gewidmet, bevor eventuelle neue Themen vermittelt und neue Arbeitsblätter erläutert und evtl. geübt werden.

Einstieg

Die Sitzung beginnt in aller Regel mit der Frage nach den Übungsaufgaben. Es versteht sich von selbst, dass „Haben Sie Ihre Hausaufgaben gemacht?" kein guter Einstieg ist, aber ein direktes

Anknüpfen an die in der letzten Stunde besprochenen Themen („Wie hat ... geklappt?" oder auch „Wie ging es Ihnen mit den neuen Blättern?") ist durchaus möglich. Es mag ungewohnt erscheinen, nicht mit einer offenen Frage einzusteigen wie „Wie geht es Ihnen" oder „Wie war Ihre Woche". Dann stellt sich aber mit einer gewissen Wahrscheinlichkeit das Problem, den Patienten wieder auf die eigentliche Thematik umlenken zu müssen, es ist quasi eine Einladung, die eigentlichen Themen zu vermeiden. Ein guter Kompromiss kann auch die Frage sein „Wie ging es Ihnen nach der letzten Stunde?" Dies liefert einerseits wichtige Informationen und stellt andererseits direkt den Bezug her.

Unsere Gruppe hat sehr gute Erfahrungen damit gemacht, vor jeder Sitzung den IES-R (Maercker & Schützwohl, 1998) vorzugeben und kurz zu besprechen. Auf diese Weise bekommt die Therapeutin einen Eindruck, wie die Symptomatik im Augenblick ist, und es ist ein guter themenbezogener Einstieg in die Sitzung.

Besprechung der Übungsaufgaben und Themen der Sitzung

Das erste Thema der Sitzung ist die Besprechung der in der letzten Stunde verabredeten Übungen und Arbeitsblätter, bzw., wenn sie nicht gemacht wurden, die Thematisierung von Vermeidung und warum diese den Therapieprozess behindert. Dabei gibt es meist zwei Ebenen, auf denen zu Hause gearbeitet werden soll, zum einen der Abbau von Vermeidungsverhalten im Alltag (Bereich „Aktivitäten und Kontakte"), zum anderen die Bearbeitung der Arbeitsblätter der jeweiligen Stunde. Meist geht das Verhaltensziel mit den kognitiven Blättern Hand in Hand, so dass sich die genaue Abfolge der Themen ganz organisch ergibt.

Nach den ersten Sitzungen, in denen noch mehr Informationen durch die Therapeutin vermittelt werden, und nach der Auseinandersetzung mit der Erinnerung an das traumatische Ereignis, besteht der Hauptteil der Sitzung jeweils aus der Arbeit mit den zu Hause bearbeiteten Blättern. Eventuell dabei aufgetretene Probleme oder Fragen werden geklärt, erzielte Veränderungen festgestellt und die Richtung für die weitere Arbeit vereinbart. Oft ergeben sich aus einem Blatt auch weitere Hängepunkte, die dann notiert werden, andere können von der Liste gestrichen werden. Die Blätter dienen dabei als Unterstützung, nicht aber als Ersatz für therapeutisches Engagement. Die Patienten nutzen die Blätter auf sehr unterschiedliche Weise – während manche sehr selbstständig damit arbeiten, nutzen andere sie eher zum Notieren von Themen, die dann in der Therapie genauer besprochen werden.

Spätestens ab dem Einsatz des „Hilfreiche Fragen"-Arbeitsblattes ist es – abhängig vom Fleiß der Patienten – sehr wahrscheinlich, dass nicht alle ausgefüllten Blätter besprochen werden können. Dann kann man die Patienten selbst entscheiden lassen, welches sie besprechen möchten, oder auch fragen, wo es die meisten Schwierigkeiten gab, ob es überraschende neue Erkenntnisse gab, oder ob sie auf eines besonders stolz sind.

Arbeitsblätter

Man sollte den Patienten gleich zu Anfang empfehlen, einen Ordner oder Schnellhefter für die Arbeitsblätter anzulegen. Auf diese Weise ist vor allem die Liste mit den Hängepunkten, die über einen längeren Zeitraum hinweg benötigt wird, immer verfügbar. Außerdem sinkt das Risiko, Blätter zu verlieren. Auch können Patienten auf diese Weise auf bereits bearbeitete Blätter zurückgreifen. Der erste Traumabericht und der erste Bericht über die Auswirkungen des Traumas sollten allerdings zunächst beim Therapeuten verbleiben. Was nach Therapieende mit diesen Berichten passiert, kann im Einzelfall abgesprochen werden.

Einführung neuer Arbeitsblätter

Es empfiehlt sich, für das Besprechen neuer Arbeitsblätter etwa fünf bis zehn, manchmal bis zu 15 Minuten einzuplanen. Es gibt große Unterschiede darin, wie viel Zeit die Patientinnen benötigen, um ein neues Blatt zu verstehen. Oft ist es sinnvoll, ein Arbeitsblatt beispielhaft in der Stunde gemeinsam komplett auszufüllen, in anderen Fällen reicht ein kurzer Hinweis aus. Da die komplizierteren Blätter erst in der zweiten Hälfte der Therapie kommen, kann man den Zeitaufwand bis dahin meist gut einschätzen.

Wie viel Zeit Patienten für die Bearbeitung der Arbeitsblätter aufbringen können, hängt sehr davon ab, in welchen Lebenssituationen sich die Patienten gerade befinden. Ein weiterer Faktor ist, wie eng die Sitzungen aufeinander folgen. Es empfiehlt sich im Einzelfall also, Absprachen zu treffen, wie viele Arbeitsblätter bearbeitet werden sollen und eventuell auch gleich festzulegen, zu welchen Hängepunkten.

Abschluss

Je nachdem, was in der Sitzung besprochen wurde, bieten sich verschiedene Möglichkeiten für den Abschluss der Sitzung an. Vor allem nach emotional intensiven Sitzungen ist es sinnvoll, nachzufragen, ob sich eine Patientin zutraut, jetzt nach Hause zu gehen. Alternativ könnte verabredet werden, dass die Patientin noch eine Weile spazieren geht o. Ä. Auch eine kurze Rekapitulation des Sitzungsverlaufs oder auch ein Lob für die harte Arbeit können ein guter Abschluss sein.

Kapitel 3

CPT im Überblick

Die CPT wurde zunächst für Vergewaltigungsopfer entwickelt (Resick & Schnicke, 1993) und inzwischen für kriegstraumatisierte Soldaten umgearbeitet (Resick et al., 2007). Sie wurde aber, wie im Kapitel 1.4 bereits dargestellt, für verschiedene Traumatisierungen mit Erfolg angewendet. Im Folgenden findet sich zunächst eine Beschreibung der Bestandteile der Therapie und im Anschluss Erfahrungen in der Anwendung für verschiedene Arten von Traumata sowie Überlegungen zum Umgang mit bestimmten Emotionen und Themen. Ein Überblick über den Ablauf der Therapie findet sich in Tabelle 2.

Tabelle 2: Ablauf der CPT im Überblick

Titel	Inhalte	Arbeitsblätter (vgl. CD-ROM)	Aufgabe
1. Psychoedukation	• Psychoedukation über die PTBS, deren Entstehung und Aufrechterhaltung und das Vorgehen in der Therapie	1.1 Was versteht man unter einer Posttraumatischen Belastungsstörung? 1.2 Welche Faktoren spielen bei der Aufrechterhaltung einer Posttraumatischen Belastungsstörung eine Rolle? 1.3 Was passiert in der Therapie? 1.4 Therapievertrag 1.5 Ziele und Ressourcen	• Ziele und Ressourcen bearbeiten
2. Ziele und Hängepunkte	• Ziele besprechen • Aktivitäten und Kontakte starten • Hängepunkte einführen • Bericht über Auswirkungen erklären	2.1 Aktivitäten und Kontakte 2.2 Hängepunkte – Was ist das? 2.3 Hängepunkte-Liste 2.4 Bericht über die Auswirkungen des Traumas	• Aktivitäten und Kontakte • Bericht über die Auswirkungen des Traumas
3. Die Bedeutung des Ereignisses	• Bericht über Auswirkungen besprechen • Thema Gefühle • ABC-Blatt erklären	3.1 Aktivitäten und Kontakte 3.2 Gefühle 3.3 ABC-Arbeitsblatt 3.4 Bis zur nächsten Sitzung	• Aktivitäten und Kontakte • ABC-Blätter bearbeiten
4. ABC-Blätter und Alltagsbewältigung	• ABC-Blätter besprechen (formal und inhaltlich)	4.1 Aktivitäten und Kontakte 4.2 ABC-Arbeitsblatt 4.3 Bis zur nächsten Sitzung	• Aktivitäten und Kontakte • ABC-Blätter bearbeiten

Tabelle 2: Ablauf der CPT im Überblick (Fortsetzung)

Titel	Inhalte	Arbeitsblätter (vgl. CD-ROM)	Aufgabe
5. Gedanken und Gefühle identifizieren	• ABC-Blätter besprechen (formal und inhaltlich) • Traumanarrativ erklären	5.1 Aktivitäten und Kontakte 5.2 Schriftliche Traumaschilderung	• (Aktivitäten und Kontakte) • Traumaschilderung schreiben und täglich lesen
6. Die Erinnerung an das Trauma	• Schriftliche Traumaschilderung vorlesen lassen und besprechen	6.1 Aktivitäten und Kontakte 6.2 Zweite schriftliche Traumaschilderung	• (Aktivitäten und Kontakte) • Zweite Traumaschilderung schreiben und täglich lesen
7. Hängepunkte finden	• Zweite schriftliche Traumaschilderung vorlesen lassen und besprechen • Hängepunkte identifizieren und notieren • Hilfreiche Fragen-Arbeitsblatt erklären	7.1 Aktivitäten und Kontakte 7.2 Hilfreiche Fragen 7.3 Beispiel für ein ausgefülltes „Hilfreiche Fragen"-Arbeitsblatt 7.4 Bis zur nächsten Sitzung	• Aktivitäten und Kontakte • (Zweite schriftliche Traumaschilderung täglich lesen) • Hilfreiche Fragen-Arbeitsblätter bearbeiten
8. Hilfreiche Fragen	• Hilfreiche Fragen-Arbeitsblätter besprechen (kognitive Arbeit) • Problematische Denkmuster-Arbeitsblatt erklären	8.1 Aktivitäten und Kontakte 8.2 Problematische Denkmuster 8.3 Beispiele für ausgefüllte „Problematische Denkmuster"-Arbeitsblätter 8.4 Bis zur nächsten Sitzung	• Aktivitäten und Kontakte • Problematische Denkmuster-Arbeitsblätter bearbeiten
9. Problematische Denkmuster	• Problematische Denkmuster-Arbeitsblätter besprechen (kognitive Arbeit) • Thema Sicherheit erklären • Überzeugungen hinterfragen-Arbeitsblatt erklären	9.1 Überzeugungen hinterfragen 9.2 Sicherheit 9.3 Bis zur nächsten Sitzung	• (Aktivitäten und Kontakte) • Sicherheit- sowie Überzeugungen hinterfragen-Arbeitsblätter bearbeiten
10. Sicherheit	• Überzeugungen hinterfragen-Arbeitsblätter besprechen • Thema Sicherheit (Blätter) besprechen • Thema Vertrauen erklären	10.1 Überzeugungen hinterfragen 10.2 Vertrauen 10.3 Bis zur nächsten Sitzung	• (Aktivitäten und Kontakte) • Vertrauen- sowie Überzeugungen hinterfragen-Arbeitsblätter bearbeiten

Tabelle 2: Ablauf der CPT im Überblick (Fortsetzung)

Titel	Inhalte	Arbeitsblätter (vgl. CD-ROM)	Aufgabe
11. Vertrauen	• Überzeugungen hinterfragen-Arbeitsblätter besprechen • Thema Vertrauen (Blätter) besprechen • Thema Macht und Kontrolle erklären	11.1 Überzeugungen hinterfragen 11.2 Macht und Kontrolle 11.3 Bis zur nächsten Sitzung	• (Aktivitäten und Kontakte) • Macht und Kontrolle- sowie Überzeugungen hinterfragen-Arbeitsblätter bearbeiten
12. Macht und Kontrolle	• Überzeugungen hinterfragen-Arbeitsblätter besprechen • Thema Macht und Kontrolle (Blätter) besprechen • Thema Wertschätzung erklären	12.1 Überzeugungen hinterfragen 12.2 Wertschätzung 12.3 Bis zur nächsten Sitzung	• (Aktivitäten und Kontakte) • Wertschätzung- sowie Überzeugungen hinterfragen-Arbeitsblätter bearbeiten • Sich etwas Gutes tun • Komplimente machen und erhalten
13. Wertschätzung	• Überzeugungen hinterfragen-Arbeitsblätter besprechen • Thema Wertschätzung (Blätter) besprechen • Thema Intimität und Selbstfürsorge erklären	13.1 Überzeugungen hinterfragen 13.2 Intimität und Selbstfürsorge 13.3 Bis zur nächsten Sitzung	• (Aktivitäten und Kontakte) • Intimität und Selbstfürsorge- sowie Überzeugungen hinterfragen-Arbeitsblätter bearbeiten • Sich etwas Gutes tun • Komplimente machen und erhalten
14. Intimität und Selbstfürsorge	• Überzeugungen hinterfragen-Arbeitsblätter besprechen • Thema Intimität und Selbstfürsorge (Blätter) besprechen • Zweiten Bericht über die Auswirkungen des Traumas erklären	14.1 Überzeugungen hinterfragen 14.2 Zweiter Bericht über die Auswirkungen des Traumas	• (Aktivitäten und Kontakte) • Zweiten Bericht über die Auswirkungen des Traumas beschreiben
15. Reflexion und Abschluss	• Zweiten Bericht über die Auswirkungen des Traumas besprechen (im Vergleich zum ersten) • Reflexion des Therapieverlaufs • Rückfallprophylaxe		Anmerkung: keine Aufgabe, da letzte Sitzung.
Optionale Sitzung nach Sitzung 2: Traumatischer Verlust	• Bericht über die Auswirkungen besprechen • Thema Trauer (Mythen) • Bericht über Traumatischen Verlust erklären	T.1 Mythen über Trauer und Trauern T.2 Bis zur nächsten Sitzung	• Bericht über die Auswirkungen des Verlusts

3.1 Entscheidungen vor der Therapie

3.1.1 Indikation und Kontraindikationen in Bezug auf die Patienten

CPT ist eine Therapie zur Behandlung der Posttraumatischen Belastungsstörung. Während es durchaus indiziert sein kann, Patienten mit einer Akuten Belastungsstörung mit CPT zu behandeln (vgl. Kaysen, Lostutter & Goines, 2005) und auch Patienten profitieren, die nach einem Trauma nicht alle Kriterien erfüllen (subsyndromale PTBS), werden Patienten, die unter anderen Störungen leiden, von anderen Behandlungsansätzen besser profitieren. Das ist besonders wichtig vor dem Hintergrund, dass manche Menschen nach einem traumatischen Ereignis andere Störungen entwickeln (z. B. Angststörungen, Depression). Die Indikation zur Behandlung mit CPT bezieht sich also auf die Diagnose PTBS, nicht auf das Vorkommen eines traumatischen Ereignisses in der Anamnese.

Komorbide Störungen

Die PTBS weist hohe Raten von Komorbidität auf. Dabei entwickeln sich andere Störungen besonders häufig nach dem traumatischen Ereignis oder nach Beginn der PTBS. Manche Achse-I-Störungen scheinen aber auch mit einem erhöhten Risiko für eine Traumatisierung (substanzbezogene Störungen) einherzugehen oder die Entwicklung einer PTBS nach einer Traumatisierung zu fördern (Angststörungen, vor allem soziale Phobie, Perkonigg et al., 2000). Somit haben sehr viele Patienten auch noch mit anderen Symptomen zu kämpfen. Die Wirksamkeit der CPT wurde an Stichproben mit zum Teil ausgeprägter Komorbidität überprüft und es hat sich gezeigt, dass Patienten mit Komorbiditäten in Bezug auf die PTBS-Symptomatik genauso gut profitieren wie Patienten ohne weitere Störungen. Gerade, wenn die komorbide Störung auch mit dem Trauma in Bezug steht, besteht eine gute Chance, dass sich diese zusammen mit der PTBS behandeln lässt.

Bei Persönlichkeitsstörungen, die ebenfalls häufig komorbid auftreten, liegt die Herausforderung darin, beim Thema zu bleiben und sich nicht in Diskussionen verstricken zu lassen. Im Laufe der Therapie können dann möglicherweise auch die übergeneralisierten Schemata, wie sie bei Persönlichkeitsstörungen vorliegen, mit den Arbeitsblättern Schritt für Schritt bearbeitet werden.

„Zusammenfassend lässt sich sagen, dass Therapeuten und Therapeutinnen sich nicht von den komorbiden Störungen, die die PTBS begleiten, verunsichern lassen oder annehmen sollten, dass CPT mit Patienten, die umfangreiche Traumaanamnesen aufweisen, nicht implementiert werden kann. CPT wurde für Patienten entwickelt, die fast alle komplexe Traumata erlebt hatten und verschiedene Komorbiditäten aufwiesen. Der Kliniker muss die Entscheidung treffen, ob die komorbide Störung so schwer ist, dass sie eine Teilnahme des Patienten an einer Traumatherapie unmöglich macht. In diesem Fall kann sich die Therapeutin entscheiden, die komorbide Störung vor oder gleichzeitig mit der Durchführung der CPT zu behandeln. Es gibt evidenzbasierte kognitiv-verhaltenstherapeutische Therapien für die meisten komorbiden Störungen, auf die man im klinischen Bereich trifft. Meistens verbessert jedoch die Behandlung der PTBS auch die komorbide Symptomatik und kann sogar eine weitere Behandlung dieser Symptomatik überflüssig machen." (Resick et al., 2007, S. 16, Übersetzung der Autoren)

Priorisierung in der Behandlungsplanung

Häufig berichten Patienten nicht nur Traumasymptome, sondern haben auch andere Themen wie Beziehungsprobleme oder Schwierigkeiten am Arbeitsplatz. Wie bereits auf Seite 31 beschrieben, ist es in diesen Fällen sinnvoll, das Trauma auf jeden Fall zuerst zu behandeln sowie weitere Themen zu benennen und auf später zu verlegen. Mit der Traumabehandlung können sich andere Themen auch verändern (wenn sich zum Beispiel die übererregungsbedingte Reizbarkeit verringert, mag eine Patientin vielleicht auch einen besseren Umgang mit den Arbeitskollegen finden). Das Verschieben von weiteren Themen sorgt für Struktur in der Therapie und wirkt auch dem Wunsch nach Vermeidung entgegen.

Stabilisierung vor der Traumatherapie?

Es ist vor allem in Deutschland umstritten, wie viel Stabilisierung eine Patientin zunächst erlangt haben muss, bevor sie angeleitet werden kann, sich mit ihren Erinnerungen zu beschäftigen (Neuner, 2008; Rosner, Henkel, Ginkel & Mestel, 2010). Die Erfahrung mit der CPT (sowohl bei Resick et al., 2007, als auch in unserer Arbeit) ist, dass die Patienten im Allgemeinen gut in der Lage sind, sich auf strukturierte Weise mit dem Ereignis zu beschäftigen.

Wenn Patientinnen allerdings akut selbst- oder fremdgefährdend sind oder sich aktuell in Gefahr, wie z. B. in einer gewalttätigen Beziehung befinden, sind sicher andere Interventionen angezeigt: Hier ist das Herstellen von äußerer Sicherheit zunächst wichtiger als die Reduktion der PTBS-Symptomatik.

Resick et al. (2007) weisen auch darauf hin, dass Patientinnen, die so sehr zum Dissoziieren neigen oder so schwere Panikattacken haben, dass sie sich nicht mit dem Trauma beschäftigen können, möglicherweise vor Therapiebeginn andere Interventionen benötigen, um diese Symptome kontrollieren zu lernen.

Was ist mit multipel traumatisierten Menschen?

Es gibt durchaus gute Erfahrungen mit dem Einsatz der CPT bei multipel traumatisierten Patienten mit hoher Komorbidität (Messman-Moore & Resick, 2002; Schulz, Resick, Huber & Griffin, 2006). Unter Umständen kann es hilfreich sein, Elemente aus anderen Behandlungskonzepten einzubeziehen, bzw. die CPT als einen Behandlungsteil in einem umfassenderen Konzept (z. B. Dialektisch-Behaviorale Therapie nach Linehan für Borderline-Patienten) einzusetzen.

Wenn mehrere traumatische Ereignisse vorliegen oder sich ein Trauma über einen längeren Zeitraum erstreckt, hat es sich bewährt, die schlimmsten Episoden aufschreiben zu lassen, beginnend mit der schwierigsten. Die Patienten können meist sehr gut sagen, welche Einzelereignisse sie am meisten belasten. Hilfreich ist dabei die Frage nach den Intrusionen. Bei sehr komplexen Lebensgeschichten kann man sich auch eine halbe oder ganze Sitzung Zeit nehmen, um das Vorgehen zu planen (welche Episoden sollten bearbeitet werden, in welcher Reihenfolge, welche haben ähnliche oder verschiedene Bedeutung für den Patienten).

Für Patienten, die sexuellen Kindesmissbrauch erlebt haben, gibt es in den USA sehr gute Erfahrungen mit einem erweiterten CPT-Format, das zusätzlich zu den Themen der CPT mehr Gewicht auf den sozialen Kontext des Missbrauchs (Familiendynamik) und auf entwicklungspsychologische Aspekte legt (siehe auch S. 26). Die CPT-SA liegt aber leider noch nicht in einer deutschsprachigen Version vor.

Wann sollte die CPT beginnen?

Wenn eine CPT indiziert ist, sollte sie sofort beginnen. Natürlich wird die erste CPT-Sitzung nie der erste Kontakt mit einem neuen Patienten sein, aber sobald die Diagnostik abgeschlossen, die Administration abgewickelt ist und Einigkeit zwischen Patient und Therapeut darüber herrscht, dass die Posttraumatische Belastungsstörung das Hauptproblem ist und behandelt werden soll, sollte mit der CPT begonnen werden. Eine längere Zeit zum Aufbau einer therapeutischen Beziehung ist nicht erforderlich (die Beziehung entwickelt sich durch die gemeinsame Arbeit) und kann sogar die Ängste vergrößern – Therapeuten, die mit der Hinwendung zum traumatischen Ereignis zögern, vermitteln leicht die Botschaft „das ist nicht auszuhalten".

3.1.2 Überlegungen für Therapeuten

Die Arbeit mit Traumapatienten kann anstrengend und belastend sein, sie kann aber auch sehr lohnend sein. Allerdings müssen Therapeuten dafür Sorge tragen, dass die detaillierten Informationen über traumatische Ereignisse, denen sie in der Therapie ausgesetzt sind, nicht auch bei ihnen selbst zu ungünstigen Veränderungen in den Kognitionen führen.

Umgang mit den Traumageschichten

Die wichtigste Frage, die sich eine Therapeutin vor Beginn einer Traumabehandlung stellen sollte, ist: „Kann ich diese Geschichte im Detail aushalten?" Wenn das nicht der Fall ist, ist es definitiv besser, den Patienten gleich an eine Kollegin weiterzuvermitteln, als später in der Therapie mehr oder weniger subtil zu signalisieren, dass diese Geschichte nicht auszuhalten ist. Die Antwort auf diese Frage hängt von mehreren Faktoren ab. So spielt die Art des Traumas und der Betroffenen eine Rolle. Ein Therapeut könnte Schwierigkeiten haben, mit einer Patientin zu arbeiten, die in einen Unfall verwickelt war, bei dem ein Kind zu Tode kam, wenn er selbst Kinder im selben Alter wie das verunglückte Kind hat. Besonders stressreiche oder belastende Lebensphasen wie die Pflege eines kranken Elternteils oder eine laufende Scheidung können ebenfalls die psychische „Widerstandsfähigkeit" von Therapeuten herabsetzen. Auch wenn ein Therapeut ein eigenes traumatisches Erlebnis hatte, das dem der Patientin ähnelt, kann es sinnvoll sein, die Therapie nicht selbst durchzuführen. In diesen Fällen ist es wichtig, sich vorher über die aktuellen eigenen Ressourcen und Grenzen klar zu werden. Diese Grenzen sind nicht ein für alle Mal fest; sie können sich ändern, wenn sich die aktuelle eigene Belastung verringert, die Kinder älter werden oder mehr Lebenserfahrung vorhanden ist.

Dabei ist es nicht notwendig, sich die traumatischen Ereignisse stoisch und unberührt anzuhören. Oft teilen Patienten ihre Erlebnisse zum ersten Mal mit und die empathische Reaktion des Therapeuten stellt eine wichtige Validierung dar.

Es ist wichtig, Belastungen mitteilen und sich Unterstützung holen zu können, das heißt, Super- und/oder Intervision ist eine große Hilfe. Unsere Arbeitsgruppe hatte das Glück, sowohl Inter- und Supervisionssitzungen gemeisam durchführen zu können als auch gemeinsam in der Ambulanz zu arbeiten, was auch außerhalb von diesen formelleren Zusammenhängen kurze „Intervisions"-Gespräche ermöglichte. Resick (2010a) verwendete das Bild einer Flüsterpost, bei der immer weniger Information weitergegeben wird: Der Patient erzählt das Trauma, es belastet den Therapeuten weniger als den Patienten, der Therapeut erzählt es einem Kollegen, der wiederum weniger belastet ist, und so weiter. Wir fanden es auch sehr hilfreich, beim Hören einer neuen schrecklichen Geschichte frühere Patienten vor Augen zu haben, die Ähnliches erlebt hatten und denen es aktuell gut ging.

Patienten nicht verurteilen

Viele Patienten erleben in ihrem Umfeld, dass man ihnen für ihr Verhalten vor oder während des Traumas Vorwürfe macht. Dies ist oft ein Weg für andere, die Überzeugung aufrechtzuerhalten, selbst vor solchen Ereignissen gefeit zu sein: Wenn das Traumaopfer etwas falsch gemacht hat, kann ich mich schützen, indem ich das nicht falsch mache.

Solche Rückmeldungen verstärken die Tendenz zur Assimilation und sind somit schädlich. Daher ist es wichtig, die eigenen Überzeugungen zu reflektieren, um Patienten nicht verurteilend gegenüber zu treten. In unserer Gesellschaft sind beispielsweise Überzeugungen wie „Man kann eine Frau nicht gegen ihren Willen zum Sex zwingen" oder „Meistens wollen es die Frauen doch selbst" immer noch verbreitet. Wer diese Ansichten vertritt, eignet sich sicher nicht besonders gut als Therapeut für eine Frau, die nach einer Vergewaltigung an einer PTBS leidet. Ähnliches gilt für Überzeugungen wie „Wenn man im Straßenverkehr vorsichtig genug ist, passiert auch nichts." Dies soll nicht heißen, dass es Ziel der Therapie ist, Patienten reale Verantwortung „auszureden", sondern es geht darum, auf vorgefasste, allgemeine Werturteile zu verzichten.

Traumaberichte und eigene Überzeugungen und Ängste von Therapeuten

Ein weiterer wichtiger Punkt neben dem Umgang mit den Traumageschichten selbst ist, dass Therapeuten aufpassen müssen, nicht selbst ihre Überzeugungen über die Welt zu sehr zu verändern. Dies kann sich in extremer Vorsicht im Straßenverkehr oder dem Vermeiden von Autofahrten äußern, in erhöhtem Misstrauen gegenüber bestimmten Gruppen oder in übertriebenen Vorsichtsmaßnahmen in Situationen, in denen Patienten etwas passiert ist. Diese Reaktionen treten vor allem in Phasen von erhöhtem Stress auf Seiten des Therapeuten auf. Resick (2010a) berichtete von ihrer Supervisionstätigkeit in einem Zentrum für Frauen mit sexueller Gewalterfahrung – dort sei es in der Supervision oft notwendig gewesen, die negativen Einstellungen der Therapeutinnen zu Männern anzusprechen. Hier helfen eine genaue Selbstbeobachtung und auch wieder das Nachsuchen von kollegialer Unterstützung. So kann eigenem Vermeidungsverhalten sofort entgegengewirkt werden.

Therapeutisches Vermeidungsverhalten – die Angst vor der Retraumatisierung

Besonders in Deutschland bestehen oft Sorgen, durch ein traumafokussiertes Vorgehen (und auch CPT ohne Traumabericht ist eine traumafokussierte Therapie) eine „Retraumatisierung" zu verursachen, vor allem, wenn die Patienten vorher nicht ausreichend stabilisiert worden sind (siehe dazu auch S. 37). Schock, Rosner, Wenk-Ansohn und Knaevelsrud (2010) merken hierzu an, dass „Retraumatisierung" und die Konfrontation mit der Erinnerung an das traumatische Ereignis oft nicht klar genug abgegrenzt wird. Sie schlagen folgende Definition vor:

> **Definition: Retraumatisierung**
>
> Retraumatisierung beinhaltet eine signifikante Exazerbation der posttraumatischen Belastungssymptomatik nach einem erneuten traumatischen Ereignis oder einer belastenden Situation, infolgedessen der Betroffene nicht mehr in der Lage ist, diesen Symptomanstieg zu bewältigen. Es handelt sich dann um eine Retraumatisierung, wenn die betroffene Person in der Vergangenheit bereits ein Trauma erlebt und daraufhin das Vollbild einer PTBS entwickelt hatte und der Inhalt der Intrusionen sich auf das Ursprungstrauma bezieht. (Schock et al., 2010, S. 246, Verweise aus dem Zitat entfernt)

Davon werden die synonym verwendeten Begriffe „Reaktualisierung" und „Reaktivierung" des Traumas abgegrenzt, die einen geringeren, für den Patienten allein bewältigbaren Anstieg der Symptomatik beschreiben. In ihrem Literaturüberblick kommen die Autoren in Bezug auf die Auswirkungen einer Konfrontation mit traumaassoziierten Reizen zu folgendem Schluss:

> Zusammenfassend geben die vorliegenden Studien keine Hinweise darauf, dass auch die Konfrontation mit traumaassoziierten Stimuli zu einem (Wieder-)Anstieg der PTBS bei Traumatisierten führt. Allerdings fand die Konfrontation durch die Vorbereitung auf die Situation in einem für die Betroffenen wenig bedrohlichem Rahmen statt. (Schock et al., 2010, S. 246)

Auch der Rahmen der Therapiesituation ist sicher als „wenig bedrohlich" einzuschätzen und auch hier erfolgt die Beschäftigung mit dem Ereignis nicht unvorbereitet, so dass eine Retraumatisierung nicht zu erwarten ist. Allerdings ist es wichtig, die Patienten auf eine mögliche Reaktivierung der Traumasymptome vorzubereiten. Dies trifft unserer Erfahrung desto stärker zu, je länger das Trauma zurückliegt und je erfolgreicher Patienten zu Therapiebeginn Erinnerungen daran vermeiden.

3.1.3 Mit oder ohne Traumabericht?

Obwohl in der Wissenschaft immer noch Uneinigkeit herrscht, ob eine Konfrontation mit dem Ereignis für eine erfolgreiche Therapie notwendig ist oder nicht (Benish, Imel & Wampold, 2008, Ehlers et al., 2010), und wenn ja, wie viel Konfrontation sinnvoll ist, sind die Ergebnisse von Resick et al. (2008) in Bezug auf die CPT eindeutig: Die Therapie war mit oder ohne Traumabericht wirksam, das Vorgehen ohne Traumanarrativ (CPT-C) erreichte sogar etwas schneller eine Symptomreduktion als die normale CPT. (Das beantwortet sicher die oben gestellte theoretische Frage nicht, da man auch die CPT-C als traumafokussierte Therapie bezeichnen kann.) Allerdings wurde CPT-C bisher nur in dieser einen Studie durchgeführt, daher steht ihre Bestätigung noch aus. Die komplette CPT hingegen ist mit vielen Patientengruppen erprobt.

Die Entscheidung, ob der Bericht geschrieben werden soll, sollte auf jeden Fall vor Beginn der Behandlung getroffen werden. Ein späteres „Umschwenken" auf das Vorgehen ohne Traumabericht, vor allem, wenn es bei dieser Aufgabe zu Schwierigkeiten kommt, hieße, Vermeidungsverhalten zu unterstützen.

Zeitliche Faktoren können für diese Entscheidung eine Rolle spielen – in Settings, bei denen nur wenige Sitzungen zur Verfügung stehen, ist CPT-C möglicherweise die bessere Alternative. Auf der anderen Seite erleben viele Patienten das Schreiben als sehr entlastend (nach dem Motto „Jetzt, wo es da steht, brauche ich es nicht mehr ständig im Kopf haben") und gerade für Menschen, die ihr Trauma noch nie jemandem mitgeteilt haben, ist es unserer klinischen Erfahrung nach oft wichtig, eine Art Zeugen zu haben, der sich die Geschichte anhört, sie glaubt und sie aushält. Auch Patienten, die inkohärente oder lückenhafte Erinnerungen an das Ereignis haben, profitieren oft sehr vom Schreiben.

Wir haben uns aus den genannten Gründen bei unserer Evaluationsstudie dazu entschieden, die komplette CPT durchzuführen, wie das auch in der überwältigenden Mehrzahl der Forschungsarbeiten geschehen ist. Es ist aber, falls gewünscht, mit dem hier vorliegenden Manual möglich, eine CPT-C durchzuführen: Dazu muss lediglich in Sitzung 5 an der Stelle, an der der Traumabericht aufgegeben wird, direkt zu Sitzung 7 übergegangen und das „Hilfreiche Fragen"-Arbeitsblatt eingeführt werden.

3.1.4 „Aktivitäten und Kontakte" – Ja oder nein?

Die ursprüngliche CPT besitzt keine Verhaltenskomponente. Daher kann man diese Komponente weglassen, ohne dass eine Minderung der Wirksamkeit der Behandlung zu befürchten wäre. Allerdings haben wir gerade mit Patienten, die deutliches Vermeidungsverhalten zeigen (z. B. Probleme beim Autofahren oder Nutzung der öffentlichen Verkehrsmittel), sich sozial stark zurückgezogen oder ihre Aktivitäten stark eingeschränkt haben, gute Erfahrungen mit diesen Aufgaben gemacht.

3.1.5 Soll das Trauermodul durchgeführt werden?

Für traumatische Ereignisse, die mit dem Verlust einer nahestehenden Person zu tun haben oder einen solchen Verlust mit einschließen, wurde die optionale Sitzung (nach Sitzung 2) entwickelt. In dieser Sitzung geht es vor allem um Mythen über Trauer und das Trauern, die Patienten häufig von ihrem Umfeld vermittelt werden und die zu Schwierigkeiten im Trauerprozess führen können.

Das Modul ist zunächst nur für Patienten gedacht, bei denen die Verlusterfahrung auch mit dem Trauma zusammenhängt. Manchmal gibt es aber auch vor oder nach dem Trauma Todesfälle, die ebenfalls mit dysfunktionalen Überzeugungen verknüpft sind. In solchen Fällen ist es auch möglich, zu einem späteren Zeitpunkt, vor allem während der kognitiven Arbeit, wenn das Trauma selbst bearbeitet ist, das Arbeitsblatt „Mythen über Trauer und Trauern" zu besprechen.

Wenn komorbid zur PTBS eine komplizierte Trauer vorliegt, kann es sinnvoll sein, nach der Behandlung der PTBS noch eine Trauerbehandlung anzuhängen, wie sie bei Rosner, Pfoh und Kotoučová (im Druck) vorgeschlagen wird. Unserer Erfahrung nach ist dies allerdings selten notwendig.

3.2 Anpassungsmöglichkeiten während der Therapie

Natürlich wird ein Manual in der klinischen Praxis meist flexibler eingesetzt als im Rahmen einer Wirksamkeitsstudie. Stellen, an denen es sich anbietet, den Verlauf zu straffen oder auszudehnen, werden im vierten Kapitel bei jeder Sitzung genannt. Im Folgenden sind einige Aspekte aufgeführt, bei denen sich eine Anpassung besonders anbietet.

3.2.1 Zusätzliche Sitzungen oder Themen

Grundsätzlich ist es immer möglich, eine hier beschriebene Sitzung auf zwei Termine aufzuteilen (z. B. die thematisch relativ dichten Sitzungen 1 und 9) oder die ganze Sitzung quasi zu wiederholen, wenn zum Beispiel besondere Probleme mit einem bestimmten Arbeitsblatt (z. B. Hilfreiche Fragen) oder Themenbereich (z. B. Vertrauen) bestehen oder wenn für die Auseinandersetzung mit dem Traumanarrativ mehr Zeit benötigt wird. Im Folgenden soll kurz auf einige weitere mögliche Erweiterungen eingegangen werden.

Trauermodul

Auch bei Patienten, die nicht im Rahmen des traumatischen Ereignisses einen Verlust erlitten haben, kann Trauer im Therapieverlauf zum Thema werden, beispielsweise, wenn das traumatische Ereignis schrittweise weniger wichtig wird und mehr Kapazitäten für andere Probleme zur Verfügung stehen, oder auch bei Todesfällen, die unabhängig vom Trauma im Therapieverlauf auftreten. In diesem Fall kann das Arbeitsblatt T.1 „Mythen über Trauer und Trauern" auch an anderen Stellen im Therapieverlauf eingesetzt werden.

Vorliegen mehrerer Traumata

Es kommt vor, dass Patienten, die wegen eines bestimmten traumatischen Ereignisses zur Therapie kommen, ein weiteres Trauma in der Vorgeschichte haben. Diese Ereignisse müssen nicht unbedingt im Zusammenhang stehen, wie z. B. ein Verkehrsunfall sechs Monate und eine Vergewaltigung drei Jahre vor Therapiebeginn. In solchen Fällen ist es sinnvoll, mit dem neueren Trauma zu beginnen, aber in vielen Fällen äußern die Patienten selbst den Wunsch, das frühere Ereignis ebenfalls zu bearbeiten. Dann kann im Anschluss an die Narrative über das erste Trauma zum zweiten übergegangen werden; die Bearbeitung der Kognitionen erfolgt erst im Anschluss.

Wenn hingegen mehrere ähnliche Traumata (z. B. mehrere Episoden sexuellen Kindesmissbrauchs oder mehrere Vergewaltigungen) vorliegen, sollte mit dem subjektiv Schlimmsten begonnen werden. Auf diese Weise generalisiert die Verarbeitung auch auf die weniger schlimm empfundenen Ereignisse, während dies umgekehrt nicht zu erwarten ist. Manchmal ist es auch dann notwendig, ein als weniger schlimm eingeschätztes Ereignis ebenfalls zu besprechen, wenn dies mit anderen Gefühlen verbunden ist oder sich auf sonstige Weise qualitativ von dem schlimmsten Ereignis unterscheidet. Meist sind zwei oder drei ausführlich behandelte Ereignisse ausreichend.

Diese Entscheidungen sollten immer in Absprache mit den Patientinnen getroffen werden, da die meisten Patientinnen ein sehr gutes Gefühl dafür haben, welche Ereignisse genauer betrachtet werden sollten.

3.2.2 Kürzen von Sitzungen oder Themen

Bei Patienten, die ein besonders gutes Funktionsniveau im Alltag aufweisen oder die keine Schwierigkeiten mit der Bearbeitung der Arbeitsblätter haben, kann der Verlauf auch gestrafft werden. Im Besonderen gilt dies für Sitzung 4. Wenn Patienten besonders gut mit den ABC-Blättern zurechtkommen und im Alltag kaum Schwierigkeiten haben, kann direkt zu Sitzung 5 übergegangen und das erste Traumanarrativ aufgegeben werden. Zwei weitere Möglichkeiten sind im Folgenden angeführt.

Probleme mit den komplexeren kognitiven Arbeitsblättern

Die meisten Patienten kommen mit den Arbeitsblättern gut zurecht, wenn sie sich darauf einlassen. Es ist aber möglich, dass Patienten kognitiv nicht gut in der Lage sind, mit den abstrakteren Blättern („Hilfreiche Fragen", „Problematische Denkmuster" und „Überzeugungen hinterfragen") zu arbeiten. Für solche Fälle gibt es das zweite ABC-Arbeitsblatt mit den zusätzlichen Zeilen unten. Resick (2010b) schlägt vor, nach dem Besprechen der Traumaberichte zum ABC-Blatt zurückzugehen und die Überzeugungen in B zu bearbeiten.

Traumanarrativ reicht für den Behandlungserfolg aus

In sehr seltenen Fällen kommt es vor, dass die Beschäftigung mit dem Traumanarrativ ausreicht. Dies ist dann der Fall, wenn sich die verzerrten Kognitionen vor allem auf die eigenen Bewältigungsmöglichkeiten beziehen und andere Lebensbereiche kaum in Mitleidenschaft gezogen worden sind. In solchen Fällen kann die Therapie schneller beendet werden; es empfiehlt sich dann, die Blätter über die Themenbereiche trotzdem mitzugeben.

Fallbeispiel

Ein 37-jähriger Mann, der bei einem Arbeitsunfall traumatisiert worden war und dessen Symptomatik zu Beginn einen leichten bis mittleren Schweregrad aufwies, berichtete nach dem zweimaligen Schreiben und häufigen selbstständigen Lesen des Traumaberichts keine Symptomatik mehr. Auch die IES-R-Werte waren im niedrigen einstelligen Bereich. Die Therapeutin hatte beim Erklären der kognitiven Arbeitsblätter bereits Schwierigkeiten, eigene Beispiele des Patienten zu finden und im Verlauf der Sitzungen brachte der Patient auch alle Blätter unausgefüllt mit den Worten zurück „Mir fällt nichts ein, wo mein Denken verzerrt ist." In diesem Fall hatte das Schreiben und Besprechen der Traumaschilderung bereits ausgereicht.

3.3 Bestandteile der CPT

In diesem Kapitel werden die wichtigsten Bestandteile der CPT auf Grundlage der oben beschriebenen Theorie dargestellt. Dies soll Behandlern einen ersten Überblick über das Manual (vgl. Kapitel 4) verschaffen sowie über Unterschiede zwischen der CPT und anderen traumatherapeutischen Vorgehensweisen informieren.

3.3.1 Zeitlicher Verlauf der kognitiven Arbeit

Dieses Manual richtet sich an ausgebildete Psychotherapeuten, auf eine genaue Beschreibung der Hintergründe und Vorgehensweisen kognitiver Therapie wird daher verzichtet, weil sie den Rahmen dieses Buches sprengen würde. Im Folgenden soll daher lediglich auf die zeitliche Struktur der kognitiven Arbeit in der CPT eingegangen, sowie einige spezifische Techniken aufgeführt werden, mit denen wir gute Erfahrungen gemacht haben.

Assimilation vor Über-Akkommodation

In Übereinstimmung mit der der CPT zugrunde liegenden Theorie wird zuerst an der Assimilation gearbeitet, es werden also Schuldgefühle und Ungeschehenmachen zuerst thematisiert, da diese verhindern, dass das Ereignis überhaupt verarbeitet werden kann. Erst in einem zweiten Schritt werden die übertrieben negativen Folgerungen aus dem Ereignis (Über-Akkommodation) thematisiert.

Die Unterscheidung zwischen diesen beiden Arten von Kognitionen ist zunächst ungewohnt. Es hilft, sich zu vergegenwärtigen, dass sich Assimilation mit der Vergangenheit beschäftigt, während Über-Akkommodation sich auf die Gegenwart oder Zukunft bezieht. Beispiele für die beiden Arten von Kognitionen sind in Tabelle zu finden. Die Sätze stammen aus verschiedenen „Berichten über die Auswirkungen des Traumas", die unsere Patienten geschrieben haben.

Der Grund für die Priorisierung der Assimilation ist, dass es schwierig ist, sich mit den Folgen eines Ereignisses zu befassen, das verzerrt erinnert wird, das man noch nicht ganz als wirklich geschehen akzeptiert hat, oder das mit massiven Schuldgefühlen verknüpft ist.

Tabelle 3: Beispiele für Assimilation und Über-Akkommodation

Beispiele für Assimilation	Beispiele für Über-Akkommodation
Dieses Ereignis ist aus dem einzigen Grund passiert – nur weil ich zu viel Vertrauen hatte. Ich bin nicht naiv, aber ich habe einfach zu viel vertraut. Ich bin auf mich selbst sauer, dass ich das irgendwie „zugelassen" habe.	Ich vertraue keinem Menschen mehr. [...] Ich habe auch jetzt kein Bedürfnis nach Liebe oder Zärtlichkeit, weil ich denke, dass alles vergänglich ist. Oder gelogen.
Woran ich festhänge, ist der Gedanke, ob das passiert ist, weil ich mir unterbewusst einen Ausweg „gesucht" habe?	Wie kann ich mit diesem Gefühl je wieder Auto fahren? Mir fehlt die Sicherheit, dass ich mit der entsprechenden Vorsicht, die offenbar nicht ausreicht, einen erneuten Unfall verhindern kann.
Zu unvorsichtig, zu naiv und gutgläubig, aus zu starker Liebe zu meiner Freundin.	Seit meinem Unfall ist mein Kontrollzwang* ziemlich stark geworden. Ich kontrolliere meinen Freund und zerstöre damit die Beziehung.
Warum ist es passiert, vielleicht, weil ich schwach bin oder zu dumm, die Gefahr zu erkennen, ich weiß es nicht.	Ich fühle mich nicht mehr richtig sicher, habe Angst um mich selbst und andere. Rechne ständig damit, dass etwas Negatives passiert.
	Ich weiß nicht warum, aber ich weiß, es hat alles geändert, zerstört. [...] Da ist keine Sicherheit, kein Vertrauen, alles ist nur eine Lüge. Das, was man denkt zu kontrollieren, kontrolliert dich. Wir sind nichts, alles kann zerstört werden in einem Wimpernschlag. Man kann nur an sich selbst glauben, aber wie kann man das, wenn jeder dich zerstören kann?

Anmerkung: * Es handelte sich nicht um einen „Kontrollzwang" im Sinne der ICD; die Patientin beschreibt mit diesem Ausdruck ihr Bedürfnis, ihren Freund zu kontrollieren.

Arbeitsblätter als Basis der kognitiven Arbeit

Die kognitive Arbeit stützt sich auf die aufeinander aufbauenden Arbeitsblätter, wird aber selbstverständlich auch durch die therapeutische Interaktion unterstützt. Resick et al. (2007) empfehlen, in den ersten Stunden die Überzeugungen sehr behutsam zu hinterfragen, um die Patientinnen nicht zu überfordern. Während in den ersten Stunden die Leitung der kognitiven Arbeit noch auf Seiten des Therapeuten liegt, werden die Patienten mit Hilfe der Arbeitsblätter immer mehr zu Experten für das Hinterfragen ihrer Überzeugungen. Im Verlauf der Therapie, wenn die Patienten mit der Bearbeitung der Arbeitsblätter vertraut sind, wird oft ein direkteres Vorgehen möglich.

Das erste kognitive Arbeitsblatt wird noch vor dem Traumanarrativ eingeführt. Es handelt sich um das bekannte und in der kognitiven Therapie häufig verwendete ABC-Schema. Dieses erlaubt den Patienten, den Zusammenhang von Gedanken und Gefühlen zu erkennen und zu üben, sich über ihre automatischen Gedanken klar zu werden.

Nachdem die Beschäftigung mit dem traumatischen Ereignis erfolgt ist, wird zunächst, mit Hilfe des Arbeitsblattes „Hilfreiche Fragen", geübt, die eigenen bereits als „Hängepunkte" identifizierten Überzeugungen zu hinterfragen. In der nächsten Sitzung wird Wissen über „Problematische Denkmuster" (die Denkfehler nach Beck, z. B. bei Beck et al. 1992) vermittelt, und mit einem entsprechenden Blatt („Problematische Denkmuster") das Erkennen von Fehlern im eigenen Denken geübt. Das letzte und komplexeste Arbeitsblatt, „Überzeugungen hinterfragen", begleitet den Rest der Therapie. Es baut auf die anderen Arbeitsblätter auf und ermöglicht die komplette selbstständige Umstrukturierung eines Hängepunkts. Damit haben die Patienten das nötige Werkzeug, um ihre Gedanken auch zu Hause zu bearbeiten und damit emotional schwierige Situationen zu bewältigen.

3.3.2 Hängepunkte

Der Ausdruck, der in der CPT für dysfunktionale Überzeugungen/Gedanken verwendet wird, ist „Hängepunkt[3]". Während es bei allen kognitiven Therapien wichtig ist, die Überzeugungen genau zu erfragen, spielt die Formulierung der Hängepunkte bei der CPT eine besonders große Rolle, da die kognitiven Arbeitsblätter nur dann mit Gewinn eingesetzt werden können wenn die Hängepunkte „richtig" formuliert sind. Die folgenden wichtigen Hinweise zu Hängepunkten stammen von Resick (2010b).

Was versteht man unter Hängepunkten und wie können Hängepunkte formuliert werden?

> **Merke:**
> Hängepunkte sind Gedanken, die uns daran hindern, das Trauma zu verarbeiten. Hängepunkte sind prägnante Aussagen, die einen Gedanken ausdrücken – keine Gefühle, Verhaltensweisen oder Ereignisse.

Wenn Patienten etwas mitteilen, was sie für einen Hängepunkt halten, was aber kein Hängepunkt ist, kann der zugrunde liegende Hängepunkt durch sokratisches Fragen besser identifiziert werden. In Tabelle 4 sind Beispiele für Aussagen dargestellt, die häufig als Hängepunkte angesehen werden, aber keine sind.

> **Merke: Gute Formulierung von Hängepunkten**
> - Sorgen Sie dafür, dass der Hängepunkt ein prägnanter Gedanke ist. Wenn Patienten mehrere Hängepunkte zusammen mitteilen, ist es wichtig, diese auseinander zu nehmen und einzeln zu hinterfragen. Zum Beispiel kann „Es ist meine Schuld, dass Joe gestorben ist, ich bin ein furchtbarer Mensch und ich verdiene es, bestraft zu werden" in drei verschiedene Hängepunkte gefasst werden: „Es ist meine Schuld, dass Joe gestorben ist", „Ich bin ein furchtbarer Mensch" und „Ich verdiene es, bestraft zu werden".
> - Wenn Sie Schwierigkeiten haben, versuchen Sie, die Aussage in die „Wenn ..., dann ..."-Form zu bringen und lassen Sie Ihren Patienten die Aussage vervollständigen. Zum Beispiel „Wenn ich die Mine gesehen hätte, dann wäre Joe nicht gestorben". Man kann auch direkt im Bericht über die Auswirkungen des Traumas Hängepunkte unterstreichen und sie im Wenn-dann-Format auf die Hängepunkteliste schreiben.

---
[3] Dabei handelt es sich um eine Übersetzung von „stuck point", die leider weniger griffig ist als das Original. Es war uns aber wichtig, den Aspekt des „Hängenbleibens" zu behalten.

Tabelle 4: Beispiele, die häufig als Hängepunkte fehlinterpretiert werden

Kein Hängepunkt	Warum nicht?	Möglicher Hängepunkt zu dieser Thematik
„Vertrauen"	Dies ist ein Konzept, kein Gedanke. Es ist nicht spezifisch, und es ist notwendig, herauszufinden, was die Person über Vertrauen denkt. In diesem Beispiel könnte man fragen, was genau an „Vertrauen" ein Problem ist.	„Ich kann niemandem vertrauen." „Wenn ich jemanden zu nahe an mich heran lasse, werde ich verletzt." „Ich kann meinem eigenen Urteil nie vertrauen."
„Ich bin nervös, wenn ich zu einem Date gehe."	Hier wird ein Gefühl und kein Gedanke beschrieben. In diesem Beispiel kann es hilfreich sein, zu fragen, was Patienten sich selbst über die Verabredung sagen, um ihnen zu helfen, mögliche Hängepunkte zu identifizieren.	„Wenn ich zu einem Date gehe, werde ich verletzt werden." „Ich werde immer von anderen ausgenutzt."
„Ich streite ständig mit meiner Tochter."	Hier wird ein Verhalten beschrieben, kein Gedanke. In diesem Beispiel können Nachfragen über die Gedanken vor, während und nach einem kürzlich passierten Streit mit der Tochter helfen, mögliche Hängepunkte zu identifizieren.	„Ich bedeute ihr gar nichts." „Ich muss sie unter Kontrolle behalten, damit sie in Sicherheit ist."
„Ich habe Menschen sterben sehen."	Hier wird eine Tatsache beschrieben, kein Gedanke. In diesem Beispiel könnte man den Patienten bitten, zu beschreiben, was es für ihn bedeutet hat, andere sterben zu sehen. Welche Gedanken hatte er zum Zeitpunkt des Geschehens, welche Gedanken hat er jetzt? Oder nach der oben genannten fragen: und folglich?	„Menschen sind durch meine Schuld gestorben." „Ich hätte etwas tun müssen, um es zu verhindern."
„Ich weiß nicht, was mit mir geschehen wird." (Oder „Was soll mit mir geschehen?")	Dies ist eine Frage über die Zukunft. Um in diesem Beispiel den Hängepunkt zu finden, könnte man fragen: Wenn Sie sich diese Frage stellen, welche Antwort haben Sie darauf? Was bedeutet diese Antwort?	„Ich werde keine Zukunft haben." „Ich verdiene keine guten Dinge in meiner Zukunft."
„Die Armee sollte sich um ihre Soldaten kümmern."	Dies ist eine moralische Aussage/goldene Regel und es ist notwendig, die Gedanken dahinter zu identifizieren. In diesem Beispiel könnte man fragen, was die moralische Aussage für das eigene Leben des Patienten bedeutet.	„Die Armee hat mich im Stich gelassen." „Ich kann der Regierung nicht vertrauen."

- Hängepunkte sind meistens Schwarz-weiß-Aussagen und beinhalten oft extreme Ausdrücke. Extreme Ausdrücke können auch versteckt vorkommen, zum Beispiel meint ein Patient, der sagt, „Es war meine Schuld" häufig „Es war ALLES meine Schuld" – bei der zweiten Form kann es leichter sein, etwas in Bewegung zu bringen.
- Hängepunkte sind schwieriger zu hinterfragen, wenn sie zu vage sind. Versuchen Sie, zu spezifizieren, indem Sie fragen „Wie sind Sie zu dieser Schlussfolgerung gekommen?"

> Zum Beispiel kann „Ich vertraue niemandem" zu „Wenn ich jemandem vertraue, werde ich verletzt" präzisiert werden.
> - Achten Sie auf Wörter, die mehrere Bedeutungen haben können; Hängepunkte lassen sich leichter hinterfragen, wenn sie spezifisch sind und man keine Annahmen über die Bedeutung von Worten treffen muss. Zum Beispiel „Wenn ich normal wäre, wäre ich nicht zusammengebrochen". Hier können Sie mehr Genauigkeit herstellen, indem Sie fragen „Was meinen Sie mit normal?" und „Was genau meinen Sie mit zusammenbrechen?"

Wie kann in das Konzept der Hängepunkte eingeführt werden und was ist beim Hinterfragen von Hängepunkten zu beachten?

Hängepunkte werden oft leichter verstanden, wenn sie in Bezug auf nicht traumabezogene Gedanken eingeführt werden. Da Erinnerungen an das Trauma Angst auslösen, kann es manchen Patienten schwerfallen, die Beschreibung der Hängepunkte zu „hören", daher kann es hilfreich sein, diese mit alltäglicheren Inhalten einzuführen. Dies kann beispielsweise folgendermaßen geschehen:

Tabelle 5: Beispiele für Hängepunkte mit Assimilation und Über-Akkommodation

Hängepunkte mit Assimilation	Hängepunkte mit Über-Akkommodation
• Wenn ich meine Arbeit besser gemacht hätte, hätten diese Leute überlebt. • Andere Menschen sind gestorben, weil ich einen Fehler gemacht habe. • Weil ich es niemandem gesagt habe, trage ich Schuld an dem Missbrauch. • Weil ich mich gegen den Angreifer nicht gewehrt habe, ist der Missbrauch meine Schuld. • Ich hätte wissen müssen, dass er mich verletzen würde. • Es ist meine Schuld, dass der Unfall passiert ist. • Wenn ich aufgepasst hätte, wäre niemand gestorben. • Wenn ich nicht getrunken hätte, wäre es nicht passiert.	• Ich verdiene es nicht, weiter zu leben, wenn andere Leute gestorben sind. • Wenn ich andere Menschen nah an mich heranlasse, werde ich wieder verletzt. • Wenn ich meine Gefühle ausdrücke, werde ich die Kontrolle über mich verlieren. • Ich muss immer wachsam sein. • Ich sollte in der Lage sein, andere zu schützen. • Ich muss alles kontrollieren, was mit mir passiert. • Fehler sind inakzeptabel und verursachen schwere Verletzungen oder den Tod. • Kein Zivilist kann mich verstehen. • Wenn ich mir erlaube, über das, was passiert ist, nachzudenken, werde ich es nie wieder aus dem Kopf bekommen. • Ich muss auf alle Bedrohungen mit Gewalt reagieren. • Ich werde für das, was ich getan habe, in die Hölle kommen. • Ich bin nicht liebenswert. • Anderen Leuten sollte man nicht vertrauen. • Meine übermäßige Wachsamkeit hält mich sicher. • Wenn ich ein glückliches Leben lebe, ehre ich meine Freunde nicht. • Ich habe keine Kontrolle über meine Zukunft. • Der Regierung kann man nicht vertrauen. • Autoritätspersonen missbrauchen immer ihre Macht. • Durch die Vergewaltigung bin ich für immer beschädigt. • Ich bin schlecht, weil ich getötet habe. • Ich bin nicht liebenswert, weil [Trauma]. • Ich bin wertlos, weil ich das, was passiert ist, nicht beeinflussen konnte. • Ich verdiene es, dass mir schlimme Dinge passieren.

In dieser Therapie konzentrieren wir uns darauf, wie Ihr Denken oder Ihre Gedanken Ihre Erholung von dem Trauma verhindert. Wir nennen diese Gedanken „Hängepunkte", weil diese Gedanken dafür sorgen, dass Sie in Ihrem Leid „hängen bleiben". Sie schaffen Barrieren zwischen Ihnen und dem Gesundwerden. Beispiele für Hängepunkte sind Gedanken wie „Es ist meine Schuld; ich hätte etwas anders machen sollen, wir hätten rechts statt links gehen sollen, etc." Denken Sie daran, es sind Gedanken, keine Gefühle.

Lassen Sie mich ein Beispiel dafür geben, wie Gedanken uns am Weitergehen hindern und zu Barrieren werden. Als Sie sich heute fertiggemacht haben, um zur Therapie zu gehen, hatten Sie bestimmt einige Gedanken dazu. Was waren Ihre Gedanken? *[Schreiben Sie die Gedanken auf eine Tafel oder ein Blatt Papier. Meist sind es Gedanken wie: „Ich weiß nicht, ob ich das schaffe; Ich weiß nicht, ob es helfen wird. Das ist nicht das Richtige für mich. Sie werden denken, dass ich dumm bin."]*

Als Sie sich das gesagt haben, wie haben Sie sich dabei gefühlt? *[Schreiben Sie die zugehörigen Gefühle ebenfalls auf.]* Wow, Sie können also sehen, welche Gefühle diese Gedanken ausgelöst haben und wie die Gedanken Barrieren sein können, die es schwierig machen, hierher zu kommen und an Ihrer Genesung zu arbeiten. Aber irgendwie haben Sie es geschafft, hierher zu kommen. Sie haben sich selbst etwas gesagt, das Sie hierher gebracht hat. Was waren das für Gedanken? *[Das muss nicht notiert werden, lassen Sie den Patienten einfach antworten. Beispiele könnten sein: „Ich muss das machen, ich bin es leid, so zu leben; ich will das für meine Familie und für mich selbst tun."]*

Sehen Sie, wie die Gedanken, die Sie hierher gebracht haben, sich von denen unterscheiden, die wir aufgeschrieben haben. Die Gedanken, die Sie hierher gebracht haben, helfen Ihnen, vorwärts zu gehen, während die anderen Gedanken Sie zurückhalten und Sie an ihnen hängen bleiben, und deshalb heißen sie Hängepunkte. In dieser Therapie werden wir uns Ihre Hängepunkte anschauen und sehen, wie diese Sie daran hindern, sich von Ihrem Trauma zu erholen.

> **Merke: Wichtige Grundsätze beim Hinterfragen von Hängepunkten**
>
> Hinterfragen Sie die Hängepunkte zunächst mit sokratischem Dialog und den Arbeitsblättern, aber falls ein Patient immer noch „hängt", untersuchen Sie die Funktion des Hängepunkts. Sie können dies tun, indem sie fragen: „Was bedeutet es, diese Überzeugung festzuhalten; was ‚haben' Sie davon, an dieser Überzeugung festzuhalten; was würde passieren, wenn Sie nicht länger daran festhalten würden?" Wenn sich immer noch nichts bewegt, ziehen Sie sich zunächst zurück und sprechen den Punkt später nochmals an. Achten Sie darauf, nicht in einen Machtkampf zu geraten. Sie können beispielsweise sagen, „Ich sehe, das ist wichtig. Lassen Sie uns später darauf zurückkommen."

Bearbeiten Sie Assimilation vor Akkommodation: Assimilierte Hängepunkte sind Gedanken, die sich mit der Vergangenheit beschäftigen (z. B. hätte, hätte sollen, hätte können, wenn nur, es ist meine Schuld, etc.). Über-akkommodierte Hängepunkte beziehen sich auf die Gegenwart und Zukunft. Viele über-akkommodierte Hängepunkte werden sich schnell verändern, wenn das Ereignis und falsche Schlussfolgerungen daraus gelöst und verändert sind.

3.3.3 Mögliche ergänzende kognitive Techniken

Obwohl die kognitive Arbeit durch die Arbeitsblätter vorstrukturiert ist, empfehlen sich vor dem Einführen derselben und auch ergänzend weitere kognitive Techniken. Zunächst wird ein kurzer Überblick über den sokratischen Dialog gegeben, wie er von Resick et al. (2007) beschrieben wird. Anschließend folgen spezifischere Techniken, von denen sich einige sicherlich auch unter den sokratischen Dialog subsumieren ließen.

Sokratischer Dialog

Der sokratische Dialog ist mehr als eine „Technik", er ist eher eine Form der Gesprächsführung, bei der die Therapeutin durch Nachfragen den Patienten ermuntert, seine eigenen Gedanken und Überzeugungen darzulegen und zu hinterfragen. Es geht also nicht darum, Patienten durch Argumente etwas bei- oder sie von etwas abzubringen, sondern durch gezieltes Nachfragen Denkprozesse anzuregen. Im sokratischen Dialog sollen Patienten also selbst Widersprüche in ihrem Denken und Urteilen entdecken. Dabei handelt es sich um eine wenig direktive Form des Arbeitens, bei der man viel über die Kognitionen von Patienten erfahren kann.

Resick et al. (2007) betonen die Wichtigkeit genauen Nachfragens – Aussagen werden nicht einfach hingenommen, sondern überprüft *(Was genau bedeutet das? Was meinen Sie, wenn Sie ...)*, um so Annahmen und Überzeugungen, die hinter automatischen Gedanken stehen und die Menschen oft gar nicht bewusst sind, herauszuarbeiten. Anschließend können diese Überzeugungen hinterfragt werden, wobei oft klar wird, auf welch dünner Faktenlage sie basieren *(Basiert dieser Gedanke auf bestimmten Annahmen? Wenn das Ihrem Freund/ Bruder passieren würde, würden Sie dieselben Gedanken haben?)*. Begründungen und „Beweise" können auf ähnliche Weise hinterfragt werden wie Annahmen und Überzeugungen *(Gibt es noch andere mögliche Erklärungen? Wie könnte man das vor Gericht anfechten?)*. Durch das Hinterfragen von Perspektiven können Patienten sehen, dass es auch andere Möglichkeiten gibt, eine Situation zu interpretieren *(Welche anderen Möglichkeiten, das zu sehen, gibt es?)*. Und schließlich lohnt sich eine Betrachtung der Folgen, die eine Denkweise auf das weitere Leben und Wohlbefinden eines Patienten hat *(Was würde es bedeuten, wenn Sie mit dieser Überzeugung weiterleben?)*.

Entkatastrophisieren

Hier geht es darum, eine gefürchtete Situation konsequent „zu Ende" zu denken. Dies ist bei Patienten, die Grübeln als eine Art Vermeidungsmechanismus einsetzen, quasi eine gedankliche Reizkonfrontation. Mögliche Fragen sind etwa: Was ist das Schlimmste, was passieren kann? (Und was könnten Sie dann tun?) Was ist das Beste, was passieren kann? Was ist das Wahrscheinlichste? Zumeist stellt sich heraus, dass der schlimmstmögliche realistische Ausgang einer gefürchteten Situation zwar äußerst unangenehm, aber eben nicht katastrophal wäre.

Diese Technik eignet sich auch, um herauszufinden, welche „Katastrophenfantasien" bestehen, zum Beispiel, wenn Patienten Angst haben, was passieren könnte, wenn sie sich in gefürchtete Situationen begeben oder ihr Traumanarrativ schreiben.

Vier-Felder-Schema über Kosten und Nutzen von Überzeugungen

Wie im Abschnitt „Sokratischer Dialog" bereits angesprochen, kann eine Überzeugung oder Handlung auch unter dem Gesichtspunkt betrachtet werden, welche Auswirkungen sie auf das Leben hat, d.h. welche Kosten und Nutzen sie verursacht. Dies wird von manchen Autoren als „hedonistische Disputation" bezeichnet und funktioniert analog zu Pascals Beispiel mit dem Glauben an Gott (sogenannte Pascalsche Wette, in etwa: Wenn ich an Gott glaube, habe ich alles zu gewinnen, falls es ihn gibt (Himmel) und nichts zu verlieren, falls es ihn nicht gibt. Wenn ich nicht an Gott glaube, habe ich nichts zu gewinnen, falls es ihn nicht gibt, aber alles zu verlieren, falls es ihn gibt (Hölle). Es ist also auf jeden Fall besser, an Gott zu glauben).

Man kann so ähnlich auch mit dysfunktionalen Überzeugungen verfahren, wie in Tabelle 6 dargestellt. Man sieht hier, dass es selbst dann besser

Tabelle 6: Beispiel für ein Vier-Felder-Schema

Satz: Die anderen beobachten mich kritisch		
	trifft zu	**trifft nicht zu**
glaube daran	bin in sozialen Situationen angespannt, verhalte mich dadurch evtl. wirklich unnatürlich, was die anderen sehen	bin umsonst angespannt
glaube nicht daran	bin entspannter, weil ich nicht automatisch Kritik befürchte, die anderen sehen das	bin entspannter und hab meine Ruhe

ist, nicht an diesen Satz zu glauben, wenn er zutrifft. Für diese Technik ist es wichtig, dass die Patienten bereits gelernt haben, Überzeugungen als solche zu sehen und diese nicht als Wahrheiten betrachten. Manche Patienten haben dann mit dieser sehr rationalen Herangehensweise viel Freude.

Tortendiagramme

Ehlers (1999, S. 59) empfiehlt das Erarbeiten von Tortendiagrammen besonders bei übertriebenen Schuldgefühlen. Die Patienten werden zunächst gebeten, einzuschätzen, zu wieviel Prozent sie verantwortlich für das Ereignis oder dessen Ausgang sind. Meist werden recht hohe Prozentsätze angegeben. Anschließend soll der Patient weitere Faktoren aufzählen und auch diese in ihrer prozentualen Bedeutung einschätzen. So kommt man schnell auf über 100% und kann das Diagramm dann entsprechend anpassen. Es empfiehlt sich, das zweite Tortendiagramm mit den anderen Faktoren zu beginnen – meist bleibt neben den anderen Faktoren nicht mehr so viel Platz für die Verantwortung des Patienten. Hier empfiehlt es sich auch, zu fragen, „Was wäre, wenn es Ihrer Frau/Ihrem Sohn/… passiert wäre?" Diese Frage legt auch doppelte Maßstäbe offen, die dann diskutiert werden können.

Bedingte Wahrscheinlichkeiten

Diese Technik eignet sich vor allem, wenn Patienten davon überzeugt sind oder befürchten, das traumatische Ereignis werde mit hoher Wahrscheinlichkeit wieder eintreten oder wenn Gefahren insgesamt als deutlich zu hoch eingeschätzt werden. Dann kann man die „realistische" Wahrscheinlichkeit berechnen aufgrund von eigenen Erfahrungen in der Vergangenheit oder aufgrund von Schätzungen und bedingten Wahrscheinlichkeiten.

Beispiel

Überzeugung: „Es besteht eine hohe Wahrscheinlichkeit, dass bei mir eingebrochen wird, während ich zu Hause bin".

Eine Exploration hierfür relevanter Faktoren ergab die folgende Aufstellung (Schätzungen der Patientin):
14 000 Einwohner im Viertel
25 Einbrüche pro Jahr („sichere Gegend")
1 % Einbrüche in Wohnungen, deren Mieter zu Hause waren
20 % Einbrüche in Wohnungen, in denen sich nichts Wertvolles befindet
$= (25 : 14000) \times 0{,}01 \times 0{,}2 = 0{,}00036\,\%$ Wahrscheinlichkeit aufs Jahr bezogen.

Diese Technik ist allerdings mit etwas Vorsicht zu genießen: Patienten neigen dazu, die „Teilwahrscheinlichkeiten" so weit zu überschätzen, dass sich letztlich ein Wahrscheinlichkeitswert ergeben kann, der deutlich zu hoch ist, um wirklich zu einer Reduktion der Angst beizutragen. Wenn zum Beispiel die errechnete Wahrscheinlichkeit für das Eintreten eines Ereignisses bei 0,001 liegt, auf einen Tag berechnet, würde das heißen, dass das Ereignis mit hoher Wahrscheinlichkeit innerhalb der nächsten 3 Jahre (3×365 Tage $= 1095$ Tage) eintritt.

Psychoedukation über selektives Wahrnehmen

Wenn Patienten immer wieder Beispiele bringen, die ihre Überzeugungen scheinbar belegen („Die Zeitungen sind voll davon!"), kann es sinnvoll sein, zu erklären, dass nicht nur Wahrnehmungen unsere Überzeugungen beeinflussen, sondern wir auch umgekehrt meist die Dinge so wahrnehmen, dass unsere Annahmen bestätigt werden. Deshalb sieht man Belege für eigene Überzeugungen sofort, muss nach Gegenbeweisen aber aktiv suchen.

Ein gutes Beispiel dafür stammt von einer Patientin, die, als die Therapeutin noch nach Worten suchte, spontan sagte: „Ja, das kenne ich. Ich hab mal gedacht, dass ich ungewollt schwanger bin. Und plötzlich habe ich überall Leute mit Kinderwägen gesehen. Aber ich kann mir eigentlich nicht vorstellen, dass da wirklich plötzlich mehr waren."

3.3.4 Inhalte der kognitiven Arbeit – Fünf wichtige Themenbereiche

Gegen Ende der Therapie sind fünf Sitzungen jeweils einem wichtigen Themenbereich gewidmet, in dem bei traumatisierten Menschen besonders häufig dysfunktionale Überzeugungen bestehen. Für jeden Themenbereich gibt es ein Arbeitsblatt mit Informationen und Fragen, um den Patienten zu ermöglichen, sich darüber Gedanken zu machen, wie sie mit dem jeweiligen Thema umgehen und wo Hängepunkte bestehen. Die Arbeitsblätter werden jeweils mit nach Hause gegeben und dann in der nächsten Sitzung eingehend besprochen. Die Arbeit erfolgt mit den bereits eingeführten kognitiven Arbeitsblättern. Häufig auftauchende Themen für jeden Bereich sind bei den entsprechenden Sitzungen (vgl. Kapitel 4) und auch im Kapitel 3.4 zu finden.

3.3.5 Traumanarrativ

In der fünften Sitzung werden die Patienten gebeten, ihr traumatisches Ereignis aufzuschreiben und den Bericht bis zur nächsten Sitzung jeden Tag zu lesen. Diese Sitzung ist dann dem traumatischen Ereignis vorbehalten – die Patienten werden zu Beginn gebeten, den Bericht vorzulesen, während es Aufgabe des Therapeuten ist, dabei nicht zu unterbrechen und die aufkommenden Emotionen nicht zu bremsen.

Die Arbeit mit dem Traumabericht unterscheidet sich, wie bereits kurz angesprochen, in einigen Aspekten von dem Vorgehen bei der prolongierten Exposition, weil ein anderer Wirkmechanismus vermutet wird. Während bei der prolongierten Exposition die Patienten gebeten werden, das Ereignis immer wieder zu erzählen, und zwar mit geschlossenen Augen und im Präsens, um eine möglichst hohe emotionale Aktivierung zu erreichen, sollen die Berichte bei der CPT in der Vergangenheitsform geschrieben werden. Eine emotionale Aktivierung ist notwendig, es geht aber nicht darum, eine möglichst hohe emotionale Belastung über einen möglichst langen Zeitraum aufrechtzuerhalten.

Nach den beiden Sitzungen, in denen die Traumaberichte besprochen werden, werden die Patienten aufgefordert, den jeweils aktuellen Bericht täglich zu lesen, bis das Lesen nicht mehr belastend ist. In vielen Fällen setzt sogar eher so etwas wie Langeweile ein.

Neben dieser Habituationskomponente werden die Traumaberichte vor allem genutzt, um Hängepunkte herauszufinden. Hierbei lohnt es sich, auf Stellen zu achten, die beim Vorlesen besonders emotional sind, an denen Patienten zu weinen anfangen, und solche, an denen Patienten aufgehört haben zu schreiben.

Einige Patienten haben mit dem Schreiben Schwierigkeiten (beispielsweise, wenn deutsch nicht ihre Muttersprache ist). In diesen Fällen kann das traumatische Ereignis auch mündlich mitgeteilt werden. Wenn die technischen Voraussetzungen gegeben sind, können die Patienten den Bericht aufnehmen und zu Hause anhören, so, wie sie einen schriftlichen Bericht lesen würden[4]. Im Allgemeinen haben wir gute Erfahrungen mit der schriftlichen Form gemacht. Viele Patienten erleben es als Erleichterung, dass das Ereignis nun aufgeschrieben ist. Einerseits nach dem Motto „Ich hab es jetzt da stehen, dann brauche ich es nicht ständig im Kopf haben", andererseits scheint es oft ein wichtiger Punkt zu sein, gleichsam Zeugnis abzulegen für das, was geschehen ist. Ein schriftlicher Bericht kann auch nach der Therapie feierlich verbrannt werden.

3.3.6 Fakultativ: Verhaltensbezogene Arbeit – Bereich „Aktivitäten und Kontakte"

Die ursprüngliche CPT beinhaltet keine Verhaltenskomponente. Der komplette Bereich „Aktivitäten und Kontakte" kann daher ohne Schaden für den zu erwartenden Therapieerfolg weggelassen werden. Wir haben jedoch gute Erfahrungen mit den Arbeitsblättern gemacht, weil sie die Eigenaktivität der Patienten betonen und die Übertragung in den Alltag fördern. Die Tatsache, dass die Arbeitsblätter offensichtlich selbstverständlicher Bestandteil der Therapie sind, steigert auch die Motivation.

Durch die selbstverständliche Einbeziehung von Verhaltensaufgaben von Beginn der Therapie an, sollen die Patienten dazu motiviert werden, Schritte in Richtung Veränderung selbst zu unternehmen. Die Checkliste hilft dabei, häufig auftretende Probleme bei der selbstständigen Konfrontation mit Angstauslösern zu vermeiden, wie z. B. sich zu hohe Ziele zu stecken, die dann nicht erreicht werden.

Während die Erprobung neuer Verhaltensweisen durchaus eine wichtige Rolle spielt, hat sich

---

[4] Viele Patienten haben Handys mit Aufnahmefunktion, so dass sie auch das Erzählen zu Hause durchführen können. In diesem Fall sollte immer in der Sitzung der Patient die Geschichte selbst erzählen und nicht die Aufnahme vorspielen.

herausgestellt, dass das Ausfüllen der Arbeitsblätter hierzu nicht unbedingt notwendig ist. Manche Patienten lehnen das Ausfüllen der Arbeitsblätter ab, kommen aber trotzdem mit Berichten über Fortschritte in die Therapie. Andere sehen das wöchentliche Arbeitsblatt als Ansporn.

Ein „bedarfsbezogener" Umgang mit den Arbeitsblättern hat sich bei uns bewährt – wenn zwei Sitzungen beispielsweise eng aufeinander folgen, kann es sinnvoll sein, nur jede zweite Stunde eines mitzugeben, oder es in der Stunde, in der das Traumanarrativ aufgegeben wird, wegzulassen. Wenn eine Aktivität vereinbart ist, sollte sie allerdings auch eingefordert werden.

In den meisten Fällen braucht man nur für das erste Blatt viel Zeit. Meist fangen die Patienten sehr schnell an, die neuen Ziele selbstständig festzulegen und berichten in der nächsten Stunde nur kurz über die erlebten Erfolge und Misserfolge. Häufig kommt irgendwann der Punkt, wo weder Patient noch Therapeutin ein neues Verhaltensziel einfällt, weil Vermeidung und Rückzug keine Rolle mehr spielen. Das ist eine gute Gelegenheit, sich über die geleistete Arbeit zu freuen und die Arbeitsblätter wegzulassen. Auf der beiliegenden CD-ROM befinden sich daher nur bis Sitzung 8 „Aktivitäten und Kontakte"-Arbeitsblätter, weitere können aber natürlich je nach Bedarf ausgedruckt werden.

Mit Hilfe der „Aktivitäten und Kontakte"-Arbeitsblätter können verschiedene Arten von Verhaltenszielen bearbeitet werden. Diese sollen in den folgenden Absätzen kurz dargestellt werden.

Schrittweises Aufsuchen vermiedener Situationen

Viele Patienten berichten über deutliches Vermeidungsverhalten, das ihre Beweglichkeit im Alltag stark einschränkt. So haben sie zum Beispiel Schwierigkeiten, die U-Bahn oder den Bus zu benutzen, nachts oder alleine das Haus zu verlassen, Auto zu fahren, etc. In solchen Fällen kann man die Arbeitsblätter dazu nutzen, um eine vom Patienten selbstständig durchgeführte graduierte Reizkonfrontation zu begleiten und zu strukturieren. Bei Traumapatienten ist es notwendig, zu Beginn der Konfrontation ganz kleine Schritte einzuplanen. Eine Patientin begann beispielsweise damit, sich bei abgeschaltetem Motor in ihr Auto zu setzen. Eine andere, die Angst hatte, alleine U-Bahn zu fahren, startete die Expositionsübungen damit, in einem anderen Waggon als ihr Begleiter zu fahren.

Es ist notwendig, den Patienten das Rational der Reizkonfrontation soweit zu vermitteln, dass sie diese auch alleine durchführen können. Wichtig ist zudem, dass nur Schritte gewählt werden, die sich die Patienten auch zutrauen. Wenn die Situationen so kurz dauern, dass ein Nachlassen der Angst in der Situation nicht wahrscheinlich ist (z. B. nur eine Station mit der U-Bahn fahren), sollte diese Situation mehrfach geübt werden, um ein Nachlassen der Angst von Mal zu Mal zu erleben.

Häufig wirken die ersten erfolgreich absolvierten Verhaltensaufgaben auch sehr motivierend – die Patienten stellen fest, dass sie sich schrittweise ihren Alltag zurückerobern können.

Aufbau angenehmer Aktivitäten, Wiederaufnahme von Kontakten

Posttraumatische Belastungsstörung und Depression weisen einige Überschneidungen in der Symptomatik auf, und viele PTBS-Patienten leiden komorbid unter einer depressiven Störung. Bei Patienten, die einen starken sozialen Rückzug zeigen und deren Aktivitätsradius sich nach dem Trauma stark verringert hat, kann es sinnvoll sein, zunächst an der Wiederaufnahme angenehmer Aktivitäten und bestehender Kontakte anzusetzen. Dabei eignet sich ein Anknüpfen an Aktivitäten, die früher Spaß gemacht haben, sei es Klavierspielen, mit einer Freundin Kaffee trinken oder mit dem Partner ins Kino gehen.

Trauma- oder sonstige therapiebezogene Aktivitäten

Manchmal ergeben sich im Verlauf der Therapie Ziele, die klarer auf das Trauma und die Folgen bezogen sind. Manche Patienten wollen den Tatort aufsuchen, z. B. im Rahmen der Exposition oder auch im Sinne eines Rituals, um mit dem Ereignis abschließen zu können. In manchen Fällen fehlen Informationen über das Trauma, die man beispielsweise durch einen Anruf bei der Polizei bekommen könnte oder es steht ein Prozess an. Wir haben gute Erfahrungen damit gemacht, Prozesse möglichst gut vorzubereiten, indem Patienten bereits vorher einer öffentlichen

Verhandlung eines anderen Falls beiwohnen. Auch für diese Art von Zielen können die Arbeitsblätter eingesetzt werden.

3.3.7 Fakultativ: Trauer

Nach der Sitzung 2 kann fakultativ eine zusätzliche Sitzung (vgl. Kapitel 4.3) eingefügt werden. Sie ist für Patienten gedacht, deren Trauma den Verlust eines nahestehenden Menschen umfasst. Es geht darum, über Mythen zum Thema Trauer und Trauern zu sprechen, um so Schwierigkeiten im Trauerprozess bearbeiten zu können.

3.4 Umgang mit Gefühlen und andere wichtige Themen

Während der Ablauf der einzelnen Sitzungen in Kapitel 4 genau dargestellt wird, werden an dieser Stelle Themen angesprochen, die nicht an bestimmte Sitzungen gebunden sind, jedoch an verschiedenen Stellen im Therapieverlauf bedeutsam werden können. Dies sind die Themen Schuld und Verantwortung, Scham, dissoziatives Erleben, Trauer, Wut, Ärger und Rachewünsche, Ekel, Angst, sowie Themen, die mit dem Umfeld des Patienten zusammenhängen.

3.4.1 Schuld und Verantwortung

PTBS-Patienten leiden häufig unter massiven Schuldgefühlen. Oft beziehen sich diese auf Handlungen oder Unterlassungen, bei denen es von außen schwerfällt, „Schuld" festzustellen. Dies ist bei Aussagen der Fall wie „Ich bin ja selbst schuld, ich hätte mich nicht mit ihm treffen dürfen" (wobei es sich bei „ihm" um den Exfreund handelte, der vorher nie physisch aggressiv gewesen war). Manchmal beziehen sich jedoch die Schuldgefühle auf reale Fehler, beispielsweise bei Autounfällen, die aus Unachtsamkeit entstanden sind[5].

In diesem Fall ist es hilfreich, zwischen Schuld und Verantwortung zu unterscheiden. Resick (2010a) schlägt vor, den Begriff „Schuld" für vorsätzliches und wissentliches Verhalten zu reservieren

---

[5] Gerade bei Autounfällen lohnt sich ein genaues Nachfragen. Manchmal begründen Patienten massive Selbstvorwürfe mit „Ich war an dem Tag nicht gut drauf, ich hätte gar nicht fahren sollen", obwohl die Polizei dem Unfallgegner zu 100 % die Schuld zuspricht.

und bei Fehleinschätzungen, Unachtsamkeit oder Versehen, die schlimme Folgen hatten, den Begriff „Verantwortung" zu verwenden.

Es lohnt sich, hier genau nachzufragen. Je nach Patient und therapeutischer Beziehung eignen sich auch provokative Fragen („Und wann genau haben Sie den Entschluss gefasst, heute jemanden anzufahren?"), um die Unterscheidung zwischen Schuld und Verantwortlichkeit zu erörtern.

Oft fällt es Patienten auch schwer, Assimilation aufzugeben, weil dies einen Verlust an gefühlter Sicherheit für die Zukunft bedeuten würde, nach dem Muster „Wenn ich keine Möglichkeit hatte, das Ereignis zu verhindern, dann heißt das, dass ich mich auch in Zukunft nicht schützen kann". Das bedeutet, dass man auch die in dieser Sorge implizierte Über-Akkommodation besprechen sollte. Gleichzeitig ist es für die Besserung der Symptomatik oft ein wichtiger Schritt, wenn Patienten ihre übertriebenen Schuldgefühle loslassen können.

Fallbeispiel

Eine Patientin litt nach dem einige Jahre zurückliegenden Suizid ihrer Cousine, die ihr sehr nahe gestanden hatte, an einer PTBS. Die vorherrschende Kognition war „Ich hätte das Zeichen (eine Aussage der Cousine am Tag vor dem Suizid) erkennen müssen". Diese Überzeugung wurde auch von der engeren Familie der Toten an sie herangetragen. An die Rückfragen der Therapeutin schloss sich eine Diskussion der Umstände des Suizids an und es stellte sich heraus, dass die Vorbereitungen offensichtlich schon über Monate gelaufen waren und die Cousine eine äußerst sichere Methode gewählt hatte. Dies empfand die Patientin als entlastend. Sie schloss, die Cousine müsse es wirklich gewollt haben, es könne keine spontane Verzweiflungstat gewesen sein, die sie hätte verhindern können.

Resick et al. (2007) weisen darauf hin, dass Soldaten, die aus dem Krieg kommen, oft Schuldgefühle haben, weil sie getötet haben. Nun gehört das Töten an sich zum Beruf des Soldaten dazu und sollte daher nicht schemadiskrepant sein. Aber die Autoren berichten, dass sich Soldaten manchmal in Situationen befinden, in denen sie sich gezwungen sehen, gegen ihre persönlichen Moralvorstellungen zu handeln oder in anderen Umständen töten, als die, von denen sie ausgegangen waren. Besonders traumatisch werden Situationen erlebt, bei denen Zivilisten, vor allem Kinder, sterben (z. B. Kinder mit Rucksackbomben, Kinder, die vor Transportkonvois gestellt werden). Das Wesen des Kriegs selbst kann den Trauerprozess und die Einordnung eigener Handlungen sehr schwierig machen, und die Mischung aus Schuld und Ärger kann sowohl die PTBS als auch den Trauerprozess verzögern.

3.4.2 Scham

> **Merke:**
> Schamgefühle entstehen aus der Überzeugung, eine wichtige soziale oder eigene Norm verletzt zu haben.

Bei Scham handelt sich um eine sehr belastende Emotion, die das Zustandekommen, die Fortführung oder die Wirksamkeit der Therapie in Frage stellen kann. Im Gegensatz zu Schuldgefühlen, die sich auf Handlungen beziehen, entstehen Schamgefühle durch die Überzeugung, eine eigene oder soziale bedeutsame Norm nicht eingehalten zu haben. Die Neigung zu Scham- oder Schuldgefühlen unterscheidet sich zwischen Kulturen und zwischen Personen (ein hervorragender Überblick findet sich bei Boos, 2006).

Schamgefühle lassen sich nach verschiedenen Gesichtspunkten einteilen, die auch für den therapeutischen Umgang Bedeutung haben. Internalisierte Scham bedeutet, dass das eigene Selbst abgewertet wird, während externalisierte Scham der Annahme entspricht, dass andere die eigene Person negativ beurteilen. Beide Formen von Scham können zusammen oder alleine auftreten. Entsprechend wird die kognitive Arbeit auf Fragen der Selbstbewertung oder auf Fragen der Bewertung durch andere fokussieren. In der CPT kommen beide Aspekte in den Arbeitsblättern vor. Hier ist vor allem das Modul „Wertschätzung" von Bedeutung, aber auch die Module „Vertrauen" und „Macht und Kontrolle" (vor allem in Bezug auf andere Menschen).

Für die Therapie möglicherweise noch wichtiger ist die Unterscheidung zwischen gerechtfertigten und ungerechtfertigten Schamgefühlen. Ungerechtfertigte Schamgefühle sind solche, die bei einer Offenlegung nicht mit negativen Folgen im sozialen Bereich belegt sind. Schamgefühle gelten als gerechtfertigt, wenn eine Offenlegung zu negativen sozialen Sanktionen führen würde. Hier ist es, vor allem, wenn Patient und Therapeut nicht denselben kulturellen Hintergrund haben, wichtig, genau zu explorieren, ob Schamgefühle vor dem speziellen kulturellen Hintergrund und im sozialen Umfeld des Patienten gerechtfertigt oder ungerechtfertigt sind. Dies beeinflusst, ob Patienten im Verlauf eher zu einem offeneren Umgang mit dem traumatischen Erlebnis ermutigt werden sollten, um ungerechtfertige Schamgedanken zu überprüfen, oder ob Schweigen außerhalb der Therapie die bessere Alternative ist.

> **Fallbeispiel**
>
> Viele Patienten haben ein sehr gutes Gespür dafür, wem sie wieviel Informationen zumuten können. Eine 28-jährige aus Kroatien stammende Patientin, die in der zweiten Generation in Deutschland lebte und wegen einer Vergewaltigung in Behandlung war, berichtete: „Mit meinen Freundinnen habe ich darüber gesprochen. Meinen Eltern sage ich es nicht, die würden damit nicht klar kommen." In dieser Aussage wird deutlich, dass sie keine internale Scham empfindet, aber von einigen Menschen in ihrem Umfeld eine negative Bewertung befürchtet, weswegen sie diesen gegenüber schweigt (externale Scham).

Scham und der Traumabericht

Problematisch für den Therapieverlauf können Schamgefühle werden, wenn Patienten beim Schreiben des Traumaberichts beschämende Details weglassen und die Belastung somit kaum nachlässt. Wenn das erwartete Nachlassen der Symptomatik im Rahmen der Beschäftigung mit dem traumatischen Ereignis nicht eintritt, ist es daher oft hilfreich, direkt nach möglichen Schamgefühlen zu fragen – es fällt Patienten leichter, „ja" zu sagen, als das Beschämende selbst zu formulieren. Ein Beispiel ist das mögliche Auftreten sexueller Erregung während einer Vergewaltigung. Es versteht sich von selbst, dass Therapeuten immer deutlich signalisieren sollten, dass von ihnen keine negative Bewertung zu befürchten ist.

Das „Schamgefühl"

Anders als in anderen Sprachen wird im Deutschen eine Verletzung des Schamgefühls, also Grenzüberschreitung, Erniedrigung oder Demütigung, sprachlich in die Nähe der Scham gerückt. Viele

Autoren (Boos, 2006; Lee, Scragg & Turner, 2001) weisen aber darauf hin, dass zwischen Erniedrigung und Scham ein Unterschied besteht. Menschen, die erniedrigende Situationen erleben, bei denen sie keine Normen übertreten haben, reagieren eher mit Wut und Rachewünschen (oder Angst vor einer Wiederholung) als mit Scham. Allerdings kann, zum Beispiel durch eine negative Sicht der eigenen Reaktion auf die Erniedrigung oder durch negative Reaktionen anderer, gleichzeitig auch Scham entstehen.

3.4.3 Dissoziation

Resick et al. (2007) weisen darauf hin, dass auch Dissoziation eine operant konditionierbare Reaktion ist und dass viele Patienten willentlich oder zum Teil willentlich dissoziieren können. Es ist daher wichtig, genau nachzufragen und auch auf Ausnahmen zu achten: Warum ist in einer bestimmten Situation keine dissoziative Reaktion eingetreten? Dann geht es darum, zu besprechen, warum Dissoziation auf Dauer keine gute Strategie ist:
- Auf Dauer schadet es dem Immunsystem, weil es eigentlich eine Notfallreaktion ist.
- Man kann keine Entscheidungen treffen, nicht kontrollieren, was einem passiert.
- Es ist eine Vermeidungsstrategie und wirkt als solche aufrechterhaltend.

Resick et al. (2007) erwähnen eine Möglichkeit für Patienten, die beim Versuch, ihr Traumanarrativ zu schreiben, dissoziieren. Sie schlagen vor, dass die Patienten eine Eieruhr auf 5 Minuten einstellen, bevor sie zu schreiben beginnen. Sie können schreiben, dissoziieren, werden von der Eieruhr zurückgeholt, stellen diese neu auf 6 Minuten, schreiben weiter etc. Auf diese Weise konnte beispielsweise eine Patientin ihre Traumaschilderung zu Ende schreiben und die Dissoziationen hörten auf.

Wenn bei anderen Aktivitäten, vor allem auch außer Haus, Dissoziation auftritt, kann es sinnvoll sein, ein graduiertes Vorgehen zu wählen: Es sollten so kleine Schritten ausgewählt werden, dass Dissoziation nicht auftritt.

Fallbeispiel

Eine 27-jährige Patientin kam zu Beginn nur sehr unregelmäßig zur Therapie, und dann fast immer deutlich verspätet. Es stellte sich heraus, dass sie regelmäßig in der U-Bahn dissoziierte und dann irgendwann merkte, dass sie längst an der Zielstation vorbeigefahren war. Es wurde mit der Patientin verabredet, zunächst immer nur eine Station zu fahren, auszusteigen, sich oben auf der Straße umzuschauen und dann weiterzufahren. Schritt für Schritt konnte sie ihre Fahrten ausdehnen und kam fortan meistens pünktlich in die Therapie.

3.4.4 Trauer

Manche traumatische Ereignisse beinhalten den Verlust einer geliebten Person. Manche Patienten können oder konnten den Verlust offenbar recht gut betrauern, ohne aber das traumatische Ereignis verarbeitet zu haben, andere weisen in Bezug auf beides, Trauer und Trauma, suboptimale Bewältigungsstile auf. Bei Patienten, die im Rahmen des traumatischen Ereignisses einen nahestehenden Menschen verloren haben, sollte das Trauermodul (= optionale Sitzung, vgl. Kapitel 4.3) durchgeführt werden.

Trauer kann aber auch eine Rolle spielen, wenn Patienten klar wird, was sie durch das Trauma und seine Folgen verloren haben. Das können zum einen Verluste durch das Trauma selbst sein, z. B. wenn bleibende körperliche Verletzungen vorliegen. Zum anderen ist das Aufkommen von Trauer ein Anzeichen für eine Aufgabe von Assimilation („Es wird schon wieder", „Es ist eigentlich gar nicht so schlimm") und damit ein Anzeichen für eine wirkliche Auseinandersetzung mit dem Ereignis und dessen Folgen. Therapeutisch ist es dann wichtig, diese Trauer als natürliches aus dem Ereignis folgendes Gefühl zu benennen und den Patienten zu helfen, diese Trauer zu akzeptieren und ihren Verlauf nehmen zu lassen.

Manche Patienten berichten gegen Ende gerade einer erfolgreichen Therapie über Trauergefühle über die verlorene Zeit, die manchmal durch die starke Symptomatik nicht „wirklich" gelebten Jahre. Auch dies ist ein natürliches Gefühl, das offenbar manchmal zu der Reorientierung hin auf die Zukunft dazugehört.

3.4.5 Wut, Ärger, Rachewünsche

Wut und Ärger kommen bei traumatisierten Menschen häufig vor. Es gibt verschiedene Arten von Wut, die verschiedene Funktionen im Therapieverlauf haben können.

Wut und Ärger als natürliche Gefühle

Wut ist nach einem Trauma oft völlig gerechtfertigt, zum Beispiel auf einen Täter, einen Suizidanten, oder einen Unfallgegner. Es ist wichtig, diese Gefühle empathisch in ihrer Berechtigung anzuerkennen. Es kann auch durchaus ein therapeutischer Schritt sein, Ärger, den ein Patient zunächst gegen sich selbst gerichtet hat, an die „richtige Adresse" zu richten. Resick und Schnicke (1993) berichten, dass vor allem Frauen oft Angst haben, ihre Wut zu äußern, da sie befürchten, „auszurasten" und sich aggressiv zu verhalten. Hier kann man Möglichkeiten besprechen, diese Gefühle auf nicht destruktive Weise auszudrücken und damit umzugehen (sprechen, aufschreiben, sie in Bewegung umsetzen durch Sport oder auch Hausarbeit). Auch Wut wird in der CPT als natürliches Gefühl gesehen, das mit der Zeit nachlässt, wenn man es seinen Verlauf nehmen lässt.

In einem Fall verschwand die Wut, die die Patientin auf einen am traumatischen Geschehen entfernt Beteiligten hegte, beinahe unbemerkt bereits beim Schreiben des Narrativs.

Wut und Ärger als sekundäre Gefühle

Problematisch ist jedoch ein zu starkes „Hängenbleiben" an Wut und Ärger, das sich zum Beispiel im Schmieden von Racheplänen oder in Form von ständigem ärgerlichen Grübeln zeigt. Das ist nicht mehr funktional. Hier wird es darum gehen, zu erarbeiten, dass Rachepläne letztlich nur dem Patienten selbst schaden und dass ständiges Wiederkäuen des Ärgers ein Abschließen mit dem Trauma verhindert. Wutgefühle werden häufig im Zusammenhang mit dem Thema Macht aktuell (z. B. Ärger darüber, dass jemand Macht ausgeübt hat, Ärger über eigene Machtlosigkeit gegenüber fremdem Fehlverhalten).

Wut als Vermeidungsstrategie

Wut kann aber auch dazu dienen, andere, bedrohlicher erscheinende Gefühle zu vermeiden (vgl. auch Calhoun & Resick, 1993), weil sie von manchen Patienten als weniger passiv und daher weniger bedrohlich erlebt wird als Angst, Trauer oder Hilflosigkeit. In solchen Fällen werden Wut und Ärger als Vermeidungsstrategie benutzt. Wut als Vermeidungsstrategie liegt auch manchmal vor, wenn Patienten wütend auf ihre Therapeuten werden – das Gegenüber neigt dann dazu, sich zurückzuziehen und den Patienten nicht weiter zu fordern. Resick (2010a) rät hier, sich als Therapeut nicht persönlich angegriffen zu fühlen (so schwierig das im Einzelfall auch sein mag) und die Wutgedanken wie andere Gedanken auch mit Hilfe der Arbeitsblätter zu bearbeiten.

Wut auf sich selbst

Häufig steht Wut auf sich selbst mit dem Thema Macht/Kontrolle in Zusammenhang. Insbesondere bei Patienten mit hohen Kontrollüberzeugungen können Überzeugungen auftreten wie „Da ich Ereignisse kontrollieren kann, hätte ich dies auch kontrollieren müssen", „Ich hätte anders reagieren müssen" oder auch „Ich müsste mit diesem Ereignis alleine zurechtkommen". Viele Menschen haben auch Schwierigkeiten damit, Grenzen zu setzen oder nein zu sagen. Dann kann es sinnvoll sein, dieses Verhaltensmuster zu besprechen und die zugrunde liegenden Überzeugungen zu verändern. Es kann passieren, dass sich erst dadurch Wut und Ärger auch auf den Täter richten, was, wie bereits beschrieben, im ersten Schritt eine positive Entwicklung wäre.

3.4.6 Ekel

Ekel oder Abscheu ist besonders häufig bei Patientinnen, die (sexuelle) Gewalt erlebt haben. Aber auch der Anblick von schweren Verletzungen oder der Umgang mit Leichen kann starke Ekelgefühle auslösen. Unter den natürlichen Gefühlen nimmt Ekel insofern eine Sonderstellung ein, als eine Habituation oder ein natürliches Nachlassen kaum stattfindet. Um eine Verringerung des Ekelgefühls zu erreichen, empfehlen sich Interventionen, die das Diskriminationslernen unterstützen.

Hierbei können Wahrnehmungsübungen (Was spüren Sie im Moment auf Ihrer Haut? Was riechen Sie jetzt gerade?) in Kombination mit kognitiver Arbeit helfen, die die Verankerung des Ereignisses in der Vergangenheit zum Ziel hat.

Wenn sich das Ekelgefühl auf den eigenen Körper bezieht und mit der Überzeugung einhergeht, eklig oder schmutzig zu sein, hilft es, sehr klar zwischen dem Ekelgefühl und der Überzeugung, eklig oder beschmutzt zu sein, zu trennen. Das Gefühl des Ekels ist eine körperliche Reaktion auf das Ereignis und hängt mit der Erinnerung an das Ereignis zusammen. Wenn dieses Ekelgefühl in der Gegenwart wieder auftritt, können Patienten sich klarmachen, dass das Gefühl eine Erinnerung ist und keinen Informationswert für die Gegenwart hat. Es hilft, sich verstärkt auf aktuelle Wahrnehmungen zu konzentrieren und sich klar zu machen, dass die gegenwärtige Situation nicht eklig ist. Die Überzeugung, eklig oder schmutzig zu sein, rührt oft im Sinne von emotionalem Schlussfolgern von wiederkehrenden Ekelgefühlen her, kann aber auch mit Überzeugungen zu tun haben, „beschmutzt" oder „beschädigt" worden zu sein. Sie lässt sich hinterfragen wie andere dysfunktionale Überzeugungen auch (Wie lange ist das Ereignis her? Wie oft haben Sie seitdem geduscht?).

3.4.7 Angst

Angst spielt in praktisch allen Traumatherapien eine wichtige Rolle. Die verschiedenen Ängste, die im Therapieverlauf auftreten können, werden an anderer Stelle ausführlicher behandelt, wie die Angst vor der Hinwendung zu dem Ereignis (vgl. Vorbereitung auf das Traumanarrativ in Sitzung 5), das ängstliche Vermeidungsverhalten und/oder die übertriebene Wachsamkeit im Alltag (vgl. „Aktivitäten und Kontakte" auf S. 50ff. und kognitive Arbeit auf S. 42ff.).

Manchmal passiert es bei dieser Konzentration auf die Angst und den besseren Umgang damit, dass Patienten auch Ängste angehen wollen, die sie nicht so sehr im Alltag behindern, sondern bei denen eher ein gewisser sozialer Druck besteht, die Angst loszuwerden. Während es den Alltag klar einschränken kann, nicht Fahrstuhl oder Auto zu fahren, ist dies bei Angst vor Klettertouren im Hochgebirge beispielsweise nicht unbedingt gegeben. Dann kann man den Patienten dabei unterstützen, selbst zu entscheiden, ob die Angst ihn im Alltagsleben einschränkt, oder ob er sie akzeptiert. Im letzteren Fall kann es dann darum gehen, die Entscheidung, Aktivitäten nicht mitzumachen, nach außen zu vertreten.

3.4.8 Trauma und das soziale Umfeld des Patienten

Die Mitteilung des traumatischen Ereignisses bzw. der traumatischen Ereignisse ist ein wichtiger Bestandteil der Therapie. Ein offener Umgang mit dem Trauma und den daraus folgenden Problemen und/oder der Störung im sozialen Umfeld eines Patienten ist oft sehr hilfreich.

> **Fallbeispiel**
>
> Eine Patientin war überzeugt, „Wenn ich jammere, werde ich abgelehnt", wobei „Jammern" schon bedeutete, anderen Menschen von ihren chronischen Schmerzen nach einem Verkehrsunfall zu erzählen. Als sie es ausprobierte, stellte sie zu ihrer großen Erleichterung fest, dass andere meist anteilnehmend und freundlich reagierten.

Es ist jedoch auch wichtig, eine Balance zu finden, was das Mitteilen von traumatischen Erfahrungen im sozialen Umfeld angeht. Auf der einen Seite ist das Bedürfnis, sich mitzuteilen und Anteilnahme zu erfahren, völlig legitim und viele Patientinnen machen in ihrem Umfeld die Erfahrung, dass die eigene Fähigkeit, Erlebtes mitzuteilen, auch anderen weiterhilft. Andererseits kann die Kenntnis der scheußlichen Details das soziale Umfeld auch überfordern und so letztlich die soziale Unterstützung des Patienten vermindern. Deshalb gilt es, gut abzuwägen, wenn Patienten beispielsweise ihren Kindern oder auch Arbeitskollegen Details ihrer Traumatisierungen mitteilen wollen. Es ist eher sinnvoll, einen Mittelweg zwischen Verschweigen und dem Mitteilen von zu vielen Details zu wählen, indem nur „Überschriften" mitgeteilt werden.

3.5 Komplizierende Faktoren

Es gibt einige Faktoren, die sich auf den Verlauf der Therapie negativ auswirken können. Diese Faktoren haben wir absichtlich nicht den Kontraindikationen zugeordnet, da sie nicht unbedingt solche darstellen. Es ist jedoch sinnvoll, diese Faktoren zu Beginn der Therapie anzusprechen und sie in der Therapieplanung zu berücksichtigen.

3.5.1 Gerichts-, Asyl- und Rentenverfahren

Die Frage nach dem aktuellen Stand in Bezug auf Arbeitsfähigkeit und eventuelle Rentenverfahren gehört ohnehin zur Informationssammlung, ist aber bei Patienten, deren traumatisches Ereignis im Berufsleben passiert ist, besonders wichtig. Wenn aufgrund der PTBS ein Rentenverfahren angestoßen wurde, sollte man mit der Therapie warten, bis dieses abgeschlossen ist – Patienten, die beweisen müssen, dass sie Symptome haben, werden Schwierigkeiten haben, von einer Therapie zu profitieren, die diese Symptome reduzieren soll. Ähnliches kann für Patienten gelten, deren psychische Erkrankung eine wichtige Rolle bei einem Asylverfahren spielt. Dies könnte ansonsten für beide Seiten zu einer frustrierenden Erfahrung werden.

Leider ist es nicht immer zu Beginn ersichtlich, ob ein Rentenbegehren besteht, deshalb ist es bei im Beruf traumatisierten und aktuell krankgeschriebenen Patienten besonders wichtig, auch im Verlauf der Therapie nachzufragen, ob eine Veränderungsmotivation besteht und ob evtl. doch ein Rentenverfahren eingeleitet wurde. Gegebenenfalls müssen dann entsprechende Formen des Umgangs damit gefunden werden.

Auch Gerichtsverfahren können sich auf verschiedene Weise auf die Therapie auswirken. Wenn Patienten selbst angeklagt sind, zum Beispiel nach einem Unfall, können starke Sorgen und Ängste eine Konzentration auf die Therapie erschweren. So hatte eine Patientin, die auf einem Parkplatz bei Schrittgeschwindigkeit aus Versehen eine Fußgängerin mit dem Auto erfasst hatte, große Angst vor einer Gefängnisstrafe. In solchen Fällen kann es hilfreich sein, realistische Erwartungen aufzubauen. Dazu ist es nicht notwendig, dass Therapeuten eine juristische Zusatzausbildung absolvieren, es ist häufig schon ausreichend, in der Therapie Fragen aufzuschreiben, die dann dem Anwalt gestellt werden können.

Wenn Patienten als (Neben-)Kläger in dem Prozess auftreten, haben sie häufig Ängste vor der Konfrontation mit dem Täter und befürchten, dass ihnen nicht geglaubt wird. Leider kommt es vor, dass Täter freigesprochen oder Verfahren eingestellt werden. Ein wichtiges Therapieelement ist hier die kognitive Arbeit. Mögliche Prozess-Ausgänge können erörtert und der jeweilige Umgang damit vorweggenommen werden.

Wenn ein Gerichtsverfahren ansteht, kann es auch hilfreich sein, dieses ganz praktisch vorzubereiten. Manche Patienten erleben es als erleichternd, wenn sie vor ihrer Verhandlung eine öffentliche Gerichtsverhandlung im selben Gebäude besuchen. So können sie sich mit den räumlichen Gegebenheiten vertraut machen und haben gleichzeitig das Gefühl, aktiv zu sein, anstatt die Dinge nur passiv mit sich geschehen zu lassen. Oft ist es auch hilfreich, vorab den ersten Prozesstag so zu planen, dass die Patienten die stressige Situation möglichst gut überstehen kann. Das kann zum Beispiel heißen, sich für den Abend mit jemandem zu verabreden, eine unterstützende Person mitzunehmen, etc.

Es kommt vor, dass Patienten gedanklich so sehr auf das Gerichtsverfahren fixiert sind, dass eine Beschäftigung mit anderen Themen in der Therapie fast nicht mehr möglich ist. Dann kann es sinnvoll sein, explizit eine Pause von der CPT einzulegen, bis die Verhandlung vorbei ist. Dies kann bedeuten, die Therapie zu unterbrechen oder den Prozess in der Therapie, z. B. mit Hilfe der Arbeitsblätter, vorzubereiten.

3.5.2 Medikation

Viele Patienten nehmen zusätzlich neben der Psychotherapie auch Medikamente ein. Während eine Psychotherapie in den meisten Leitlinien als die wirksamste Behandlungsform für PTBS angesehen wird, haben auch Antidepressiva, vor allem SSRIs, Effekte auf die PTBS-Symptomatik gezeigt. Für die Therapie spielen Psychopharmaka, wenn kein Medikamentenmissbrauch vorliegt, vor allem unter zwei Gesichtspunkten eine Rolle.

Attribution von Therapieerfolg

Wenn Patienten gleichzeitig mit dem Beginn der Psychotherapie eine neues Medikament einnehmen, besteht die Gefahr, dass Therapieerfolge ausschließlich auf das Medikament attribuiert werden. Dadurch sinkt das Selbstwirksamkeitserleben des Patienten und es steigt die Wahrscheinlichkeit, bei späteren Schwierigkeiten eher wieder auf eine medikamentöse Behandlung zurückzugreifen.

Ein Spezialfall sind „Beruhigungstropfen", die bei Bedarf genommen werden. Manche Patienten bekommen niedrigpotente Neuroleptika für diesen Zweck verschrieben, andere besorgen sich rezeptfreie Schlaftabletten (meist Antihistaminika) aus der Apotheke. Bei Patienten, die solche Mittel zur Beruhigung nehmen, ist es wichtig, darauf hinzuweisen, dass sie nicht vor dem Schreiben oder dem Lesen des Traumaberichts (oder vor der Therapiesitzung) genommen werden sollten. Sonst besteht die Gefahr, dass Patienten annehmen, dass sie ohne das Mittel die Erinnerung an das Trauma nicht aushalten könnten.

Probleme bei der Habituation

Manche Patienten stehen unter einem so starken Medikamenteneinfluss, dass es zu Schwierigkeiten mit der Habituationskomponente der CPT kommt, weil das Lernen erschwert ist und/oder eine ausreichend hohe emotionale Aktivierung nicht erreicht werden kann. Diese Gefahr ist bei der Einnahme von Antidepressiva nicht sehr groß, jedoch bei Patienten, die auf Dauer opioide Analgetika oder Benzodiazepine nehmen (und eine Abhängigkeit entwickelt haben), vorstellbar. In solchen Fällen empfiehlt sich eine enge Zusammenarbeit mit dem behandelnden Psychiater und ggf. eine Überweisung an eine spezialisierte Schmerzambulanz, um die Schmerztherapie zu optimieren und einer Abhängigkeit entgegenzuwirken.

Ohne auf Belege aus der Forschung zurückgreifen zu können, haben wir auch den Eindruck gewonnen, dass eine Medikation mit Psychopharmaka aus verschiedenen Wirkstoffgruppen (z. B. zwei Antidepressiva und zwei Neuroleptika) oft nicht zu einer Verbesserung des Befindens führt. Beispielsweise hatte ein Patient nach dem Absetzen der neuroleptischen Medikation weniger Alpträume.

3.5.3 Bleibende körperliche Schäden durch das Trauma

Bei Patienten, die im Rahmen ihres traumatischen Ereignisses körperliche Verletzungen erlitten haben, die zu dauerhaften Einschränkungen führen, kann die Behandlung schwieriger sein, weil z. B. Schmerzen oder Funktionseinschränkungen als Trigger für Intrusionen dienen und auch über die PTBS-Symptomatik hinaus die Lebensqualität einschränken. Es kommt bisweilen vor, dass Schmerzen während der Konfrontation vorübergehend stärker werden, was Vermeidungsverhalten hervorrufen kann.

Bei diesen Patienten ist diagnostisch oft schwer zu trennen, ob Schlafprobleme, sozialer Rückzug und Reizbarkeit Teil der PTBS-Symptomatik sind oder aus den chronischen Schmerzen resultieren. Auch bei diesen Patienten kann die CPT durchgeführt werden und sollte auch im ersten Schritt erfolgen. Es kann jedoch sein, dass ggf. anschließend eine Therapie der Schmerzstörung notwendig wird.

Das Akzeptieren der neuen Lebenssituation kann durch die behavioralen Komponenten (z. B. Suchen neuer Aktivitäten, Aktivieren des sozialen Netzes) und die kognitiven Arbeitsblätter unterstützt werden. Wichtig ist vor allem die Arbeit an der Assimilation. Nur, wenn das Geschehene wirklich akzeptiert wird (was nicht heißen muss, dass man es gut findet), werden Energien frei, um aus den Gegebenheiten das Beste zu machen.

Kapitel 4

Die CPT-Sitzungen

In diesem Kapitel werden die einzelnen Sitzungen der deutschen Adaptation der CPT im Detail dargestellt. Mit „erster Sitzung" ist hier nicht das erste Gespräch mit der Patientin überhaupt gemeint, sondern die erste CPT-Sitzung.

4.1 Erste Sitzung – Einführung und Psychoedukation

Überblick
1. Agenda festlegen (Ankommen und Orientierung)

2. Psychoedukation – Symptomatik (vgl. Arbeitsblatt 1)
 • Intrusionen (Gedanken, Bilder, Träume, physiologische Reaktionen)
    – Traumagedächtnis (Schrankmetapher oder neurophysiologische Reaktionen)
    – Flight-fight-freeze-Reaktion
 • Vermeidung (Gedanken, Orte/Aktivitäten, Menschen, Gefühle, Interesselosigkeit, Gefühllosigkeit. Andere Formen der Vermeidung: Alkohol, sich ständig beschäftigen, körperliche Symptome, Therapie oder Übungsaufgaben vermeiden)
 • Übererregung (Schlafstörungen, Reizbarkeit/Ärger, Konzentrationsprobleme, Wachsamkeit, Schreckreaktion)

3. Psychoedukation – Aufrechterhaltende Prozesse (vgl. Arbeitsblatt 1.2)   • Natürliche und sekundäre Gefühle   • Bedeutung der Kognitionen   • Gedankenexperiment zur Vermeidung
4. Therapierational und Ziele (vgl. Arbeitsblatt 1.3)   • Traumagedächtnis elaborieren: Traumabericht   • Natürliche Gefühle fühlen, Ereignis akzeptieren: Traumabericht   • Sekundäre Gefühle verändern: Arbeit an Gedanken   • Alltagsbewältigung verbessern: Aufgeben von Vermeidung
5. Überblick über die Behandlung (vgl. Arbeitsblatt 1.4)   • Strukturiertes Therapieprogramm   • Übungsaufgaben   • Vermeidung vorhersehen und Compliance steigern
6. „Ziele und Ressourcen" aufgeben (vgl. Arbeitsblatt 1.5)
Materialien (vgl. CD-ROM)
• Arbeitsblatt 1.1 Was versteht man unter einer Posttraumatischen Belastungsstörung?   • Arbeitsblatt 1.2 Welche Faktoren spielen bei der Aufrechterhaltung der Posttraumatischen Belastungsstörung eine Rolle?   • Arbeitsblatt 1.3 Was passiert in der Therapie?   • Arbeitsblatt 1.4 Therapievertrag   • Arbeitsblatt 1.5 Ziele und Ressourcen

4.1.1 Ankommen und Orientierung

Nach der Begrüßung beginnt das Gespräch mit der Agenda für die heutige Stunde:

> In der heutigen Stunde haben wir viel vor: Wir werden darüber sprechen, worunter Sie im Moment leiden, ich werde Ihnen etwas über die Posttraumatische Belastungsstörung erzählen, und wir werden gemeinsam erarbeiten, wie das, was hier in der Therapie passieren wird, sich aus der Entstehung dieser Störung ergibt. Dabei ist es ganz wichtig, dass wir auch bei dem bleiben, was für Sie persönlich besonders schwierig ist. Anschließend möchte ich Ihnen den Ablauf dieser Therapie erläutern, und es gibt selbstverständlich jederzeit für Sie die Möglichkeit, Fragen zu stellen.

4.1.2 Psychoedukation – Symptomatik

Zunächst kann es – je nach Ausmaß der bereits erfolgten Psychoedukation – sinnvoll sein, allgemeine Informationen über die PTBS zu geben. Dabei soll dem Patienten vermittelt werden, dass es sich um zunächst völlig „normale" Reaktionen handelt, die allerdings normalerweise mit der Zeit zurückgehen. Die PTBS ist daher im Gegensatz zu vielen anderen Störungen eine „Störung des Nichtgenesens". Um die Psychoedukation anschaulicher zu machen, gibt es drei Arbeitsblätter (vgl. Arbeitsblatt 1.1 bis Arbeitsblatt 1.3). Arbeitsblatt 1.1 (vgl. Abb. 1) verdeutlicht die drei Hauptsymptomgruppen.

Thema Intrusionen und Traumagedächtnis

Folgende Besonderheiten des Traumagedächtnisses sind zu beachten:
- ungenügende Elaboration und Einbettung in die Struktur des autobiografischen Gedächtnisses,
- starke assoziative Gedächtnisverbindungen,
- starkes Priming,
- Hemmung von Gedächtnisinhalten funktioniert nicht so gut.

> Ungewollte Erinnerungen werden in der Fachsprache Intrusionen genannt. Sie sind eines von drei Hauptsymptomen der Posttraumatischen Belastungsstörung. Was Sie da erleben, sind ganz normale Folgeerscheinungen von traumatischen Erlebnissen. Es hat mit der Art zu tun, wie unser Gedächtnis funktioniert. In einer traumatischen Situation funktioniert es nämlich anders als normal. Wenn ich Sie jetzt zum Beispiel fragen würde, was Sie gestern zu Mittag gegessen haben, dann könnten Sie mir das wahrscheinlich sagen. Sie könnten mir wahrscheinlich auch ungefähr sagen, wie Ihre Stimmung war, ob Sie sich gerade geärgert hatten oder ob es Ihnen gut ging. Und Sie können mir sagen, was Sie vorher und nachher gemacht haben. Stimmt's?
>
> Normalerweise speichert unser Gedächtnis Erinnerungen in einer „verarbeiteten" Form ab, es gibt ein vorher und nachher, und wenn wir die Erinnerung abrufen (wenn ich also frage,

Was versteht man unter einer Posttraumatischen Belastungsstörung?

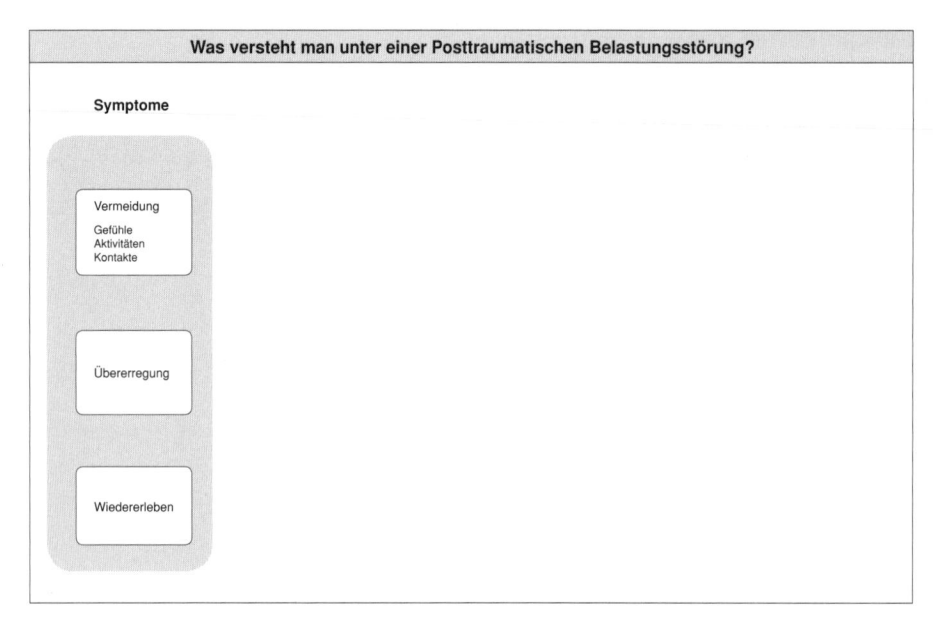

Symptome

- Vermeidung
  - Gefühle
  - Aktivitäten
  - Kontakte

- Übererregung

- Wiedererleben

Abbildung 1: Arbeitsblatt 1.1 – Symptome der Posttraumatischen Belastungsstörung

was Sie gestern Mittag gegessen haben), dann können wir unterscheiden zwischen den Gefühlen, die wir damals hatten und denen, die wir jetzt haben. Während eines Traumas ist das anders. Bei einem traumatischen Ereignis passiert etwas, das so bedrohlich ist, dass auch die Speicherung im Gehirn nicht normal funktioniert. Deshalb ist es häufig so, dass man sich nicht an den Ablauf der Situation erinnern kann, sondern nur an Bruchstücke oder Einzelheiten. Aber das, woran man sich erinnert, scheint im Hier und Jetzt stattzufinden, es ist also nicht so, dass man sagen kann „ich erinnere mich daran, Angst gehabt zu haben", sondern die Angst ist im Hier und Jetzt da.

Dann gibt es noch eine weitere Besonderheit. Die traumatische Situation wird ja als Bedrohung erlebt, und es ist für unser Überleben wichtig, Bedrohungen in Zukunft frühzeitig zu erkennen, um darauf reagieren zu können. Deshalb lernt das Gehirn in einer solchen Situation besonders schnell. Lernen heißt in diesem Fall, bei ähnlichen Situationen eine „Alarmreaktion" auszulösen.

Meist eignet sich die Schrank-Metapher, um nochmals das Vorgehen der Therapie zu erläutern:

Das Traumagedächtnis ist wie ein Schrank, in den man alles einfach so hineingeworfen hat. Das Problem ist, dass man jetzt nur in die Nähe kommen muss, und die Tür springt auf und alles, was in dem Schrank ist, fällt heraus. Die Aufgabe in der Therapie ist, den Schrank aufzuräumen. Das bedeutet, jedes Teil in die Hand zu nehmen, anzuschauen und einzuordnen. Dann wird der Schrank da weiterhin stehen, mit seinem ganzen Inhalt, aber der Inhalt fällt einem nicht mehr bei jeder Gelegenheit vor die Füße.

Die Verallgemeinerung der Angst kann folgendermaßen erklärt werden:

Man kann sich das so vorstellen wie bei einem Pferd, das von einem Hund angegriffen wurde. Das Pferd wird jetzt immer nervös, wenn es einen Hund sieht. Das ist sicher verständlich (wenn auch nicht gut). Aber es kann auch passieren, dass das Pferd an der bestimmten Kreuzung, an der das passiert ist, nicht mehr vorbeigeht. Dabei hatte die Kreuzung gar nichts mit dem Hund zu tun, der Angriff hätte überall passieren können. Und so ähnlich funktioniert auch das menschliche Gehirn. Reize, die in der traumatischen Situation da waren, werden als gefährlich gelernt, egal, ob sie etwas mit dem Trauma zu tun hatten oder nicht. Das ist der Grund, warum Intrusionen (so nennen wir die ungewollten Bilder) oft „wie aus heiterem Himmel" kommen. Wir werden in der Therapie daran arbeiten, das traumatische Erlebnis so gut wie möglich in das „normale" Gedächtnis zu überführen. Das funktioniert, indem man dem Erlebnis sozusagen eine Geschichte gibt, es funktioniert über Sprache. Deshalb wird es im Verlauf der Therapie nötig sein, dass Sie das Ereignis komplett aufschreiben. Sie sehen also: dass Sie immer wieder diese Bilder sehen, lässt sich gut erklären.

Haben Sie noch Fragen hierzu, oder ist Ihnen klar, wie sich das Traumagedächtnis vom normalen Gedächtnis unterscheidet?

Eine alternative (neurophysiologische) Erklärung könnte folgendermaßen aussehen: Es handelt sich um eine sehr vereinfachte Darstellung der Vorgänge im Gehirn, aber sie hilft, die Reaktionen während eines Traumas zu verstehen.

Die Amygdala ist ein alter Teil des Gehirns. Hier werden die Reize, die „ankommen", einer ersten Bewertung unterzogen. Im Falle einer akuten Bedrohung (man stelle sich einen Höhlenmenschen vor, der einen Säbelzahntiger gesehen hat) hat die Amygdala die Fähigkeit, die normalen Verschaltungen in den Kortex zu kappen und direkt eine Alarmreaktion auszulösen. Die dann folgende Reaktion (beim Säbelzahntiger wohl Flucht, aber auch Kampf oder, wenn beides nicht geht, Totstellen) wird über die impliziten Gedächtnisse gesteuert (die nicht zeitlich strukturiert sind, sondern die das Wissen darüber beinhalten „wie man etwas macht", also automatisierte Handlungen). So wird kostbare Zeit gespart, weil der Säbelzahntiger nicht erst bewusst wahrgenommen werden muss („Hm, das könnte ein Säbelzahntiger sein. Ob der schon gegessen hat? Vielleicht sollte ich besser weglaufen ..."), sondern man reagiert sofort. Es ist vielleicht vergleichbar mit der folgenden Situation: Man fährt Fahrrad und vor einem geht eine Autotür auf. Man bremst, weicht aus und begreift erst danach, dass da eine Autotür aufgeht – das implizite Gedächtnis hat also schon reagiert, bevor die bewusste Einsicht kam. (Und während man die Tür umfährt, stellt man fest, dass die Stressreaktion körperlich fühlbar eingesetzt hat – Herzklopfen, mulmiges Gefühl im Bauch, etc.). Das ist natürlich keine traumatische Situation, sie soll deutlich machen, dass wir manchmal, dank der Amygdala und der impliziten Gedächtnisse, schneller handeln als denken können. Daraus folgt allerdings auch, dass wir keine Möglichkeit haben, das Verhalten in dieser Situation bewusst zu steuern, also anders zu reagieren (nicht zu bremsen). Wir haben also festgestellt, dass in einer bedrohlichen Situation vor allem das implizite Gedächtnis aktiv wird.

In einer kurzen „Mini-Bedrohung" wie der Fahrradgeschichte ist das kein Problem, das explizite Gedächtnis ist weiterhin beteiligt und man kann die Geschichte erzählen („Stell dir vor, schon wieder so ein Idiot ..."). Bei einer länger andauernden und schwereren Bedrohung, wie sie ein Trauma darstellt, können die Verbindungen zum expliziten Gedächtnis über eine gewisse Zeit ganz gekappt werden. Das führt dazu, dass das Geschehen während des Traumas nicht in das explizite, episodische (und sprachliche) Gedächtnis gebracht wird, wo es einen Kontext, eine Geschichte, ein vorher-nachher bekommt und sprachlich ausdrückbar wird, sondern in Form von Einzelwahrnehmungen, Bildern, Gerüchen, Geräuschen, kurzen Szenen gespeichert bleibt. Diese Erinnerungen haben keinen Kontext von „dort und damals", sondern man erlebt sie im „Hier und Jetzt". Und weil die „Hemmung" von Erinnerungen über das explizite Gedächtnis funktioniert, werden diese unverarbeiteten Erinnerungen auch besonders leicht abgerufen. Wie ist das bei Ihnen? Haben Sie solche ungewollten Erinnerungen? Was sehen/hören/fühlen Sie dann?

Die zweite Art von Symptomen lässt sich als Vermeidung zusammenfassen. Viele Menschen vermeiden, sich an den Ort zu begeben, an dem das Trauma passiert ist, oder auch ähnliche Orte. Oder bestimmte Fernsehsendungen, das Zeitunglesen, die Nachrichten. Vielleicht gibt es bestimmte Gerüche oder Geräusche oder Anblicke, die Sie vermeiden oder denen Sie ausweichen. Wie ist das bei Ihnen? Sie haben mir ja erzählt, dass ... Vermeiden Sie noch auf andere Weise?

Wenn Sie sagen, dass Sie nicht mehr ..., dann tun Sie das ja mit Absicht. Aber es gibt auch Arten von Vermeidung, die man nicht bewusst macht. Es kann zum Beispiel sein, dass Menschen sich wie taub fühlen, also vermeiden, die starken Gefühle zu spüren, die durch das Trauma entstanden sind. Das macht man meist nicht mit Absicht, dieses taube Gefühl kann sogar unangenehm sein. Kennen Sie das?

Manche Menschen können sich an das Ereignis oder Teile des Ereignisses nicht erinnern. Das kann auch eine Art von Vermeidung sein, man schützt sich vor der Erinnerung, es kann aber auch mit dem Traumagedächtnis selbst zu tun haben. In einer traumatischen Situation ist die Speicherung ja verändert und es kann passieren, dass bestimmte Teile nicht gespeichert wurden. (So, wie man auch durch zu viel Alkohol einen „Filmriss" haben kann, auch wenn das eine ganz andere Einwirkung ist.)

In der Therapie ist Vermeidung oft ein Problem. Sie kann sich nämlich auch darin äußern, verabredete Übungsaufgaben nicht zu machen, oder zu spät oder gar nicht zu den Sitzungen zu kommen. Es ist also wichtig, dass Sie diese Tendenz bei sich erkennen und das, was Sie gerne vermeiden würden, trotzdem tun. Ein Teil meiner Aufgabe als Therapeutin ist es, Sie am Vermeiden zu hindern.

Thema Vermeidung

Hier ist es wichtig, auf die verschiedenen Arten der Vermeidung einzugehen – man kann Aktivitäten, Orte, Menschen, Gedanken, Themen vermeiden. Dazu kommen die „unabsichtlichen" Vermeidungsformen wie emotionale Taubheit, Interesseverlust und Strategien wie Drogen und Alkohol oder sich in Arbeit zu stürzen, um immer beschäftigt und daher abgelenkt zu sein.

Viele Patienten leiden stark unter der emotionalen Taubheit, die ihrerseits wieder negative Reaktionen verursachen kann. Hier lohnt sich eine (eventuell wiederholte) Psychoedukation darüber, dass diese Erscheinung zur PTBS-Symptomatik gehört.

Thema Übererregung

Die Symptome der Übererregung können folgendermaßen thematisiert werden:

Die dritte Art von Symptomen ist die Übererregung. Viele Menschen haben Probleme, ein- oder durchzuschlafen, oder leiden unter erhöhter Reizbarkeit, Wutausbrüchen, Konzentrationsproblemen, dem Gefühl, immer vorsichtig sein und aufpassen zu müssen, selbst wenn es eigentlich keinen Grund gibt. Häufig treten auch starke körperliche Reaktionen auf, wenn sie an das Trauma erinnert werden. Kennen Sie einige dieser Symptome? Welche?

4.1.3 Psychoedukation – Aufrechterhaltende Prozesse

Anschließend wird das Arbeitsblatt 1.2 (vgl. Abb. 2) vorgelegt, um zu erklären, wie die Traumasymptomatik aufrechterhalten wird. Das Arbeitsblatt eignet sich, um zunächst die Verbindung zu den gerade besprochenen Zusammenhängen herzustellen:

Das Trauma verursacht durch die Eigenarten des Traumagedächtnisses zusammen mit Auslösern Intrusionen, und löst „natürliche" Gefühle von Angst, Panik, Ärger usw. aus. Diese beiden Kästchen sind deshalb fett umrandet. Diese sind also natürliche Folgen des Traumas. Jetzt kommen aber andere Faktoren hinzu. Es gibt Dinge, die verhindern, dass Menschen ein Trauma verarbeiten, Punkte, an denen sie sozusagen stecken bleiben oder hängen bleiben. Wir nennen diese Punkte „Hängepunkte".

Beispiele für Gedanken, an denen man hängen bleiben kann, sind Gedanken über das Trauma und über dessen Folgen. Oder auch die Sorge, Gefühle nicht auszuhalten, die mit dem Ereignis verbunden sind. Oder das Umfeld hat mit Unverständnis oder Vorwürfen reagiert und daher werden Kontakte vermieden. So entsteht aus „normalen" Reaktionen auf ein traumatisches Ereignis eine PTBS.

Aktuelle Belastungsfaktoren können mit angesprochen werden (z. B. wenn jemand durch kurz vorher eingetretene Arbeitslosigkeit, oder die Pflege eines Angehörigen bereits belastet ist), sie sind aber der Übersichtlichkeit halber nicht mit aufgeführt.

Thema Kognition

Wie Sie sehen, ist der Kasten mit den Gedanken in der Mitte des Blattes. Denn alle drei Hauptsymptome haben mit dem Denken zu tun. Die Vermeidung kann zum Beispiel damit zu tun haben, dass Sie denken „Es ist gefährlich, wenn ich …" oder „Andere werden so und so reagieren …" Die Übererregung hat einerseits ihre Gründe im Wiedererleben, das den Hier-und-Jetzt-Charakter hat und somit auch immer wieder Angst und Erregung verursacht. Aber auch das Wiedererleben selbst hat mit Gedanken zu tun, nämlich mit dem Versuch, nicht an das Ereignis zu denken.

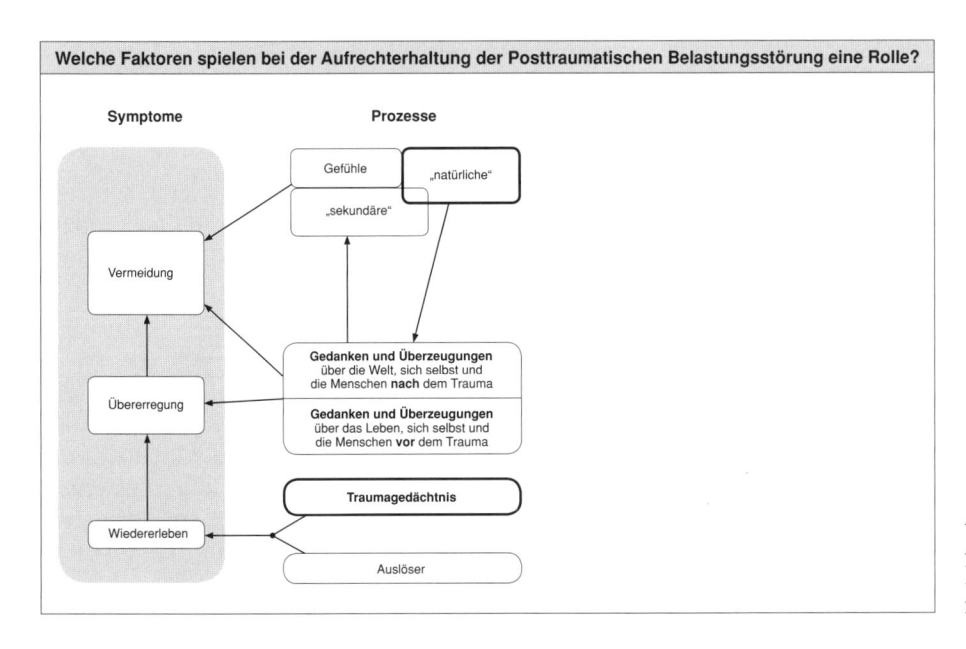

Abbildung 2: Arbeitsblatt 1.2 – Kognitive und emotionale Prozesse

Zur Veranschaulichung kann folgendes *Gedankenexperiment* durchgeführt werden:

> Es ist nämlich so, dass Gedanken, die wir nicht haben wollen, erst recht kommen. Ich würde dazu gern ein kleines Experiment mit Ihnen machen. Und zwar möchte ich Sie bitten, dass Sie für eine Minute ganz gemütlich hier sitzen und denken, an was Sie wollen. Es ist aber ganz wichtig, dass Sie in dieser Minute auf gar keinen Fall an eine grüne Giraffe denken. Und, wie hat das geklappt?

Meist braucht man gar nicht eine ganze Minute abwarten: Viele Patienten fangen sofort nach der Anleitung schon an zu lachen und berichten, dass auf der Stelle eine grüne Giraffe vor ihrem inneren Auge erschienen ist.

„Überzeugungen" können im Anschluss folgendermaßen angesprochen werden:

> Aber es sind nicht nur die Gedanken wichtig, die einem gerade so durch den Kopf gehen. Sie sehen, dass hier in der unteren Hälfte des Kastens etwas von „Überzeugungen" steht. Ich will Ihnen kurz erklären, was damit gemeint ist. In der Kindheit und Jugend haben Sie angefangen, die Welt in Kategorien oder Überzeugungen zu ordnen. Zum Beispiel lernen kleine Kinder irgendwann, dass etwas, das vier Beine hat, nicht sprechen kann und braun ist, ein „Wauwau" ist. Oft nennen sie dann erstmal auch Katzen „Wauwau", aber irgendwann lernen Kinder nicht nur, dass „Katzen" und „Hunde" unterschiedliche Tiere sind, sondern sie verfeinern auch die Kategorien in „Schäferhund", „Dackel", „Pudel" und so weiter. Mit Gedanken und Überzeugungen ist das ähnlich – auch hier entwickeln wir im Lauf des Lebens immer feinere Kategorien. Solche Kategorien zu haben, ist sehr praktisch, es erspart uns viel Zeit. Wir können das, was uns passiert, meist einfach in die bestehenden Kategorien einordnen.

> Und genauso haben wir Überzeugungen über das Leben im Allgemeinen, über Ereignisse. Die funktionieren ganz ähnlich. Zum Beispiel ist es in Filmen und Büchern häufig so, dass die Bösen am Ende bestraft werden und die Guten belohnt. Wenn man das ganz häufig erfährt oder mitbekommt, entwickelt man häufig die Überzeugung, dass guten Menschen Gutes widerfährt und bösen Menschen Schlechtes.

> Das ist der sogenannte „Glaube an eine gerechte Welt". Was haben Sie über … geglaubt, bevor es Ihnen passiert ist?

Wenn Patienten angeben, sie hätten sich noch nie darüber Gedanken gemacht (und je nach Trauma), kann man erklären, dass es keine verfügbare Kategorie gab, um das Ereignis einzuordnen.

> Ein Trauma ist ein so bedrohliches Ereignis, dass nicht nur das Denken und Handeln in dem Moment anders funktioniert, sondern es kann auch die Überzeugungen über die Welt und die Menschen durcheinander bringen. Es gibt aber Überzeugungen, die einem das Leben schwer machen, deshalb werden wir uns viel mit Ihren Gedanken beschäftigen.

> Nächste Stunde werde ich Ihnen noch ein weiteres Blatt zum Thema Gedanken geben.

Thema Gefühle

> Sie sehen hier, dass Gefühle gleichfalls eine Rolle bei der Aufrechterhaltung des Traumas spielen. Dabei unterscheiden wir zwischen den „natürlichen" und den „gemachten" Gefühlen. Die „natürlichen" Gefühle sind die, die direkt aus dem Trauma folgen, Trauer über einen Verlust oder Angst vor einem Täter zum Beispiel. Dann gibt es noch die „gemachten" Gefühle. Die stammen eher von den Gedanken über das Trauma. Zum Beispiel, wenn Sie sich selbst die Schuld geben, dann kommen die Schuldgefühle von Ihren Gedanken her. „Natürliche" und „gemachte" Gefühle sind nicht immer leicht zu unterscheiden, daher überlappen sich auch die Kästchen.

Der Vergleich mit einem Feuer ist eine sehr anschauliche Hilfe, um natürliche und sekundäre Gefühle zu unterscheiden. Diese Metapher stammt von Resick (2010b).

> Natürliche Gefühle kann man sich ein bisschen vorstellen wie ein Feuer. Stellen Sie sich ein Feuer vor, das in Ihrem Kamin lichterloh brennt. Was passiert, wenn Sie gar nichts tun? – Es brennt herunter. Vielleicht dauert es eine Weile, aber irgendwann, wenn Sie einfach abwarten und es nicht schüren und kein Holz nachlegen, brennt es aus. So ähnlich ist das

> mit den natürlichen Gefühlen. Es steckt ganz viel Energie darin, aber sie haben einen natürlichen Verlauf, indem sie weniger werden. (Verschiedene Gefühle haben meist unterschiedlich schnelle Verläufe.)
>
> Die gemachten Gefühle sind ein bisschen anders. Die sind deutlich stabiler. Es ist, als ob die Gedanken und Überzeugungen das Brennholz wären, das man nachlegt.

4.1.4 Therapierational und Ziele

Auf dem Arbeitsblatt 1.3 (vgl. Abb. 3) finden sich die beiden letzten Grafiken in einer etwas verkürzten Form, sowie die „Angriffspunkte" der therapeutischen Interventionen. Anhand dieser Darstellung können die Inhalte der Therapie plausibel gemacht werden.

Vermeidung in der Therapie

> Es ist ganz wichtig, dass Sie lernen, nicht zu vermeiden. Vermeidung ist eine ganz natürliche und in vielen Kontexten auch sinnvolle Strategie. Zum Beispiel ist es nur gut, wenn man einmal auf eine heiße Herdplatte gefasst hat, das in Zukunft zu lassen. Es kann auch sein, dass es Situationen gibt, in denen es besser ist, Gefühle zu vermeiden. So kommt es vor, dass sich Menschen während einer traumatischen Situation taub oder weit weg vom Geschehen erleben. Das ist ein Schutzmechanismus des Gehirns. Problematisch wird es, wenn man die Vermeidung aufrechterhält, also auch weiterhin, wenn man in Sicherheit ist, die Gefühle und Erinnerungen an das Trauma vermeidet. Dann muss man immer mehr und mehr Energie aufbringen, um die Vermeidung aufrechtzuerhalten. Und oft hat Vermeidungsverhalten eine Tendenz, sich auszubreiten. Das Problem ist, dass sich das anfangs selbstverständlich anfühlt, als ob man damit eine Gefahr vermeidet, aber in Wirklichkeit ist das so, wie wenn jemand sich an einer Herdplatte verbrannt hat und sie zunächst auch dann nicht anfasst, wenn er weiß, dass der Herd aus und abgekühlt ist. Und dann gar nicht mehr nah an den Herd herangeht. Und schließlich die Küche nicht mehr betritt. Spätestens jetzt hat derjenige ein Problem und ist in seinem Leben ziemlich eingeschränkt.
>
> Deshalb werden wir in der Therapie das Trauma genau anschauen. In einigen Stunden werde ich Sie bitten, einen schriftlichen Bericht über das Trauma zu verfassen. Das ist schwierig und anstrengend, und es werden sicher viele Gefühle hochkommen. Aber es ist ein Teil der Therapie, diese Gefühle zu fühlen. Das klingt jetzt sehr schwierig, aber wenn man die Vermeidung angeht, wird es immer leichter. Die schlimmen Gefühle werden immer besser auszuhalten.

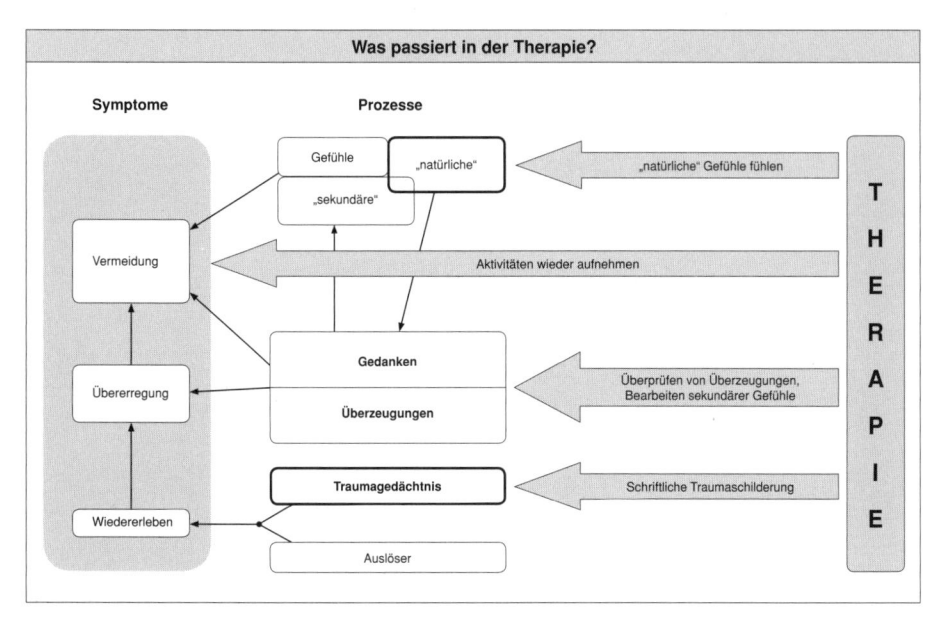

Abbildung 3: Arbeitsblatt 1.3 – Therapierational

4.1.5 Überblick über die Behandlung

Es werden einige Informationen über die Struktur und das Vorgehen in der Therapie, die Therapieform und die Bedeutung von Übungsaufgaben gegeben.

> Es handelt sich bei dieser Therapie um ein sehr strukturiertes Vorgehen, bei dem bestimmte Themen in einer bestimmten Reihenfolge bearbeitet werden. Die Therapie wurde in den 1980ern in den USA entwickelt und seitdem überprüft und weiterentwickelt. Aus den USA liegen viele Studien vor, in denen belegt wurde, dass diese Therapie sehr erfolgreich ist. Für Deutschland wurde das Programm leicht verändert, ist aber eng an die Originalversion angelehnt. Es wird viele Arbeitsblätter geben und jede Stunde Übungsaufgaben, die Sie zu Hause bearbeiten. Der Grund dafür ist ganz einfach: Sie sollen hier lernen, auf eine neue Weise zu denken. Das braucht Übung. Und eine Woche hat 168 Stunden, von denen Sie nur eine (bzw. zwei) hier sind. Das reicht nicht. Es ist wichtig, dass Sie die Übungsaufgaben auch wirklich machen, weil wir jede Stunde einen Schritt weitergehen. Am besten ist es, wenn Sie sich einen Ordner oder Schnellhefter für Ihre Arbeitsblätter zulegen. Dann haben Sie Ihre Unterlagen immer beisammen und verlieren besonders die Arbeitsblätter nicht, die über einen längeren Zeitraum gebraucht werden.

In diesem Zusammenhang wird der Therapievertrag (vgl. Arbeitsblatt 1.4) durchgegangen und unterschrieben. Bei Zeitproblemen kann dieser auch mit nach Hause gegeben werden, auftauchende Fragen können in der nächsten Stunde geklärt werden.

4.1.6 Ziele und Ressourcen – Erste Aufgabe

Das Arbeitsblatt 1.5 ist die erste schriftliche Hausaufgabe. Die Patienten sollen auflisten, was sie für sich in der Therapie erreichen wollen (und zwar idealerweise positiv formuliert), und welche Ressourcen (das können andere Personen, eigene Eigenschaften, oder sonstige Ressourcen sein) ihnen beim Erreichen dieser Ziele helfen werden.

Wenn die Komponente „Aktivitäten und Kontakte" nicht durchgeführt werden soll, wird auch das Arbeitsblatt nicht verteilt. In diesem Fall sollen die Patienten lediglich die Psychoedukation zu Hause wiederholen.

Hinweis: Eigene Erfahrungen

Obwohl die oben beschriebene Erklärung mit Amygdala und Hippokampus durch ihre Komplexität nicht für alle Patienten geeignet ist, hat es sich bei manchen als guter Start für die Zusammenarbeit herausgestellt, die PTBS-Symptomatik neurophysiologisch zu erklären. Erstens kann man damit Patienten vermitteln, dass es „handfeste" Gründe für ihre Symptome gibt (im Unterschied zu „Sich-hängen-Lassen" oder psychischer Labilität). Zweitens ist die neuropsychologische Forschung momentan recht stark im Bewusstsein der Öffentlichkeit vertreten, und so finden es manche Patienten schlicht spannend, ein bisschen von dem, was da vorgeht, verstehen zu können.

4.2 Zweite Sitzung – Ziele und Hängepunkte

Überblick
1. Einstieg und Agenda setzen 2. Ziele und Ressourcen 　• Sind die Ziele gut formuliert? 　• Sind die Ziele realistisch? 　• Wurden Ressourcen angegeben? 3. Einführung des Bereichs „Aktivitäten und Kontakte" (vgl. Arbeitsblatt 2.1) 4. Hängepunkte und die Hängepunkte-Liste 　• Erläuterung von Hängepunkten (vgl. Arbeitsblatt 2.2) 　　– Über-Akkommodation 　　– Assimilation 　　– Vorbestehende Überzeugungen 　　– Wie sehen Hängepunkte aus (kurz, prägnant, meist allgemein, oft auch in Wenn-dann-Form) 　• Einführung der Hängepunkte-Liste (vgl. Arbeitsblatt 2.3) 5. Ersten Bericht über die Auswirkungen des Traumas aufgeben (vgl. Arbeitsblatt 2.4) 　• Handschriftlich 　• Länge etwa eine Seite 　• Keine Traumaschilderung, sondern Gedanken über das Trauma und die Folgen
Materialien (vgl. CD-ROM)
• Arbeitsblatt 2.1 Aktivitäten und Kontakte • Arbeitsblatt 2.2 Hängepunkte – Was ist das? • Arbeitsblatt 2.3 Hängepunkte-Liste • Arbeitsblatt 2.4 Bericht über die Auswirkungen des Traumas

4.2.1 Einstieg

Die Übungsaufgabe bestand ja zum Teil in einer Auseinandersetzung mit dem in der letzten Stunde Besprochenen. Die Patienten bekommen hier die Gelegenheit, eventuell aufgetretene Fragen zu stellen.

4.2.2 Ziele und Ressourcen

Zunächst wird das zu Hause bearbeitete Arbeitsblatt 1.5 „Ziele und Ressourcen" besprochen. Häufig wird dabei in den Zielen und Wünschen für die Therapie der Leidensdruck erst ganz ersichtlich. Es geht darum, Therapieziele zu entwickeln, die realistisch, möglichst motivierend und lohnend und auch im Rahmen dieser Kurzzeittherapie erreichbar sind. Eine positive, konkrete Formulierung („allein schlafen können") schafft Motivation, das Risiko der Therapie einzugehen und die damit verbundenen Anstrengungen auf sich zu nehmen. Es kommt vor, dass Patienten neben der Bearbeitung der Traumasymptomatik noch andere Ziele haben, die sich z. B. auf Beziehungsprobleme oder Arbeitsstress beziehen. Dann ist es wichtig, zwischen Arbeits- und Beziehungsproblemen zu trennen, die mit dem Trauma in Zusammenhang stehen, und anderen, die evtl. auch schon vorher bestanden haben. Idealerweise lässt sich das Übereinkommen erreichen, zunächst die Traumasymptome zu bearbeiten und sich in einer späteren Therapiephase auf die anderen Themen zu konzentrieren (siehe auch S. 30 f.). Gleichzeitig sollte nicht allzu viel Zeit auf die Ziele verwendet werden. Das Arbeitsblatt ist in der ursprünglichen CPT nicht enthalten, die Therapie ist auch ohne dieses Blatt wirksam. Es dient dazu, einen Eindruck zu erhalten, worunter der Patient am meisten leidet, und bietet oft einen Einstieg in die Planung des Bereichs „Aktivitäten und Kontakte". Daher können einzelne unkonkrete Formulierungen wie „wieder Boden unter den Füßen haben“ auch stehen bleiben.

Da die Angaben auf dem Blatt meist in Stichpunkten sind, empfiehlt es sich oft, nachzufragen, was „genau“ mit einem Ziel gemeint ist, woran man merken würde, dass dieses Ziel erreicht wird. Bei einer Fülle von Zielen kann es sinnvoll sein, diese zu strukturieren und Ähnliches zusammenfassen. Beispiele für ausgefüllte Arbeitsblätter finden sich in Abbildung 4. Man sieht hier gut, wie sich häufig positiv und negativ formulierte Ziele mischen und dass oft auch unrealistische Wünsche aufgeschrieben werden. Das Blatt auf der linken Seite stammt von einer Patientin, die vergewaltigt worden war, das auf der rechten von einem Mann, der zusammengeschlagen wurde.

Das Arbeitsblatt sollte vom Therapeuten aufgehoben werden, um am Ende der Therapie sehen zu können, inwieweit die Ziele erreicht werden konnten. Im Folgenden sind einige Schwierigkeiten aufgeführt, und wie damit umgegangen werden kann.

Ziele sind ausschließlich negativ formuliert

Wenn Patienten Schwierigkeiten haben, eine positiv formulierte Vorstellung von Zielen zu entwickeln (also z. B. nur sagen „die Symptome sollen aufhören“), lohnt es sich nachzufragen, um eine positive Formulierung zu erreichen („Wenn die Intrusionen weg sind, was wird dann wieder möglich sein? Wenn Sie wieder schlafen können, wie wirkt sich das auf Ihren Tagesablauf aus?“ etc.) Damit Patienten sich auf den anstrengenden Weg der Therapie einlassen können, brauchen sie eine klare Vorstellung davon, wo es hingehen soll. Oft können negativ formulierte Ziele in Sätze nach dem Muster „wieder … können“ umgeformt werden.

Wunsch nach Ungeschehenmachen

Oft kommen Patienten mit dem Wunsch in die Therapie, das Trauma „wegzumachen“. Es ist wichtig, diesen Patienten zu vermitteln, dass das

Ziele und Ressourcen

Bitte machen Sie sich bis zur nächsten Stunde Gedanken darüber, was Sie hier in der Therapie für sich erreichen wollen. Unter „Dabei hilft mir“ können Sie alles auflisten, was Sie beim Erreichen Ihrer Ziele unterstützen könnte: Das können Eigenschaften oder Fähigkeiten sein, die Sie selbst haben, das können andere Menschen sein, die Ihnen nahe stehen, Dinge, die Sie gern tun, an denen Sie Freude haben, die Ihnen gut tun …

In der Therapie möchte ich erreichen:

- allein schlafen können
- nicht mehr so viel Angst
- nicht jeden Tag, den ganzen Tag an das Ereignis denken
- meine alten Einstellungen/Ziele bekommen (beruflich/privat)
- die körperlichen Beschwerden, die „aufgrund des Ereignisses“ kamen, zu minimieren (Kopfschmerzen)
- keine Panikattacken mehr
- das Ereignis zu akzeptieren
- Dinge, die ich vermeide wegen Erinnerung wieder tun können (Dunkelheit, Intimitäten mit Partner)

Dabei hilft mir:

- Eltern, Freunde
- Partner
- Sport
- Zeit für mich

Ziele und Ressourcen

Bitte machen Sie sich bis zur nächsten Stunde Gedanken darüber, was Sie hier in der Therapie für sich erreichen wollen. Unter „Dabei hilft mir“ können Sie alles auflisten, was Sie beim Erreichen Ihrer Ziele unterstützen könnte: Das können Eigenschaften oder Fähigkeiten sein, die Sie selbst haben, das können andere Menschen sein, die Ihnen nahe stehen, Dinge, die Sie gern tun, an denen Sie Freude haben, die Ihnen gut tun …

In der Therapie möchte ich erreichen:

- die Erinnerung an das Ereignis streichen
- allein U-Bahn fahren können
- wieder im Dunkeln auf die Straße gehen können
- keine Alpträume mehr

Dabei hilft mir:

- meine Freunde
- meine Eltern

Abbildung 4: Beispiele für ausgefüllte „Ziele und Ressourcen“-Arbeitsblätter

Geschehene nicht ungeschehen gemacht werden kann und dass das Ereignis jetzt zum eigenen Leben gehört. Außerdem zeigt die Erfahrung, dass eine Besserung erst durch eine vertiefte Auseinandersetzung mit dem Trauma ermöglicht wird („Bei der Angst ist es wie bei der Trauer: Es gibt keinen Weg dran vorbei, es gibt nur den Weg durch."). Auch die Schrank-Metapher, die bereits im letzten Kapitel (vgl. S. 61) erläutert wurde, ist ein gutes Bild, um das Vorgehen nochmals zu verdeutlichen.

Keine Ressourcen angegeben

Die Frage nach den Ressourcen dient vor allem dazu, dass den Patienten selbst klar wird, dass sie Fähigkeiten, Beziehungen oder sonstige Umstände mitbringen, auf die sie sich schon in früheren Situationen verlassen konnten und die ihnen bei der Therapie helfen werden. In den allermeisten Fällen erfordert dieser Teil des Arbeitsblattes nicht mehr als die Rückmeldung, dass man ihn gelesen hat.

Es gibt allerdings Patienten, deren Selbst- und Weltbild so beeinträchtigt ist, dass es ihnen schwer fällt, Ressourcen anzugeben. Wenn dies der Fall ist, kann man nachfragen, welche der eigenen Eigenschaften es möglich gemacht haben, sich um einen Therapieplatz zu kümmern, weiterhin beruflich zu funktionieren etc. Auch kann es hilfreich sein, nach Einschätzungen von anderen zu fragen. „Wenn ich ... fragen würde, welche Ihrer Eigenschaften Ihnen helfen werden – was würde er/sie sagen?"

Negative „Ressourcen" angegeben

Es kann auch passieren, dass Patienten angeben, dass Alkohol, Zigaretten, Tabletten etc. ihnen helfen. Dann ist es wichtig, zu besprechen, dass diese Möglichkeiten zwar kurzfristig beruhigen, aber letztlich die Probleme vergrößern: Erstens, weil es sich dabei um Vermeidungsverhalten handelt (Gefühle werden „weggemacht" und so vermieden) und zweitens, weil diese Verhaltensweisen wiederum selbst zu Problemen führen.

Ganz wichtig dabei ist: Es geht nicht darum, der Patientin etwas vorzuwerfen. Meistens handelt es sich bei „Selbstmedikation" um den Versuch, die Symptome in den Griff zu bekommen. Das kann man auch so benennen, dies ändert aber nichts daran, dass solche Strategien eher noch zu mehr Problemen führen. Die hier angeführten Überlegungen gelten für Patienten, die gelegentlich zu potenziell selbstschädigenden Strategien greifen. Wenn diese Strategien als primäre Störung anzusehen sind, muss man sich die Frage stellen, ob eine vorrangige Behandlung z. B. der Abhängigkeits- oder Essstörung notwendig ist, bevor die Traumasymptomatik in Angriff genommen wird (siehe auch Kapitel 3.1.1).

4.2.3 Einführung des Bereichs „Aktivitäten und Kontakte"

Im Anschluss an eine Besprechung der Ziele wird das Arbeitsblatt 2.1 „Aktivitäten und Kontakte" eingeführt. Dabei lässt sich im Normalfall direkt an die von den Patienten formulierten Ziele anknüpfen, da meist ein Teil der Ziele darin besteht, etwas wieder tun zu können.

Es ist wichtig, dass die Patienten wirklich verstehen, dass und warum Verhaltensaufgaben im Alltag ab dieser Sitzung zur Therapie gehören. Hier kann auch nochmals auf die Psychoedukation in der letzten Sitzung bezüglich Vermeidung eingegangen und darauf hingewiesen werden, dass die Therapie „auf allen Ebenen" angreift.

Falls die CPT ohne behaviorale Elemente durchgeführt werden soll, fällt dieser Punkt natürlich weg.

4.2.4 Hängepunkte und die Hängepunkte-Liste

Als nächstes geht es darum, das Konzept der Hängepunkte einzuführen, das für den ganzen weiteren Therapieverlauf wichtig ist. Dazu dient das Arbeitsblatt 2.2 (vgl. Abb. 5). Das Arbeitsblatt ist in „Spalten" organisiert und illustriert in der linken Spalte Über-Akkommodation, in der mittleren Assimilation und in der rechten Spalte vorher bestehende negative Überzeugungen. Natürlich lassen sich die Beispiele, in denen es um die Gefährlichkeit der Welt geht, durch individuelle Überzeugungen des Patienten ergänzen.

> Ein wichtiges Ziel der Therapie ist, Ihnen zu helfen, das, was Sie sich selbst sagen zu bemerken und es verändern zu können – in anderen Worten, Ihre Gedanken und Interpretationen über das Trauma, die sich schon automatisiert

Abbildung 5: Arbeitsblatt 2.2 „Hängepunkte" und Arbeitsblatt 2.3 „Hängepunkte-Liste"

haben. Wir haben in der letzten Stunde schon über Überzeugungen gesprochen. Wir hatten auch kurz erwähnt, dass das Trauma die vorher bestehenden Überzeugungen beeinflusst und oft durcheinander bringt. Wenn das passiert, kann das Trauma nicht verarbeitet werden. (Das passt auch zu dem, was ich Ihnen über das Traumagedächtnis erzählt habe. Das explizite, sprachliche Gedächtnis ist nach Kategorien sortiert – und wenn das Trauma dort nicht hineinpasst, kann es nicht richtig gespeichert werden.) Jetzt gibt es verschiedene Möglichkeiten, wie ein traumatisches Ereignis auf die bereits vorher bestehenden Überzeugungen einwirken kann.

Eine alternative Einführung in das Thema von Resick (2010a) ist im Kapitel 3.3.2 zu finden.

Beschreibung verschiedener Arten von Hängepunkten

Anhand des Arbeitsblatts 2.2 können die verschiedenen Arten von Hängepunkten verdeutlicht werden.

In den allermeisten Fällen widersprechen traumatische Ereignisse unseren Überzeugungen über die Welt. Die Forschung hat gezeigt, dass die meisten von uns zwar „wissen", dass uns selbst, wie allen anderen auch, praktisch jederzeit etwas Schlimmes passieren kann, und dass wir trotzdem irgendwie davon überzeugt sind, sicher zu sein. Wenn jetzt ein Ereignis eintritt, das mit dieser Sicherheitsüberzeugung nicht zusammenpasst, passiert es manchmal, dass Menschen ihre Überzeugungen komplett umkehren.

Auf dem Blatt ist das durch das Männchen auf der linken Seite dargestellt. *(Die linke Spalte illustriert also die Über-Akkommodation.)*

Wenn das Ereignis den vorherigen Überzeugungen widerspricht, kann es aber auch sein, dass man das Ereignis verzerrt, damit es irgendwie in die eigene Weltsicht passt. Das widerspricht aber der Erinnerung, man braucht also ziemlich viel Kraft, um die Erinnerung zu unterdrücken, und häufig folgen Schuldgefühle daraus. Oder man fängt an, das Ereignis herunterzuspielen nach dem Motto: „Es war gar nicht so schlimm, warum stelle ich mich eigentlich so an". Wenn man sich an große Teile des Ereignisses nicht erinnern kann, oder ein Gefühl von Taubheit hat, kann das ein Anzeichen für ein solches Verzerren sein. Ein Beispiel ist auch das Männchen in der Mitte auf dem Arbeitsblatt. Es hat die Überzeugung, dass die Welt gerecht ist und schlimme Dinge nur schlechten Menschen passieren. Anstatt diese Überzeugung zu verändern, gibt es sich selbst die Schuld. *(Hier wird Assimilation dargestellt.)*

Es kann auch sein, dass das Ereignis „zu gut" zu den vorherigen Überzeugungen passt, diese also zu bestätigen scheint. Oft ist dann vorher schon eines von den anderen beiden Beispielen passiert. In diesem Fall kann es sein, dass sehr extreme Überzeugungen dabei herauskommen. Das ist wiederum nicht gut, weil man dadurch die Realität sehr verzerrt wahrnimmt. Diese Überzeugungen können so automatisiert sein, dass Sie gar nicht mehr merken, dass Sie sie haben. Aber auch, wenn wir es nicht merken, beeinflusst das, was wir uns selbst sagen, unsere Stimmung. *(Dieser Fall illustriert vorher bestehende negative Überzeugungen.)*

Wir werden daran arbeiten, Ihre automatischen Gedanken herauszufinden und aufzeigen, wie sie Ihre Gefühle beeinflussen. Und dann werden Sie lernen, das, was Sie sich selbst sagen, genauer anzuschauen und zu verändern. Manche Ihrer Überzeugungen über das Trauma werden zutreffender sein als andere. Wir werden daran arbeiten, die Überzeugungen zu verändern, die Ihrer Genesung im Weg stehen. Diese problematischen Überzeugungen nennen wir Hängepunkte, weil Sie dort bei der Verarbeitung des Traumas hängen geblieben sind.

Hängepunkte sind also Themen, an denen Sie bei der Verarbeitung des Traumas praktisch hängen geblieben sind. Auf dem Arbeitsblatt 2.2 sind unten Beispiele für Hängepunkte aufgeführt. Es handelt sich meistens um kurze, prägnante Sätze.

Einführung der Hängepunkte-Liste

Die Hängepunkte-Liste (Arbeitsblatt 2.3, vgl. Abb. 5) begleitet durch die gesamte Therapie. Hier werden alle Hängepunkte, die im Verlauf der Zeit herausgearbeitet werden, notiert und dann immer wieder bearbeitet, bis sie gestrichen werden können, weil sie keine Rolle mehr spielen. Manchmal wird es reichen, Hängepunkte leicht zu modifizieren oder einzuschränken, andere stellen sich mit der Zeit vielleicht als völlig falsch heraus.

Viele Patienten reagieren auf das Arbeitsblatt 2.2 zu den Hängepunkten mit spontaner Zustimmung zu der einen oder anderen Aussage („So ist das bei mir auch!"), in diesem Fall können diese Hängepunkte direkt auf die Liste (Arbeitsblatt 2.3) geschrieben werden. In anderen Fällen wird die Liste zunächst leer bleiben, weil es Patienten anfangs noch schwerfällt, sich von ihren Überzeugungen zu distanzieren.

4.2.5 Erster Bericht über die Auswirkungen des Traumas

Bis zur nächsten Sitzung soll der erste Bericht über die Auswirkungen des Traumas verfasst werden, wie er auf Arbeitsblatt 2.4 beschrieben ist. Die Patienten sollen so bald wie möglich damit anfangen und an einem Ort schreiben, an dem sie nicht gestört werden und an dem es möglich ist, aufkommende Gefühle zuzulassen. Der Bericht sollte handschriftlich verfasst werden und mindestens eine Seite lang sein. Das Schreiben mit der Hand soll verhindern, dass Patienten die Rechtschreib- und Grammatikprüfung darüber laufen lassen und schließlich ein Bericht entsteht, der zwar stilistisch einwandfrei ist, aber nichts mehr mit den eigenen Gedanken und Gefühlen zu tun hat. Außerdem soll verhindert werden, dass der zweite Bericht über die Auswirkungen unter Zuhilfenahme von *„copy & paste"* entsteht. Und schließlich ist dies auch gleich eine gute Übung für die Traumaschilderungen, die ebenfalls mit der Hand geschrieben werden sollen.

4.3 Optionale Sitzung – Traumatischer Verlust

Überblick

1. Einstieg und Agenda
2. Verhaltensaufgabe (Aktivitäten und Kontakte, ggf. neue Kopie des Arbeitsblatts 2.1 aus der letzten Sitzung verteilen)
• Vermeidung thematisieren, falls notwendig
• Neues Ziel besprechen und neues Blatt mitgeben
3. Bericht über die Auswirkungen des Traumas
• Patient liest Bericht vor
• Hängepunkte notieren
• Hängepunkte vorsichtig sondieren (nicht zu sehr hinterfragen)
4. Trauer und Trauma
• Psychoedukation Trauer
   – Ziel: Trauerprozess normalisieren
   – Trauer von PTBS-Symptomen abgrenzen
• Mythen über Trauer und Trauern (vgl. Arbeitsblatt T.1)
5. Neue Aufgabe: Bericht über den traumatischen Verlust (vgl. Arbeitsblatt T.2)

Materialien (vgl. CD-ROM)
• Arbeitsblatt T.1 Mythen über Trauer und Trauern • Arbeitsblatt T.2 Bis zur nächsten Sitzung

Hinweis: Wenn diese zusätzliche Sitzung eingefügt wird, beginnt sie wie die dritte Sitzung mit der Verhaltenshausaufgabe und dem Besprechen des zu Hause geschriebenen Berichts über die Auswirkungen des Traumas. Das Vorgehen ist in Sitzung 3 (vgl. Kapitel 4.4) genauer erklärt, an dieser Stelle finden sich daher jeweils Verweise. Anstatt nach dem Besprechen des Berichts näher auf Gefühle und die Verbindung von Gedanken und Gefühlen einzugehen und die Arbeit mit den ABC-Blätter zu beginnen, wird in dieser Sitzung das Thema Trauer besprochen und das Arbeitsblatt T1 „Mythen über Trauer und Trauern" bearbeitet. Die Hausaufgabe in dieser Sitzung besteht in einem Bericht über die Auswirkungen des Verlusts (vgl. Arbeitsblatt T.2). Dieser wird dann in der darauf folgenden Sitzung an Stelle des „Berichts über die Auswirkungen des Traumas" besprochen.

4.3.1 Einstieg und Agenda

Der Einstieg wird themenbezogen gestaltet:

> Heute werden wir uns Zeit für das nehmen, was Sie über die Bedeutung des Ereignisses geschrieben haben. Außerdem werden wir uns näher mit Verlust und Trauer beschäftigen. Gibt es auch etwas, das Sie heute besprechen wollen und für das wir Zeit einplanen sollten?

4.3.2 Verhaltensaufgabe – Arbeitsblatt „Aktivitäten und Kontakte"

Als erstes wird die Verhaltensaufgabe besprochen und das Arbeitsblatt „Aktivitäten und Kontakte" durchgesehen. Anschließend wird eine neue Verhaltensübung verabredet, oder die Bedingungen für eine nicht gemeisterte so verändert, dass Erfolg wahrscheinlicher wird. Dazu wird das entsprechende neue Arbeitsblatt (Kopie des Arbeitsblatts 2.1) mitgegeben.

4.3.3 Bericht über Auswirkungen des Traumas

Zu Beginn wird der Patient gebeten, den Bericht vorzulesen. Das nähere Vorgehen beim Besprechen des Berichts wird in Sitzung 3 (vgl. Kapitel 4.4.3) beschrieben.

4.3.4 Trauer und Trauma

Um die Auseinandersetzung mit dem Thema Trauer und Trauma zu erleichtern, folgen zunächst in enger Anlehnung an Resick et al. (2007) einige Informationen, die bei der Diskussion des Themas in der Therapie nützlich sind. Ziele dieser Sitzung sind:
- Den Trauerprozess zu normalisieren und von PTBS-Symptomen abzugrenzen.
- Hängepunkte über den Verlust zu identifizieren, die den normalen Trauerprozess behindern.
- Beginnen, dem Patienten zu helfen, eine Beziehung zu der verstorbenen Person aufrechtzuerhalten.

Die PTBS-Symptomatik kann den normalen Trauerprozess behindern. Auch umgekehrt können ungelöste Trauergefühle den Verlauf der PTBS weiter komplizieren. Dabei ist es wichtig, zu beachten, dass auch Todesfälle, bei denen der Patient nicht anwesend war, zu einer PTBS führen können – im zivilen Bereich sind plötzliche, unerwartete, vor allem gewaltsame Todesfälle so schemadiskrepant, dass sie auch bei nicht anwesenden Hinterbliebenen eine PTBS auslösen können. Auch in Kriegszeiten ist es möglich, dass Soldaten zwar auf einer abstrakten Ebene die Möglichkeit akzeptieren, dass Menschen zu Tode kommen, aber auch hier kann der Verlust von Freunden, das Sterben von Kindern, oder Todesfälle an für sicher gehaltenen Orten schockierend und schwer zu akzeptieren sein.

Ähnlich wie Patienten, die keinen Verlust erlebt haben, können trauernde PTBS-Patienten versuchen, durch Selbstbeschuldigung das Ereignis ungeschehen zu machen (Assimilation, z. B. „Wenn ich X getan hätte, wäre Y nicht passiert"). Es können aber auch Hängepunkte über den Trauerprozess selbst bestehen, wie zum Beispiel das Gefühl, den Verstorbenen nicht zu würdigen, wenn man das eigene Leben weiterlebt.

Intrusive Symptome

Intrusionen beziehen sich bei Hinterbliebenen häufig auf den Moment, als sie die Nachricht erfahren haben. Es gibt aber auch Patienten, die sehr lebendige intrusive Vorstellungsbilder von Szenen entwickeln, die sie nie gesehen haben. Ein Beispiel ist eine Patientin, die immer wieder intrusive Bilder und Alpträume von einer Wasserleiche hatte, nachdem sich ihr Onkel suizidiert hatte. Dabei hatte sie ihn nie tot gesehen. Bei vielen Patienten nimmt die Beschäftigung mit dem Tod jedoch eher eine ruminative Qualität an.

Vermeidung

Häufig zeigt sich kaum Vermeidungsverhalten in Bezug auf die Erinnerungen an die verstorbene Person. Im Gegenteil: Patienten haben oft Schwierigkeiten, auch verstörende Gedanken und Vorstellungen loszulassen, weil das für sie den Verlust der Person bedeutet. Vermieden werden eher Reize, die Intrusionen auslösen, wie zum Beispiel Erinnerungen an die Situation, als man die Todesnachricht erfahren hat.

Überlebensschuld

Schuldgefühle, weil man selbst überlebt hat, kommen häufig vor. Dies entspricht der Frage „Warum nicht ich?" (analog zur häufigen Frage „Warum ich?", die den Glauben an eine gerechte Welt zum Ausdruck bringt). Menschen mit Überlebensschuld haben das Gefühl, sie hätten kein Recht weiterzuleben, wenn andere das nicht können, oder glauben, dass sie es weniger wert sind, glücklich zu sein als die verstorbene Person oder Personen. Sie versuchen herauszufinden, warum sie überlebt haben und finden keine zufriedenstellende Erklärung.

Arbeitsblatt „Mythen über Trauer und Trauern"

Bevor das Arbeitsblatt T.1 besprochen wird, ist wichtig zu klären, wie die Patientin ihre eigene Situation sieht, welche Vorerfahrungen mit Trauer bereits bestehen und wie das soziale Umfeld reagiert. Mögliche Einstiegsfragen sind:

- Was haben Sie vor dem Tod von X über den Tod von nahestehenden Menschen gewusst?
- Was waren Ihre Erwartungen zu diesem Thema? Haben Sie jemals darüber nachgedacht, oder war das ein Thema, das Sie vermieden haben?
- Wie unterscheidet sich die Situation jetzt von dem, was Sie erwartet hätten?
- Was haben Ihnen andere Leute gesagt?

Anschließend wird das Arbeitsblatt T.1 gemeinsam besprochen. Es enthält Überzeugungen in

Bezug auf Trauer und den Trauerprozess, die verbreitet, aber nicht zutreffend sind. Im Zusammenhang mit diesem Arbeitsblatt wird festgestellt, welche der Überzeugungen möglicherweise beim Patienten bestehen oder bestanden haben und es wird Wissen über die „normale" Trauerreaktion vermittelt.

„Normale" Trauerreaktionen

Trauer beschränkt sich nicht auf einen Bereich des Lebens, sondern kann emotionale, spirituelle und körperliche Reaktionen umfassen. Außerdem müssen Trauernde sich an veränderte Rollen in Bezug auf andere Menschen und die Gesellschaft allgemein anpassen, neue Aufgaben übernehmen und andere abgeben. Es ist wichtig, dass Therapeuten Trauer nicht pathologisieren, obwohl Trauerreaktionen manche Eigenschaften mit psychischen Reaktionen wie Depressionen gemeinsam haben. Trauer ist nicht dasselbe wie Depression und spricht auch nicht auf Antidepressiva an.

Früher konnte man einen Trauernden an besonderer Kleidung erkennen und es wurde erwartet, dass derjenige sich für ein Jahr (Trauerjahr) aus bestimmten sozialen Aktivitäten zurückzog. Einerseits führte das zu mehr Unterstützung – eine trauernde Person war klar als solche zu erkennen und es wurde anerkannt, dass Trauern Zeit braucht. Andererseits waren diese starren Regeln oft nicht flexibel genug. Manche Menschen brauchen weniger als ein Jahr, um ihr Leben wieder aufzubauen, andere länger. Auch gab es klare Regeln darüber, wem so ein Trauerjahr „zusteht". Heute kann man es von außen nicht erkennen, wenn jemand trauert, und so kehrt die Umwelt meist sehr schnell wieder zu den gewohnten Routinen zurück und erwartet dies auch von der trauernden Person. Es kommt vor, dass zunächst sehr viel Unterstützung verfügbar ist, aber sich das Umfeld nach wenigen Monaten wieder der Routine zuwendet und der Trauernde mit seiner nicht abgeschlossenen Anpassung an neue Rollen und Aufgaben allein bleibt. Viele Patienten bekommen auch Kommentare zu hören, sie sollten doch endlich ihr Leben weiterleben, die Erinnerung hinter sich lassen, etc. (Menschen mit PTBS hören das auch ohne Verlust.) Viele Patienten brauchen Unterstützung dabei, damit umzugehen, dass ihr eigener Trauerprozess nicht mit den Erwartungen des Umfelds vereinbar ist (und dass das nicht pathologisch ist).

Aufgaben im Verlauf des Trauerns

In den ersten Stadien der Trauer brauchen Menschen vor allem Informationen und Unterstützung im emotionalen Bereich. Später müssen sie sich mehr auf instrumentelle Aufgaben konzentrieren. Manche dieser Aufgaben haben direkt mit dem Tod des Familienmitglieds zu tun (z. B. der Umgang mit Versicherungen und Banken), andere ergeben sich aus neuen Alltagspflichten (z. B. wenn der Partner immer die Rechnungen bezahlt oder gekocht hat und der Patient dies nun tun muss). Jede erfolgreich gemeisterte Anpassungsaufgabe hilft der trauernden Person, die Realität der Situation zu akzeptieren und stärkt ihr Gefühl der Kontrolle. Wenn die Anpassung an neue Aufgaben und Rollen geschehen ist, nimmt die Person wieder Kontakt zu Freunden und Verwandten auf und passt diese Beziehungen den veränderten Gegebenheiten an. Schließlich wird die Welt der Überzeugungen wieder aufgebaut. Diese letzte Aufgabe beinhaltet, die Überzeugungen über sich und die Welt in Bezug auf den Tod der geliebten Person anzupassen. Wie auch sonst in der CPT geht es hier darum, Akkommodation und nicht Assimilation oder Über-Akkommodation zu erreichen; also ausbalancierte, anstatt extreme Aussagen.

4.3.5 Bericht über den traumatischen Verlust

Bis zur nächsten Sitzung soll mit Hilfe des Arbeitsblatts T.2 ein Bericht über den traumatischen Verlust verfasst werden.

4.4 Dritte Sitzung – Die Bedeutung des Ereignisses

Überblick
1. Einstieg und Agenda 2. Verhaltensaufgabe (Aktivitäten und Kontakte, vgl. Arbeitsblatt 3.1) 　• Vermeidung thematisieren, falls notwendig 　• Neues Ziel besprechen und neues Blatt mitgeben 3. Bericht über die Auswirkungen des Traumas 　• Patient liest Bericht vor 　• Hängepunkte notieren 　• Hängepunkte vorsichtig sondieren (nicht zu sehr hinterfragen) 4. Thema Gefühle 　• Einführung (Gefühle im Bericht? Gefühle im Alltag?) 　• Psychoedukation mit Arbeitsblatt 3.2 　• Gefühle vs. Gedanken („Ich fühle mich, als ob …" ist ein Gedanke) 5. Zusammenhang von Gedanken und Gefühlen und Einführung in ABC-Blätter (vgl. Arbeitsblatt 3.3) 　• Hinführung: Verbindung von Gedanken und Gefühlen 　• Gedanken und Gefühle im Bericht 　• Einführung des ABC-Blattes 6. Neue Aufgabe: ABC-Blätter ausfüllen (vgl. Arbeitsblatt 3.4) 　• Am besten jeden Tag eines 　• Mindestens eines über das Trauma
Materialien (vgl. CD-ROM)
• Arbeitsblatt 3.1 Aktivitäten und Kontakte • Arbeitsblatt 3.2 Gefühle • Arbeitsblatt 3.3 ABC-Arbeitsblatt (Patient benötigt mehrere Kopien) • Arbeitsblatt 3.4 Bis zur nächsten Sitzung

4.4.1 Einstieg und Agenda

Der Einstieg wird themenbezogen gestaltet:

> Wenn Sie mir erzählt haben, wie es mit Ihrem Ziel für diese Woche ging, werden wir uns heute Zeit für das nehmen, was Sie über die Bedeutung des Ereignisses geschrieben haben. Außerdem wird es um Gefühle und die Verbindung zwischen Gedanken und Gefühlen gehen und ich werde Ihnen ein neues Arbeitsblatt zeigen. Gibt es auch etwas, das Sie heute besprechen wollen?

4.4.2 Verhaltensaufgabe – Arbeitsblatt „Aktivitäten und Kontakte"

Als erstes wird die Verhaltensaufgabe besprochen und das Arbeitsblatt „Aktivitäten und Kontakte" durchgesehen. Anschließend wird eine neue Verhaltensübung verabredet, oder die Bedingungen für eine nicht gemeisterte so verändert, dass Erfolg wahrscheinlicher wird. Dazu wird das entsprechende Arbeitsblatt 3.1 mitgegeben.

Aufgabe wurde nicht gemacht

Wenn eine Verhaltensaufgabe (z. B. etwas wieder tun, einen Kontakt wieder aufnehmen) verabredet war, wird diese Aufgabe nachbesprochen. Falls die Aufgabe nicht geklappt hat, werden die Gründe dafür gesucht und nach Möglichkeit ausgeräumt. Es ist für Therapeuten wichtig, einerseits Empathie und Verständnis gegenüber der Patientin und andererseits aber auch Klarheit im Umgang mit solchem Vermeidungsverhalten zu zeigen. Vermeidung kann z. B. auch in einem schnellen „Darüber-Hinweggehen" auf Seiten des Patienten bestehen, nach dem Motto „Diesmal habe ich mich nicht aufraffen können, aber nächste Woche wird es schon mal klappen". Problematisch sind in diesem Zusammenhang auch Aussagen wie: „Ich kann das nicht planen, es kommt so auf die Tagesform an, ob ich das schaffe, auf das Gefühl". Hier wird es notwendig sein, zu erklären, dass Gefühle an sich zwar gute Ratgeber sind, aber gerade die Angst momentan einen zu großen Stellenwert bekommen hat. Das Ziel ist, dass der Patient sich Dinge vornimmt und diese Vorhaben auch einhält, egal, was „das Gefühl" in diesem Moment sagt.

4.4.3 Bericht über Auswirkungen des Traumas

Zu Beginn wird die Patientin gebeten, den Bericht vorzulesen. Die Therapeutin kann dabei bei Unklarheiten nachfragen und sollte in Stichpunkten die Hängepunkte mitschreiben. Manche Patienten schreiben sehr viel, hier kann es sinnvoll sein, sich wiederholende Themen zusammenzufassen. Ziel ist, zumindest einige Hängepunkte, die für beide als solche ersichtlich sind, auf die Liste zu schreiben. Dabei müssen die Hängepunkte nur als unbalanciert oder übertrieben bezeichnet werden; es ist nicht notwendig, dass die Patienten die Nomenklatur (Akkommodation, Assimilation) lernen.

Wichtig ist auch, die Patienten für das Schreiben des Berichts zu loben, da dies für viele Menschen eine sehr ungewohnte Art der Auseinandersetzung mit sich selbst ist.

Was tun, wenn der Bericht nicht geschrieben wurde?

In diesem Fall gilt, was auch sonst bei nicht erledigten Hausaufgaben gilt: Die Bedeutung der Vermeidung für die Aufrechterhaltung der Symptome wird nochmals besprochen. Anschließend soll sich der Patient noch in der Stunde Gedanken zu den Fragen bzw. der Hausaufgabe machen. Die Übungsaufgabe wird mündlich nachgeholt („Was hätten Sie geschrieben, wenn Sie es gemacht hätten?"). Das Ziel ist, das Vermeidungsverhalten nicht zu verstärken. Die Aufgabe soll dann zusätzlich bis zur nächsten Sitzung schriftlich nachgeholt werden.

Hängepunkte herausarbeiten

Nach dem Vorlesen des Berichts werden die daraus bereits ersichtlichen Hängepunkte erarbeitet und auf der Hängepunkte-Liste notiert, aber zu diesem Zeitpunkt noch nicht hinterfragt (z. B. „Sie scheinen an ... zu hängen. Das sollten wir uns im Verlauf der Therapie noch genauer anschauen"). Es ist allerdings bereits an diesem Punkt möglich, die Flexibilität im Denken vorsichtig zu sondieren. Hängepunkte, die hier ersichtlich werden könnten, sind:
- Aktuelle Schwierigkeiten in den fünf angegebenen Bereichen (z. B. Probleme, anderen oder sich zu vertrauen).
- Dysfunktionale, extreme Aussagen und Überzeugungen (... hat mein Leben zerstört, alle Männer sind böse).
- Gefühle von Schuld, Scham, chronischer Ärger.
- Negative Überzeugungen über die Welt und die Gesellschaft.

4.4.4 Thema Gefühle

Dieses Thema lässt sich nahtlos an die Besprechung des Berichtes über die Auswirkungen anschließen. Entweder, es kommen Gefühle darin vor (s. o.), dann kann man direkt weitermachen, oder es kommen keine oder kaum Gefühle im Bericht vor, dann sollte man nachhaken:

- Und wenn Sie das jetzt vorlesen/jetzt darüber nachdenken, was Sie geschrieben haben, wie fühlen Sie sich dabei?
- Was gibt es noch für Gefühle in Ihrem Leben?
- Gibt es noch mehr/auch positive/auch negative Gefühle?
- Können Sie mir ein Beispiel für etwas geben, das Sie wütend macht?
- Wie spüren Sie Ihren Ärger im Körper?
- Wann sind Sie traurig?
- Wie ist es mit froh?
- Was macht Ihnen Angst?
- Wie spüren Sie Ihre Angst im Körper?
- Was ist für Sie der Unterschied zwischen Wut und Angst?

Nicht nur Patienten fällt es oft schwer, Gefühle genau zu benennen. Viele Menschen neigen dazu, eher gedankliche Umschreibungen statt Gefühle anzugeben („Ich fühle mich wie ...", „Das fühlt sich an als ob ..."). Oder es kann passieren, dass die Frage „Wie haben Sie sich gefühlt?" mit einem von Herzen kommenden „beschissen!" beantwortet wird, aber die genaue Benennung, wie sich "beschissen" in diesem Fall angefühlt hat, nicht möglich ist. Dann kann das Arbeitsblatt 3.2 zu Gefühlen als Anregung dienen. Bereits an dieser Stelle ist es sinnvoll, auf eine exakte Bezeichnung Wert zu legen, das erleichtert das spätere Bearbeiten der Arbeitsblätter. Vielen Patienten hilft es, wenn Therapeuten Vorschläge machen oder raten.

4.4.5 Zusammenhang von Gedanken und Gefühlen und Einführung in ABC-Blätter

Anschließend geht es um die Verbindung zwischen Gedanken/Interpretationen und Gefühlen. Dies wird zunächst anhand eines alltäglichen Beispiels veranschaulicht.

> Sie sehen einen Bekannten auf der Straße, und die Person geht vorbei, ohne Sie zu grüßen. Wie würden Sie sich fühlen? Und nach der Antwort: Was haben Sie zu sich selbst gesagt, um sich ... zu fühlen? (z. B. Gefühl: Ich bin verletzt – Gedanke: Die Person mag mich nicht.) Hm, ich frage mich, ob andere Leute das Verhalten des Bekannten vielleicht anders sehen würden? Falls dem Patienten nichts einfällt, kann der Therapeut Vorschläge machen:
> - Er hat bestimmt seine Brille nicht aufgehabt.
> - Ich frage mich, ob sie krank ist?
> - Er hat mich nicht gesehen.
> - Was für ein unhöflicher Mensch!

Es wird jeweils diskutiert, zu welchen Gefühlen die verschiedenen Interpretationen führen würden.

Gedanken und Gefühle im Bericht über Auswirkungen des Traumas

Nun wird das Besprochene auf den geschriebenen Bericht angewendet, es wird also eine Hilfestellung gegeben, zu verstehen, dass die Gefühle mit Gedanken zusammenhängen.

> Okay, Sie sagen, dass Sie Schwierigkeiten haben, anderen zu vertrauen. Was sagen Sie sich selbst, um dieses Misstrauen hervorzurufen? Sie sagen, dass Sie sich sehr über ... ärgern. Was sagen Sie sich, was zu dem Ärger führt?

An diesem Punkt in der Therapie werden die dysfunktionalen Überzeugungen noch nicht hinterfragt, sie werden aber auch nicht stillschweigend hingenommen; der Therapeut „markiert", dass es hier noch Diskussionsbedarf gibt und fängt behutsam an, Assimilation zu bearbeiten. Zur Verdeutlichung ein Beispiel von Resick und Schnicke (1993, S. 44):

> **Beispiel**
>
> *Pat.:* ... Wütend werde ich zum Beispiel auf mich selbst (weinend), warum habe ich das zugelassen?
>
> *Th.* (leise): Sie haben es nicht zugelassen.
>
> *Pat.:* Ich weiß.
>
> *Th.:* Oder? Er hat es einfach getan.
>
> *Pat.:* Es ist passiert. Ich war ... ich weiß. Ich war 15. Ich hatte solche Angst.

Auf Dauer wird sich hier wieder die Frage von „angemessenen" und „nicht angemessenen/dysfunktionalen" Emotionen stellen. Dabei kann auf die Psychoedukation (vgl. Sitzung 1) und, falls nötig, auf Arbeitsblatt 1.3 zurückgegriffen werden. „Angemessene" oder „natürliche" Gefühle sind die, die vom traumatischen Erlebnis selbst oder seinen Folgen herrühren wie Trauer, Ärger und in einem gewissen Maße Angst. „Dysfunktionale" oder „gemachte" Gefühle sind eher von den Gedanken über das Trauma oder den durch das Trauma veränderten Überzeugungen verursacht, wie Schuld, Scham, Misstrauen, andauernder Ärger, den Alltag einschränkende Angst. Die Grenze ist nicht immer leicht zu ziehen, es wird immer eine Sache des Abwägens bleiben.

Einführung des ABC-Arbeitsblattes

In dieser Stunde wird das Arbeitsblatt 3.3 (ABC-Arbeitsblatt) eingeführt. Dies kann auch direkt im Anschluss an das Beispiel mit dem Bekannten, der nicht grüßt (siehe oben), erfolgen:

> Diese Blätter sollen Ihnen helfen, die Verbindung zwischen Ihren Gedanken und Gefühlen zu sehen. Alles, was passiert, oder an was Sie denken, kann das Ereignis sein (Spalte A). Es kann sein, dass Ihnen die Gefühle zunächst klarer sind als der Auslöser. Wenn das so ist, gehen Sie direkt zu Spalte C und schreiben das

> Gefühl dort hin. Dann gehen Sie zurück zu Spalte A und überlegen, was der Auslöser war. Das kann ein Ereignis oder auch ein Gedanke sein. Dann versuchen Sie, festzustellen, was Sie sich selbst sagen, um von A nach C zu kommen (Spalte B). Versuchen Sie, das Blatt so bald wie möglich nach dem Ereignis auszufüllen. Wenn Sie bis zum Abend (oder zum Ende der Woche) abwarten, wird es Ihnen schwerer fallen, sich zu erinnern, was Sie sich gesagt haben.
>
> Die Ereignisse, die Sie aufschreiben, müssen keine negativen Ereignisse sein. Sie haben schließlich auch Gedanken und Gefühle über positive und neutrale Ereignisse. Wenn Sie aber Gedanken oder Erinnerungen über das Trauma haben, schreiben Sie diese auch auf. Vermeiden Sie nicht, an das Ereignis zu denken oder darüber zu schreiben.
>
> Als Beispiel werden wir jetzt gemeinsam ein Blatt ausfüllen. Welches Ereignis möchten Sie nehmen?

Falls kein Beispiel genannt wird, kann der Therapeut ein Ereignis aus der aktuellen Stunde vorschlagen (am besten eines, das die Patientin selbst eingebracht hat, oder auch das Beispiel aus der Einführung). Es ist auf jeden Fall empfehlenswert, ein Blatt gemeinsam in der Stunde auszufüllen und als Muster mit nach Hause zu geben.

4.4.6 Neue Aufgabe: ABC-Blätter ausfüllen

Die Aufgabe bis zur nächsten Sitzung ist auf Arbeitsblatt 3.4 erläutert. Sie besteht darin, am besten jeden Tag ein ABC-Blatt über eine beliebige Situation auszufüllen, davon mindestens eines über das traumatische Ereignis.

Hinweis: Eigene Erfahrungen

ABC-Blätter bieten auch einen guten Einstieg in die Unterscheidung von angemessenen und übertrieben negativen Gefühlen. So ist zum Beispiel das Gefühl der Enttäuschung, wenn sich ein lang gehegter Plan für ein Wochenende zerschlägt, völlig normal und berechtigt. Katastrophenfantasien und Ängste vor dem nun allein zu verbringenden Wochenende sind dagegen mit hoher Wahrscheinlichkeit übertrieben. Genauso sollten die negativen mit dem Trauma verknüpften Gefühle ihren Platz bekommen. Manche davon sind angemessen und natürlich, andere folgen aus übertrieben negativen Gedanken.

Fallbeispiel

Ein Patient, der unter intensiven Zuständen von Verzweiflung litt, wenn er nach einem Streit Angst hatte, von seiner Partnerin verlassen zu werden, schaffte es mit Hilfe der ABC-Blätter, innerlich einen Schritt zurückzutreten und seine Gedanken und Gefühle zu betrachten. Indem er katastrophisierende Gedanken wie „Sie wird mich verlassen" und „Wenn sie mich verlässt, ist es eine Katastrophe" aufschrieb, konnte er sich ein Stück weit davon distanzieren. Dadurch wurde er nicht mehr so stark emotional überflutet und konnte sich selbst beruhigen und schließlich alternative Gedanken finden („Wir haben schon öfter gestritten, das muss nicht zu einer Trennung führen" bzw. „Auch wenn ich sehr traurig wäre, wenn sie die Beziehung beendet, könnte ich auch alleine leben; ich habe ja auch schon andere Trennungen gemeistert").

4.5 Vierte Sitzung – ABC-Blätter und Alltagsbewältigung

Überblick

1. Einstieg und Agenda
2. Verhaltensaufgabe (Aktivitäten und Kontakte, vgl. Arbeitsblatt 4.1)
  • Vermeidung thematisieren, falls notwendig
  • Neues Ziel besprechen und neues Blatt mitgeben
3. ABC-Blätter besprechen (vgl. Arbeitsblatt 4.2)
  • Blätter anschauen
    – Bandbreite der berichteten Gefühle
    – Werden bestimmte Themen sichtbar?
    – Vorsichtig Flexibilität der Überzeugungen sondieren
  • Problemlösen, was das Ausfüllen der Blätter angeht
    – Motivation
    – Unterscheidung Gefühle vs. Gedanken
  • Problemlösen, was den Inhalt angeht
    – Alltagsbewältigung (Schlafstörungen, Vermeidung, Dissoziation, vgl. Arbeitsblatt Z.1)
4. Neues ABC-Blatt mitgeben (vgl. Arbeitsblatt 4.3)
  • Zeilen unten müssen nicht gemacht werden
  • Motivieren für weitere Arbeit mit ABC-Blättern
  • Wieder jeden Tag eines bearbeiten, eines über das Trauma

Materialien (vgl. CD-ROM)
• Arbeitsblatt 4.1 Aktivitäten und Kontakte • Arbeitsblatt 4.2 ABC-Arbeitsblatt (Patient benötigt mehrere Kopien) • Arbeitsblatt 4.3 Bis zur nächsten Sitzung • Arbeitsblatt Z.1: Schlafhygenie

4.5.1 Einstieg und Agenda

Der Einstieg wird wieder themenbezogen gestaltet. Eventuell gab es, bezogen auf die ABC-Blätter, bestimmte Planungen oder Vorhaben, nach denen sich die Therapeutin zu Beginn erkundigen kann. In der heutigen Stunde wird primär mit den ABC-Blättern gearbeitet.

4.5.2 Verhaltensaufgabe – Aktivitäten und Kontakte

Zunächst wird, wie in den bisherigen Stunden auch, das Arbeitsblatt „Aktivitäten und Kontakte" besprochen. Es kann jedoch sinnvoll sein, die Verabredung einer neuen Verhaltensübung (vgl. Arbeitsblatt 4.1) auf einen späteren Zeitpunkt zu verschieben. Oft ergeben sich aus den ABC-Blättern oder aus auftretenden Schwierigkeiten gute Ansatzpunkte für Verhaltensexperimente oder -änderungen.

4.5.3 ABC-Blätter

Diese Stunde ist hauptsächlich den ABC-Blättern gewidmet. Wie in Kapitel 2.1.1 bereits dargestellt, ist im ursprünglichen CPT-Manual nur eine Sitzung zum Besprechen der ABC-Blätter vorgesehen, anschließend wird direkt zum ersten Traumabericht übergangen. Dieses Vorgehen ist natürlich auch möglich. Wir haben jedoch die Erfahrung gemacht, dass viele Patienten mit den ABC-Blättern Schwierigkeiten haben und dass es oft andere Themen im Alltag gibt, die es sich ebenfalls zu besprechen lohnt. Entsprechend wird in der deutschen CPT-Version die Sitzung 4 zusätzlich für die Bearbeitung der ABC-Blätter verwendet.

Überzeugungen sondieren

In dieser Stunde geht es auch darum, auszuloten, wie flexibel oder rigide die Überzeugungen der Patienten sind. Patienten unterscheiden sich hier stark. Manche sind sehr in rigiden Denkmustern verhaftet, während andere bereits anfangen, ihre Überzeugungen zu verändern. Dann sollte dies natürlich unterstützt werden, wobei wie immer Assimilation vorrangig behandelt wird. Wenn man hingegen an einen Punkt kommt, an dem Patienten nicht „verhandlungsbereit" sind, kann man das Thema auf später verschieben („Ich sehe, an diesem Thema werden wir noch arbeiten müssen"). Damit nichts vergessen wird, werden die Punkte auf der Hängepunkte-Liste notiert.

Das Besprechen der ABC-Blätter kann sehr aufschlussreich sein, mitunter können die Blätter sogar diagnostische Qualität haben. Manchmal wird das ganze Ausmaß der Belastung durch die Symptome hier so richtig deutlich. Aber auch die Vielfalt oder Einseitigkeit der in Spalte C beschriebenen Gefühle kann aufschlussreich sein, wenn z. B. jemand nur Blätter zur Emotion Ärger ausgefüllt hat oder Ärger in keinem Blatt auftaucht, obwohl es durchaus Anlass dazu gäbe.

Problemlösen, was das Bearbeiten der Blätter angeht

Frusterlebnisse beim Ausfüllen: Viele Patienten haben zunächst Schwierigkeiten mit dem Ausfüllen der ABC-Blätter. In diesen Fällen kann der Hinweis zur Beruhigung dienen, dass dies für sehr viele Menschen zutrifft, weil wir nicht gewohnt sind, so zu denken, und wir unsere Gefühle im Alltag normalerweise nicht genauer benennen, sondern sie nur in die Kategorien „gut" oder „schlecht

ABC-Arbeitsblatt		
Auslösendes Ereignis A	Bewertung B	Konsequenz C
„Etwas passiert"	„Ich sage mir etwas"	„Ich fühle und/oder tue etwas"
Ich denke an das Trauma	Nein, nicht schon wieder!	fühle mich schlecht

ABC-Arbeitsblatt		
Auslösendes Ereignis A	Bewertung B	Konsequenz C
„Etwas passiert"	„Ich sage mir etwas"	„Ich fühle und/oder tue etwas"
Ich denke an das Trauma und fühle mich schlecht	das wird nie besser werden	ängstlich, hoffnungslos

Abbildung 6:
Ausgefülltes ABC-Blatt (die Eintragungen oben bedürfen einer Präzisierung)

einteilen. Die ABC-Blätter sind eine Art Training für das, was in der Therapie noch besprochen wird, und es ist natürlich nicht erforderlich, was manche Patienten befürchten, dass sie für immer jede Gefühlsregung genauestens analysieren. Für die Therapie lohnt es sich, auf einer genauen Benennung der Gefühle zu bestehen und bei einer Einteilung in „gut" oder „schlecht" (vgl. Abbildung 6 oben) genauer nachzufragen und zu verbessern, wie dies in Abbildung 6 unten geschehen ist.

Gedanken vs. Gefühle: Häufig fällt es Patienten schwer, Gefühle von Gedanken zu unterscheiden. Das äußert sich in ABC-Blättern beispielsweise in Eintragungen wie „Ich fühle mich, als ob ..." oder „Ich fühle mich wie ..." im Bereich C, denen dann ein Gedanke (oder allenfalls eine Umschreibung, aber keine Benennung des Gefühls) folgt. In diesem Fall kann nochmals das Arbeitsblatt 3.2 zu Gefühlen als Hilfe herangezogen werden. Das Arbeitsblatt stellt mit sechs Gefühlen zwar nur die Basisemotionen dar, hilft aber häufig dabei, eine „Grundrichtung" des Gefühls zu bestimmen, von der aus dann weitergearbeitet werden kann.

Ziel ist, dass die Patientinnen wirklich verstehen, was Gefühle und was Gedanken über oder Umschreibungen von Gefühlen sind. Ein Beispiel für diese Schwierigkeiten und eine mögliche Lösung gibt Abbildung 7. In Spalte C steht zunächst kein Gefühl, sondern ein weiterer Gedanke. In solchen Fällen können die Gedanken, eventuell auch präzisiert, in zwei „Zeilen" aufgeteilt werden, die dann mit den passenden Gefühlen ergänzt werden.

ABC-Arbeitsblatt		
Auslösendes Ereignis A	Bewertung B	Konsequenz C
„Etwas passiert"	„Ich sage mir etwas"	„Ich <u>fühle</u> und/oder tue etwas"
Freundin zieht sich zurück	ich bin ihr nicht fröhlich genug	die hat mich nur ausgenutzt

ABC-Arbeitsblatt		
Auslösendes Ereignis A	Bewertung B	Konsequenz C
„Etwas passiert"	„Ich sage mir etwas"	„Ich <u>fühle</u> und/oder tue etwas"
Freundin zieht sich zurück	sie mag mich nur, wenn ich fröhlich und gut drauf bin	enttäuscht, traurig
	sie sollte für mich da sein	ärgerlich

Abbildung 7: Ausgefülltes ABC-Blatt, bei dem Gefühle und Gedanken vermischt wurden

Diese Lösung bietet sich auch oft an, wenn Gedanke und Gefühl zwar zur Situation, aber nicht zusammen passen. In Abbildung 8 ist zu sehen, wie in einem solchen Fall vorgegangen werden kann: Zu der negativen Selbstaussage in Spalte B passt das Gefühl „Trauer" nicht unbedingt. Es ist aber möglich, eine Bewertung zu finden, die zu Trauer führt und ein Gefühl, das zu der selbstabwertenden Aussage passt.

Merke:
Um die Patienten bei der Wahrnehmung und Benennung ihrer Gefühle zu unterstützen, ist es hilfreich, auch während des Gesprächs über andere aktuelle Themen die Verbindung zum Thema Gefühle herzustellen.

Inhaltliches Problemlösen

Bei der Bearbeitung der ABC-Blätter werden oft ganz unterschiedliche Schwierigkeiten berichtet: sich auf dem Weg zur Arbeit in die U-Bahn zu trauen, ausreichend Schlaf zu bekommen, Übererregungszustände in den Griff zu bekommen, bei Meinungsverschiedenheiten nicht gleich auszurasten etc. Es wird also zunächst darum gehen, herauszufinden, in welchen Situationen ein Patient im Alltag Probleme hat, und welche Symptome man auch vor der Konfrontation mit dem Trauma angehen kann. Ziele dieser Beschäftigung mit der Bewältigung des Alltagslebens sind:
- Die Patienten sollen sich in ihren ganz individuellen Belangen wahrgenommen fühlen.
- Erste kleine Erfolge und Veränderungen können die Therapiemotivation stärken.

ABC-Arbeitsblatt		
Auslösendes Ereignis A	Bewertung B	Konsequenz C
„Etwas passiert"	„Ich sage mir etwas"	„Ich fühle und/oder tue etwas"
Ich habe immer noch Symptome	ich sollte längst darüber hinweg sein	Trauer

ABC-Arbeitsblatt		
Auslösendes Ereignis A	Bewertung B	Konsequenz C
„Etwas passiert"	„Ich sage mir etwas"	„Ich fühle und/oder tue etwas"
Ich habe immer noch Symptome	ich sollte längst darüber hinweg sein (ich bin schwach)	Scham
	es wird immer so bleiben	Trauer, Angst

Abbildung 8:
Ausgefülltes ABC-Blatt mit problematischer Zuordnung von Gedanken und Gefühlen

- Die therapeutische Allianz wird gestärkt, bevor die Exposition erfolgt.

Im Folgenden sind einige Themen aufgeführt, die für Patienten relevant sein können. Bei Patienten, denen spontan kein Thema einfällt, kann man in dieser Richtungen auch gezielt nachfragen. Häufig ist es jedoch so, dass sich diese Themen direkt aus den den ABC-Blättern ergeben. Teilweise können auch Ansatzpunkte für zu bearbeitende Themen aus dem Arbeitsblatt 1.5 zu Zielen und Ressourcen gezogen werden.

Schlafstörungen: Viele PTBS-Patienten haben Schlafstörungen. Dies kann z. B. daran liegen, dass sie häufig unter Alpträumen leiden und daher Angst vor dem Schlaf haben, dass sie sich im Schlaf wehrlos und ungeschützt fühlen, dass Dunkelheit oder Schlaf Triggerreize für Intrusionen sind, oder dass die Übererregung es schwer macht, zur Ruhe zu kommen. Wenn dies der Fall ist, lohnt es sich, die Schlafprobleme genau zu explorieren und ggf. Hinweise zur Schlafhygiene zu geben (vgl. Arbeitsblatt Z.1). Die Informationen sind angelehnt an Kaluza (2007) und können auch bei einer Exploration des tatsächlichen Schlafverhaltens helfen. Es ist sinnvoll, das Arbeitsblatt nicht einfach mit nach Hause zu geben, sondern detailliert zu besprechen, welche Punkte im Leben des Patienten realistisch veränderbar sind und welche nicht. Darüber hinaus können Ziele oder „Experimente" für die kommende Woche vereinbart werden. Es kann zusätzlich hilfreich sein, schlafbezogene Kognitionen zu erfassen und Informationen zu vermitteln, die diese entdramatisieren.

Fallbeispiel

Manchen Patienten hilft es auch, die Schlafstörungen als etwas zu akzeptieren, das zu der PTBS-Symptomatik gehört und nicht sofort zu verändern ist. Eine Patientin, die häufig nachts aus Alpträumen aufschreckte, begann, sich abends eine Thermoskanne Tee neben das Bett zu stellen, um sich nach einem solchen Traum besser wieder beruhigen zu können. Dadurch fühlte sie sich den Alpträumen nicht mehr ganz so hilflos ausgeliefert und konnte ihre Selbstwirksamkeit steigern, obwohl die Träume selbst erst einige Wochen später, im Rahmen der Exposition, langsam nachließen.

Erregungszustände/Dissoziation: Ein weiteres Problem, das Patientinnen häufig im Alltag belastet, sind Erregungszustände, die als sehr aversiv empfunden werden und auch dissoziative Symptome auslösen können (vgl. Boos et al., 1999, S. 161 ff.). An diesem Punkt geht es darum, zu besprechen, wie die Patientin im Alltag mit Übererregung und Dissoziation umgehen kann. Hierbei empfiehlt es sich, auf bestehende Erfahrungen der Patientin zurückzugreifen und nachzufragen, was ihr früher in Stresssituationen geholfen hat. Auch die Frage nach Ausnahmen, also nach Situationen, in denen es ein Patient geschafft hat, nicht zu dissoziieren, ist oft hilfreich. Dann können die bekannten Möglichkeiten wieder aufgenommen werden. Manche Patientinnen haben auch schon positive Erfahrungen mit Atem- oder Wahrnehmungsübungen gemacht.

Intrusion: Wenn die Intrusionen als besonders quälend beschrieben werden, lohnt es sich möglicherweise, auf diese vor der Konfrontation näher einzugehen. Eine ausführliche Psychoedukation über Intrusionen und deren biologische Hintergründe kann möglicherweise die mit Intrusionen verknüpften Überzeugungen („Ich werde verrückt", „Ich bin nicht mehr Herr über meine Gedanken") korrigieren. Diese Informationen wurden zwar auch schon zu Beginn der Therapie vermittelt, aber PTBS-Patienten haben häufig Schwierigkeiten, neue Informationen zu verarbeiten. Es ist wichtig, hervorzuheben, dass Gedankenunterdrückung die Häufigkeit des unterdrückten Gedankens erhöht und daher keine angemessene Strategie zum Umgang mit Intrusionen ist. Hierzu empfiehlt es sich, ein Gedankenexperiment zum Thema Intrusionen (vgl. Kapitel 4.1.3) durchzuführen oder – falls es in der ersten Sitzung bereits durchgeführt wurde – daran zu erinnern.

Vermeidung: Ein weiterer Punkt, der das Alltagsleben der Patienten betrifft, ist die Vermeidung von Tätigkeiten, die früher einmal Freude gemacht haben, oder von sozialen Kontakten. Diese Vermeidung kann vielfältige Gründe haben, die im Einzelfall zu explorieren sind: Eine allgemeine Gefühlstaubheit *(numbing)* kann dazu führen, dass keine Freude mehr an Hobbys empfunden wird, dass Schlafstörungen und Übererregung zu Erschöpfung führen und es schwerer machen, sich „aufzuraffen", dass Ängste (z.B. vor Intrusionen, aber auch vor äußeren Gefahren) es schwer machen, das Haus zu verlassen. Häufig berichten Betroffene über nicht hilfreich erlebte Reaktionen anderer Menschen auf das Trauma und/oder die eigenen Reaktionen darauf und vermeiden daher Kontakte und Gespräche. Es ist also wich-

tig, die Hintergründe des Vermeidungsverhaltens im Alltag genau zu erfragen, um dann Möglichkeiten zum Unterlassen des Vermeidungsverhaltens zu erarbeiten. Fragen hierzu können sein:
- Würde es Ihnen leichter fallen, mit ... über andere Themen zu sprechen, auch wenn das Trauma Sie noch sehr beschäftigt?
- Was könnten das für Themen sein?
- Wer von Ihren Bekannten würde denn am besten reagieren?
- Mit wem könnten Sie sich ein Treffen am ehesten vorstellen?

> **Merke:**
> Es muss klar werden, dass es nicht so sehr darauf ankommt, Lust auf etwas zu haben, sondern es geht darum, auch dann etwas zu tun, wenn man keine Lust dazu hat („der Appetit kommt beim Essen").

4.5.4 Einführung des neuen ABC-Arbeitsblattes

Es soll kurz auf den Unterschied zwischen der ersten (vgl. Arbeitsblatt 3.3) und zweiten Version (vgl. Arbeitsblatt 4.2) des ABC-Arbeitsblattes hingewiesen werden: Die neue Version 4.2 hat im unteren Bereich zusätzlich Zeilen für „angemessenere" Gedanken. Im ursprünglichen CPT-Manual (Resick & Schnicke, 1993) war es nicht vorgesehen, dass diese Zeilen zu diesem Zeitpunkt in der Therapie bereits genutzt werden, manche Patienten beginnen jedoch von selbst damit, Alternativen aufzuschreiben. Resick (2010b) berichtet, dass es bei den wenigen Patienten, die mit den späteren Arbeitsblättern nicht zurechtkommen, möglich ist, nach dem Traumanarrativ zu diesem Arbeitsblatt zurückzukehren und ab dann ausschließlich damit zu arbeiten, wobei die Zeilen unten genutzt werden.

Je nach Patient kann es wichtig sein, zu erklären, dass sich nicht alle Gefühle auf diese Weise ändern lassen – es gibt schließlich oft gute Gründe dafür, wütend, traurig oder enttäuscht zu sein. Das ABC-Blatt hilft aber dabei, zu erkennen, ob das, was man sich selbst sagt, dazu führt, dass mehr negative Gefühle auftreten als unbedingt notwendig ist. Empfehlenswert ist außerdem, Patienten aufzufordern, ein Arbeitsblatt zu einem positiven Gefühl auszufüllen, um so ein Gespür dafür zu bekommen, wie selbstwert- oder stimmungsförderliches Denken aussehen kann.

Die Aufgabe ist auf dem Arbeitsblatt 4.3 „Bis zur nächsten Stunde" zusammengefasst. Die Patienten sollen wieder jeden Tag ein ABC-Blatt ausfüllen.

> **Hinweis: Eigene Erfahrungen**
>
> Die vierte Sitzung kommt, wie bereits dargestellt, in dieser Form in den amerikanischen CPT-Manualen nicht vor. Sie hat besondere Bedeutung als Vorbereitung auf die kognitive Arbeit (Umgang mit ABC-Blättern) bei weniger introspektiven Patienten sowie als Vorbereitung auf die Beschäftigung mit dem Ereignis, indem z. B. Dissoziation und Vermeidung thematisiert werden.
>
> Es gibt allerdings auch Patienten, die es geschafft haben, die Auswirkungen des Traumas gleichsam zu beschränken. Sie verfügen über eine gute Alltagsbewältigung und zufriedenstellende soziale Kontakte und es fällt ihnen leicht, Zugang zu ihren eigenen Gedanken und Gefühlen zu finden und diese zu reflektieren. In diesen Fällen ist es problemlos möglich, auf diese Sitzung ganz zu verzichten und nach dem Besprechen der ausgefüllten ABC-Arbeitsblätter direkt mit den Inhalten der fünften Sitzung weiterzumachen, also das Schreiben des Traumanarrativs bereits in Sitzung 4 aufzugeben.

4.6 Fünfte Sitzung – Gedanken und Gefühle identifizieren

Überblick

1. Einstieg und Agenda
2. Aktivitäten und Kontakte (vgl. Arbeitsblatt 5.1)
• Aktuelle Aufgabe besprechen
• Neue Aufgabe evtl. weglassen, da das Traumanarrativ aufgegeben wird
3. ABC-Blätter/Kognitive Arbeit
• Überzeugungen vorsichtig hinterfragen
• Assimilation zuerst bearbeiten
4. Traumanarrativ aufgeben (vgl. Arbeitsblatt 5.2)
• Rational wiederholen
   – Elaboration des Traumagedächtnisses („Schrank aufräumen")
   – Natürliche Gefühle fühlen und ihren Verlauf nehmen lassen
   – Hängepunkte herausfinden
• Compliance erhöhen
   – Umsetzung konkret besprechen (Wann und wo?)
   – Befürchtungen explorieren und entkräften

Materialien (vgl. CD-ROM)
• Arbeitsblatt 5.1 Aktivitäten und Kontakte • Arbeitsblatt 5.2 Schriftliche Traumaschilderung

4.6.1 Einstieg und Agenda

Der Einstieg erfolgt wie immer themenbezogen:

> Heute werden wir uns, wenn wir Ihr Ziel für diese Woche angeschaut haben, mit den ABC-Blättern beschäftigen. Ich bin neugierig, wie es Ihnen damit gegangen ist. Anschließend werden wir über den schriftlichen Traumabericht sprechen. Gibt es noch etwas, was Sie besprechen wollen, für das wir Zeit einplanen sollten?

4.6.2 Aktivitäten und Kontakte

Wie immer wird kurz die Verhaltensaufgabe besprochen. In vielen Fällen sind die Patienten an diesem Punkt so weit, dass sie von selbst das nächste Ziel vorschlagen. Es kann aber auch sinnvoll sein, bis zur nächsten Sitzung neben dem Traumabericht nichts anderes aufzugeben, damit die Patienten sich ganz auf den Bericht konzentrieren können. In diesem Fall wird Arbeitsblatt 5.1 nicht bearbeitet.

4.6.3 ABC-Blätter/Kognitive Arbeit

Die bearbeiteten ABC-Blätter werden nochmals gemeinsam analog zur letzten Stunde durchgesehen. Diese bieten den Einstieg und Themen für die kognitive Arbeit. Das Vorgehen bei der Arbeit mit Gedanken und Überzeugungen soll weiterhin vorsichtig und wenig konfrontativ erfolgen. Zunächst wird Assimilation, also Ungeschehenmachen und Selbstbeschuldigungen, hinterfragt (vgl. auch Kapitel 1.1.2). Weiterhin werden alle „entdeckten" Hängepunkte auf der Hängepunkte-Liste notiert.

Ungeschehenmachen

Die Bearbeitung von Überzeugungen wie „Das war eigentlich nicht so schlimm", „Es war ja gar keine ‚richtige' Vergewaltigung" oder „Eigentlich ist ja nichts passiert" ermöglicht erst das Wahrnehmen und Bearbeiten der mit dem Ereignis verbundenen Gefühle. Ungeschehenmachen resultiert häufig, wenn die Erlebnisse von Hilflosigkeit und Angst während oder nach dem Trauma mit dem Anspruch an die eigene Stärke kollidieren („Weil nicht sein kann, was nicht sein darf").

Manchmal hat Ungeschehenmachen aber auch eine soziale Komponente. Es kommt vor, dass nahe Angehörige auf der einen Seite wenig anteilnehmend reagieren oder das Ereignis herunterspielen, die Betroffenen aber auf der anderen Seite stärker als vor dem Trauma von ihnen abhängig sind, weil Ängste und Vermeidungsverhalten Unterstützung im Alltag notwendig machen. In einer solchen Konstellation kann es für Patientinnen schwierig sein, das eigene Leiden und das Ausmaß von dem, was da geschehen ist, wirklich wahrzunehmen, weil dies Angehörige in eine Art „Täterrolle" bringen und die Beziehung belasten würde.

Selbstbeschuldigungen

Auch Patienten, die sich selbst die Schuld an einem Ereignis geben, können sich dadurch andere Gefühle wie Wut oder Trauer nicht mehr zugestehen (sie haben es sich schließlich selbst eingebrockt). Deshalb ist es wichtig, Schuldgefühle vorrangig zu bearbeiten. Eine Schwierigkeit hierbei ist, dass es sich häufig um sehr schambesetzte Themen handelt, deren Offenlegung schwerfällt. Manche Patienten geben ihre Selbstbeschuldigungen auch deshalb ungern auf, weil diese zu einem Gefühl von Sicherheit und Kontrolle beitragen: Wer sich für ein Ereignis die Schuld gibt, impliziert, dass er die Situation hätte kontrollieren oder beeinflussen können und muss nicht akzeptieren, dass es Situationen gibt, die unkontrollierbar sind. Dasselbe Muster trifft zu, wenn das Ereignis mit grundlegenden Überzeugungen (wie dem Glauben an eine gerechte Welt) in Konflikt steht. Hier kann es als sicherer empfunden werden, das Ereignis zu verzerren, anstatt das ganze Weltbild in Frage zu stellen.

4.6.4 Traumanarrativ aufgeben

Die Aufgabe in dieser Sitzung ist ein schriftlicher Bericht über das Trauma. Dieser hat mehrere Funktionen:
- Der Bericht dient als Ausgangspunkt für die kognitive Arbeit, da Hängepunkte deutlich werden.
- Die mit dem Trauma verknüpften Emotionen werden aktiviert und sollen nicht vermieden, sondern wahrgenommen werden. Dies ermöglicht das Nachlassen der Intensität der Emotionen und die weitere Verarbeitung des Ereignisses.
- Durch das detaillierte Berichten soll die Erinnerung in allen Details aktiviert werden. Das Traumagedächtnis wird elaboriert (durch das Versprachlichen der Erinnerung bekommt das Ereignis einen Kontext und einen zeitlichen Ablauf, die Erinnerung wird besser in das autobiografische Gedächtnis integriert).

Häufig werden beim Schreiben vergessen geglaubte Teile des Erlebnisses wieder erinnert. Bei Patienten, die Gedächtnislücken haben oder sich an die zeitliche Abfolge der Ereignisse nicht erinnern können, ist es sinnvoll, vorher auf diese Möglichkeit hinzuweisen. Bei Patienten, die sich dadurch geängstigt fühlen (sie kommen schließlich, um im Alltag weniger an das Ereignis zu denken, nicht, um sich besser daran zu erinnern), eignet sich evtl. das Bild eines Puzzles: Erst wenn das Puzzle komplett ist, kann man sich das ganze Bild in Ruhe anschauen – und es dann wegräumen.

Es ist wichtig, die Expositionsaufgabe gut vorzubesprechen und sich dafür 10 bis 15 Minuten Zeit zu nehmen. Als Gedächtnisstütze wird die Anleitung (vgl. Arbeitsblatt 5.2) zusätzlich mit nach Hause gegeben. Die Patienten sollen wirklich verstanden haben, warum die Aufgabe wichtig ist und sich nach Möglichkeit nicht mehr in der Abwägephase (Will ich das wirklich?), sondern in der Planungsphase (Wann und wie mache ich das?) befinden. Therapeutinnen können dies durch genaues Nachfragen unterstützen: Wo werden Sie das machen? Wann werden Sie das machen? Was könnte Sie davon abhalten?

> Bis zum nächsten Mal sollen Sie eine vollständige Schilderung des traumatischen Ereignisses schreiben. Suchen Sie sich den Ort und die Zeit so aus, dass Sie möglichst ungestört sind und genug Zeit haben. Das ist wichtig, denn Sie sollen die Gefühle, die kommen, fühlen und nicht versuchen, sich zu „beherrschen" oder die Gefühle zu unterdrücken. Deshalb wäre es nicht gut, die Aufgabe z. B. in der Arbeit in der Mittagspause oder auf einer Parkbank zu machen. Wir haben ja schon darüber gesprochen, dass die Erinnerung an traumatische Ereignisse anders gespeichert wird. Deshalb werden Sie die Gefühle möglicherweise fast genauso intensiv erleben wie damals. Das ist anstrengend und schwierig, aber es ist nicht gefährlich.

Exploration von Befürchtungen

Manche Patienten fürchten, die intensiven Gefühle nicht aushalten zu können. Diese Befürchtung kann man hinterfragen („Was heißt verrückt? Was genau heißt, nicht aushalten können? Was würde dann passieren?"). Im Folgenden werden Möglichkeiten aufgeführt, mit einigen dieser Befürchtungen umzugehen.

Wenn „verrückt" in etwa „schizophren" bedeutet: Es gibt zwar Menschen, die schizophren sind und eine Traumastörung haben, aber es gibt keinerlei Berichte in der Forschung darüber, dass Menschen durch das Aufschreiben oder Erzählen eines Traumas eine Schizophrenie entwickelt haben.

Wenn „verrückt" bedeutet „Ich kann nicht aufhören zu weinen": Es hat bisher noch jeder immer wieder aufgehört zu weinen. Es kann eine ganze Weile dauern, aber es passiert nicht, dass man nicht aufhören kann.

Wenn Befürchtungen bestehen, zu intensive Gefühle könnten körperlich gefährlich werden: Gefühle sind dafür da, um unser Überleben wahrscheinlicher zu machen. Angst bringt uns dazu, gefährliche Situationen zu meiden, Ekel schützt uns davor, uns an verdorbener Nahrung zu vergiften, Wut hilft uns, Kräfte zur Verteidigung zu mobilisieren und so weiter. Die Frage ist jetzt: Würde es Sinn machen, wenn diese Gefühle, die unser Überleben sichern sollen, für gesunde Menschen tödlich sein könnten?

Vermeidung durch Patienten

Manchmal versuchen Patienten, die Traumaschilderung zu vermeiden. Sie argumentieren, das sei zu belastend und sie könnten es nicht aushalten. Die Herausforderung für den Therapeuten ist es in einem solchen Fall, darauf hinzuwirken, dass der Patient die Traumaschilderung trotzdem macht, ohne sich die (oft nur unterschwellig geäußerten) Vorwürfe zu Herzen zu nehmen, der Therapeut sei nicht hilfreich, verstehe nicht, mache alles nur noch schlimmer.

Oft hilft der Hinweis auf die eigene Erfahrung oder auch auf die erwiesene Wirksamkeit der CPT.

Vermeidung durch Therapeuten

Auch viele Therapeuten haben in dieser Stunde oft plötzlich Sorgen oder Zweifel an ihrem Vorgehen. Gedanken wie „Mein Patient ist noch nicht so weit/nicht stabil genug/gerade anderweitig so gestresst ..." machen sich breit. Wenn die Entscheidung für CPT gut überlegt getroffen wurde und sich seitdem nicht massive Veränderungen ergeben haben, handelt es sich bei diesen Gedanken meist um therapeutisches Vermeidungsverhalten. Insbesondere wenn Therapeuten immer wieder Patienten haben sollten, die „zu krank" für die Auseinandersetzung mit dem Ereignis sind, ist Intervision oder Supervision sehr wichtig.

Patienten achten oft sehr genau darauf, wie ihnen eine Intervention vermittelt wird: Steht das Gegenüber wirklich dahinter? Gibt es vielleicht doch eine andere Möglichkeit? Wir haben die Erfahrung gemacht, dass mit zunehmender Sicherheit der Therapeutinnen auch weniger Ängste auf Patientenseite bestehen.

Alternative zum Aufschreiben

Viele Patienten schätzen das schriftliche Vorgehen sehr, da es zunächst Privatheit erlaubt und auch eine gewisse Distanzierung bedeutet. Außerdem berichten manche Patienten danach, jetzt, wo das Ereignis aufgeschrieben sei (und sie es auch nachlesen könnten), bräuchten sie sich weniger im Kopf damit beschäftigen. Anderen fällt das Schreiben allerdings sehr schwer. Manche Patienten können nicht gut schreiben (weil sie sich mit der deutschen Sprache nicht sicher fühlen oder im Alltag kaum in die Situation kommen, sich schriftlich ausdrücken zu müssen), oder finden es unvorstellbar, die Geschichte aufzuschreiben (z. B. aus Sorge, jemand könnte das Geschriebene finden). Dann gibt es die Alternative, die Schilderung auf Band aufzunehmen (zu Hause oder in der nächsten Stunde) und sich das Band jeden Tag anzuhören. Viele Patienten besitzen beispielsweise auch ein Handy mit Aufnahmefunktion, das sich zu diesem Zweck eignet.

4.7 Sechste Sitzung – Die Erinnerung an das Trauma

Überblick

1. Einstieg und Agenda
2. Aktivitäten und Kontakte (vgl. Arbeitsblatt 6.1)
3. Vorlesen der Traumaschilderung
   • Wenn die Aufgabe nicht gemacht wurde – erzählen lassen
   • Zuhören, Emotionen nicht bremsen
   • Ggf. mit Dissoziation umgehen
   • Unmittelbare Reaktionen auf das Vorlesen erfragen
4. Besprechen der Traumaschilderung
   • Loben
   • Vorgang des Schreibens
      – Wie war das Schreiben? Gefühle?
      – Wie ging es danach?
      – Neue Details erinnert?
   • Inhaltlich
      – Vorsichtiges Hinterfragen von Assimilation
      – Ggf. Exploration von Gefühlen (falls „Polizeibericht")
5. Zweite Traumaschilderung aufgeben (vgl. Arbeitsblatt 6.2)
   • Ggf. mehr Details einfordern

Materialien (vgl. CD-ROM)
• Arbeitsblatt 6.1 Aktivitäten und Kontakte • Arbeitsblatt 6.2 Zweite schriftliche Traumaschilderung

4.7.1 Einstieg und Agenda

Der Einstieg erfolgt wie immer themenbezogen:

> Heute wird es in allererster Linie um Ihren Traumabericht gehen. Ich bin neugierig, wie es Ihnen beim Schreiben gegangen ist. Aber bevor wir anfangen, möchte ich fragen, ob es noch etwas anderes gibt, was Sie auf jeden Fall heute besprechen wollen und für das wir Zeit einplanen sollten?

4.7.2 Aktivitäten und Kontakte

Die Besprechung der Verhaltensaufgabe sollte, falls überhaupt, möglichst kurz gehalten werden oder kann ausfallen. Dann wird auch Arbeitsblatt 6.1 nicht bearbeitet. Es könnte sich aber auch anbieten, Strategien des Umgangs mit starken Emotionen oder evtl. auch mit wenig hilfreichen Äußerungen anderer Menschen zu besprechen – alles, was beim Schreiben des zweiten Traumanarrativs hilft. In dieser Therapiephase steht nun die Konfrontation im Vordergrund.

4.7.3 Vorlesen der Traumaschilderung

Zu Beginn wird der Patient gebeten, die Traumaschilderung vorzulesen. Es ist wichtig, dass die Patienten dies selbst tun, um eine emotionale Beteiligung zu erreichen. Das weitere Vorgehen hängt davon ab, ob und wie die Aufgabe gemacht wurde und wie sich das Vorlesen gestaltet. Anzeichen dafür, dass die gewünschte Exposition stattgefunden hat, sind
• sensorische Details,
• Emotionen,
• Gedanken,
• starke emotionale Aktivierung beim Schreiben,
• neue Details wurden erinnert,
• emotionale Aktivierung beim Vorlesen.

Wenn die Aufgabe auf Band gesprochen wurde, wird das Band gemeinsam angehört oder der Patient berichtet und es wird eine neue Aufnahme gemacht. Das letztere Vorgehen hat den Vorteil, dass der Patient nicht mental „aussteigen" kann, sondern die Verarbeitung weitergeht.

Es ist sicher überflüssig, anzumerken, dass das Vorlesen des Traumaberichts ein oft nicht nur für die Patienten schwieriger Teil der Therapie ist. Es ist wichtig, dass der Patient nicht den Kontakt zum Hier und Jetzt verliert, gleichzeitig muss ein gewisser Grad an emotionaler Belastung erreicht werden, da die mit dem Trauma verbundenen Gefühle nur dann nachlassen können, wenn sie gefühlt und nicht vermieden werden.

Sowohl Ehlers (1999) als auch Resick und Schnicke (1993) weisen darauf hin, dass Zweifel an der ausreichenden Stabilität des Patienten oft vor allem ein Kennzeichen für therapeutisches Vermeidungsverhalten sind. Es ist an diesem Punkt sehr wichtig, den Patienten zu erlauben, die negativen Gefühle wirklich voll zu fühlen, ohne zu bremsen. Es können schon sehr subtile Handlungen des Therapeuten ausreichen, um den Patienten in seinem Erleben zu „bremsen", z.B. das Reichen eines Taschentuchs. Auch Therapeuten müssen lernen, die negativen Gefühle auszuhalten, ohne, wie es oft der erste Impuls wäre, tröstend einzugreifen.

Wenn die Aufgabe nicht gemacht wurde

Wenn die Aufgabe nicht gemacht wurde, sollten die Gründe exploriert und anschließend das Problem der Vermeidung (und wie sie eine Besserung verhindert) nochmals thematisiert werden. Auch hier empfiehlt sich wieder ein Erfragen der zugrunde liegenden Ängste (z.B. verrückt zu werden). Anschließend werden die Patienten aufgefordert, die Geschichte zu erzählen „so, wie man sie geschrieben hätte". Mit der Erzählung wird dann genauso umgegangen wie mit einer schriftlichen Schilderung. Die schriftliche Schilderung soll dann bis zur nächsten Stunde verfasst werden. Wenn die technischen Voraussetzungen gegeben sind, kann die Schilderung alternativ auf Kassette, Handy oder Ähnliches aufgenommen und zum täglichen Anhören mit nach Hause gegeben werden.

Auch in dieser Situation sind Therapeuten häufig versucht, selbst zu vermeiden („Mein Patient traut sich das nicht.", „Vielleicht war es gut, dass sie auf sich gehört hat."). Man sollte sich klar machen, dass es sich viel häufiger um eine Art Test handelt, mit dem Patienten herausfinden wollen, ob ihr Therapeut wirklich hinter dem Vorgehen steht oder ob es doch noch einen anderen Weg des therapeutischen Vorgehens gibt. Viele Patienten haben auch einfach nur Schwierigkeiten mit dem Schreiben und es fällt ihnen deutlich leichter, wenn sie die Geschichte zunächst einmal erzählt haben.

Wenn die Schilderung ein „Polizeibericht" ist

Wenn die Traumschilderung einem Polizeibericht ähnelt, also ohne nennenswerte emotionale Beteiligung verfasst ist und/oder gelesen wird, ist es wichtig, die Patientin zu loben, um dann zu betonen, dass es entscheidend ist, die Gefühle zu erleben und auszuhalten. Auch hier kann eine Exploration der Gründe für das Zurückhalten von Gefühlen helfen (s.o.). Dann wird der schriftliche Bericht weiter im Hinblick auf Gedanken und Gefühle besprochen, und zwar sowohl hinsichtlich der Gedanken und Gefühle, die während des traumatischen Ereignisses („Wie haben Sie sich da gefühlt?") als auch derer, die beim Schreiben/Erinnern („Wenn Sie jetzt daran denken, wie fühlen Sie sich?") aufgetreten sind. Ziel ist es, dass die Patienten emotionale Reaktionen entwickeln oder erinnern. Wenn dies passiert, übt sich die Therapeutin wiederum in äußerster Zurückhaltung, um den Fluss der Gefühle nicht zu stören.

Häufig waren Patienten während des Ereignisses selbst gefühllos, in diesem Fall werden logischerweise auch keine intensiven Gefühle erinnert.

Um die gefühlsmäßige Aktivierung (und damit Verarbeitung) zu erreichen, ist es oft hilfreich, mit den aktuellen Gefühlen anzufangen („Jetzt haben Sie gerade von diesem sehr schwierigen Moment berichtet. Wie geht es Ihnen jetzt, wenn Sie daran denken?"). Viele Patienten haben Schwierigkeiten, Gefühle klar zu benennen, können aber bestimmte körperliche Erscheinungen (ein enges Gefühl in der Brust, ein flaues Gefühl im Magen) berichten. Dann kann man sie bitten, sich auf dieses Gefühl zu konzentrieren und abzuwarten, ob es deutlicher wird, sich verändert oder zu einer benennbaren Emotion wird. Der Therapeut steht

Tabelle 7: Anzeichen für Derealisation und Depersonalisation (aus Boos, 2006, S. 162)

Derealisation	Depersonalisation
• Die Augen verlieren ihren Focus. Dies wirkt, als starre der Patient vor sich hin. • Der Patient hat das Gefühl, der räumliche Abstand zur Therapeutin werde größer oder deren Stimme wirke weiter weg. • Der Patient berichtet, die Therapeutin nicht mehr zu verstehen, nicht mehr folgen zu können. • Der Patient wirkt in sich gekehrt und reagiert nicht auf die Stimme der Therapeutin.	• Der Patient berichtet, sich nicht mehr zu spüren (z. B. nimmt nicht mehr wahr, worauf er sitzt). • Der Patient berichtet, neben sich zu stehen, sich von außen zu beobachten, etc. • Der Patient berichtet über ein Gefühl von Unwirklichkeit.

in diesem Prozess validierend (nicht „tröstend") zur Seite und kann bei der Benennung der auftauchenden Gefühle helfen.

Wenn der Bericht sehr emotional ist

Wenn der Bericht sehr emotional ist, ist es ganz wichtig, dass die Patienten ihre Gefühle fühlen können und dabei nicht unterbrochen werden. Therapeuten müssen in der Lage sein, die Gefühle, die die Traumaschilderung bei ihnen auslöst, auszuhalten[6]. Sonst besteht die Gefahr, dass sie ihren Patienten signalisieren, man solle sich jetzt „zusammenreißen". Resick und Schnicke (1993) weisen darauf hin, dass die Patienten oft schon länger, wenn auch nicht auf ideale Weise „mit dem Trauma leben" und auch im Alltag oft genug Intrusionen erleben, dass also therapeutische Sorgen darüber, sie könnten es nicht aushalten, oft eigenes Vermeidungsverhalten darstellen.

Um den Kontakt aufrechtzuerhalten, eignen sich Aussagen wie „Sie machen das sehr gut", „Erzählen Sie weiter" oder „Was ist danach passiert?".

Umgang mit Übererregung und Dissoziation

Während der Konfrontation (also auch beim Vorlesen der Traumaschilderung) ist, wie oben erwähnt, eine gewisse Aktivierung von Angst und anderen „natürlichen Gefühlen" durchaus erwünscht. Allerdings sind sowohl exzessive Übererregung als auch starke Dissoziation nicht erwünscht. Anzeichen für dissoziatives Erleben sind in Tabelle 7 aufgeführt (Boos, 2006).

Wenn bei der Konfrontation Symptome zu großer Erregung oder von Dissoziation auftreten, sollte der Therapeut intervenieren. Hierfür gibt es verschiedene Möglichkeiten (vgl. Resick et al., 2007, S. 15)
• Dem Patienten Kontrolle geben („Möchten Sie jetzt weitererzählen? Was könnte Ihnen jetzt Sicherheit geben?").
• Positiv besetztes Objekt mitbringen und bei der Konfrontation festhalten oder anschauen lassen.
• Die aktuelle Situation in Erinnerung rufen (bewusst im Raum umschauen, bewusst auf Geräusche achten, Äußerungen des Therapeuten wie „Sie sind hier sicher").
• Mehr Nachfragen und unterstützende Äußerungen von Seiten des Therapeuten, um den Kontakt nicht abreißen zu lassen.
• Distanz zur traumatischen Situation erhöhen („Das ist lange her, das war weit weg."), in der Vergangenheitsform berichten lassen.
• Sensibilisierung für sensorische Reize („Was hören, schmecken, sehen, riechen, fühlen Sie gerade? Wo sind Ihre Hände/Füße?").

Intrusives Erleben

Wenn Intrusionen vorkamen, kann unter Rückgriff auf die Psychoedukation aus Stunde 1 das Geschehen eingeordnet werden. Es geht darum, dass die Patienten verstehen, was da gerade passiert ist. Es soll klar werden, dass intrusives Erleben zwar äußerst unangenehm, nicht aber gefährlich ist. In der therapeutischen Situation sollte es möglichst keine Triggerreize für Intrusionen ge-

---

6 „Aushalten können" heißt nicht „stoisch dasitzen". Die Traumanarrative lassen Zuhörer oft nicht kalt und es ist für Patienten eher validierend, das zurückgemeldet zu bekommen. Gleichzeitig brauchen Patienten die Sicherheit, dass ihr Therapeut mit den ausgelösten Gefühlen umgehen kann.

ben, das heißt, ein Diskriminationslernen (die Unterscheidung von jetzt und hier im Gegensatz zu dort und damals) sollte gut möglich sein. Dies kann sich u. a. auf die Sitzordnung, Temperatur oder das Aussehen des Raums beziehen.

4.7.4 Besprechen der Traumaschilderung

Loben: Wenn ein Patient die Traumaschilderung vorgelesen hat, ist vor allem Lob angebracht, egal, wie „gut" das Resultat nun ist. Es ist für die meisten Patienten ein großer Schritt, die Geschichte mitzuteilen. Anschließend kann dann erarbeitet werden, was beim nächsten Durchgang noch anders gemacht werden kann.

Schreibvorgang: Am Anfang der Beschäftigung mit der schriftlichen Traumaschilderung kann eine kurze Exploration des Schreibvorgangs an sich stehen („Wie ging es Ihnen mit der Aufgabe? Wann haben Sie es gemacht? Haben Sie mehrere Anläufe gebraucht?"). Stellen, an denen das Schreiben unterbrochen wurde, geben oft Hinweise auf Hängepunkte. Zudem werden hier häufig weitere Aspekte erkennbar, die es lobend zu bemerken gilt.

Unmittelbare Reaktion auf das Schreiben: Viele Patienten, gerade wenn die schriftliche Hausaufgabe nicht gemacht wurde, sind überrascht, weil sie mehr erzählt haben, als sie sich vorher zugetraut hatten. Weitere mögliche Reaktionen sind die intensive Erinnerung an Gefühle, die mit dem Trauma zusammenhängen, aber zwischenzeitlich vergessen waren. So erinnerte sich beispielsweise eine durch eine Vergewaltigung traumatisierte Patientin erst bei der zweiten Konfrontationssitzung an den damit verbundenen Ekel.

Viele Patienten berichten über eine gewisse Zunahme von Symptomen; dies ist zu Beginn der Exposition ganz normal und wird im Normalfall von einer deutlichen Abnahme der Symptomatik gefolgt. Für Überlegungen zu den verschiedenen Gefühlen, die während der Konfrontation auftauchen können, soll hier auch auf das Kapitel 3.4 verwiesen werden.

Beginn der kognitiven Arbeit mit der Traumaschilderung

Das Ungeschehenmachen und Selbstbeschuldigungen sollten vorrangig bearbeitet werden. Weitere Punkte, die bei der kognitiven Arbeit wichtig sein können, werden im Folgenden aufgelistet (zum Teil aus Ehlers, 1999):

Frauen erleben während einer Vergewaltigung manchmal körperliche sexuelle Erregung. Dabei handelt es sich um eine physiologische Reaktion, die weder auf ein Einverständnis noch auf „Genießen" schließen lässt. Es ist hilfreich, diesbezüglich nachzufragen, weil diese Reaktion oft sehr schambesetzt ist und gleichzeitig dysfunktionale Interpretationen und Schuldzuschreibungen „beweist".

Ebenso ist es bei Vergewaltigungen oft aufschlussreich, nachzufragen, was der Täter gesagt hat, da diese Aussagen („Es hat dir ja Spaß gemacht") oft hingenommen werden, ohne die Quelle der Aussage in Betracht zu ziehen. Es kommt auch vor, dass Täter sich widersprüchlich verhalten (z. B. nach einer Vergewaltigung zärtlich oder liebevoll sind), was die Opfer ebenfalls in ihrer Verarbeitung des Ereignisses als „Vergewaltigung" behindert.

Es empfiehlt sich auch nach Hängepunkten zu fragen, die nicht in der Schilderung vorkommen, z. B. „Sie sagen, Sie haben es nicht verhindert. Was hätten Sie Ihrer Meinung nach in der Situation machen sollen?" Wenn es hier klare Vorstellungen gibt, kann man explorieren, wie diese Vorstellungen zustande gekommen sind (Haben andere Menschen das Verhalten des Patienten in der Situation kritisiert? Gibt es Vorstellungen, wie es „richtig" wäre?). Es kann hilfreich sein, sich ausreichend Zeit für die Erörterung der „Hinterher ist man immer klüger"-Annahme zu nehmen Mögliche Fragen können sein:
- Wie viel Zeit hatten Sie für die Entscheidung?
- Hatten Sie überhaupt die Möglichkeit, eine überlegte Entscheidung zu treffen?
- Welche Informationen hatten Sie, um sich zu entscheiden?
- Hätte ein anderes Verhalten tatsächlich zu einem anderen Ausgang geführt? Zu welchem? Woher wissen Sie das? (Es ist eine durchaus realistische Möglichkeit, dass stärkere Gegenwehr auf Seiten eines Opfers von (sexueller) Gewalt zu einem noch gewalttätigeren Verlauf geführt hätte!)
- Gibt es andere Erklärungen?
- Wer sonst war daran beteiligt?
- Wie viel Einfluss hatten Sie tatsächlich darauf, was passieren würde?
- Wie erschienen Ihnen die Dinge damals, während des Traumas?

- Was war damals, während des Traumas, Ihr Grund, sich so zu verhalten?
- Wie hätten Sie wissen können, was passieren würde?
- Wie viel Zeit hatten Sie, genau zu überlegen und zu entscheiden, wie Sie sich am besten verhalten sollten?
- In welchem seelischen und körperlichen Zustand waren Sie damals, während des Traumas?
- Was haben Sie getan, was hilfreich war/den Ausgang positiv beeinflusste?
- Wenn dies jemand anderem passiert wäre, was hätten Sie von ihm erwartet? Wie würden Sie sein Verhalten erklären?
- Abgesehen von Ihren Gefühlen, was sollte man noch berücksichtigen, wenn man beurteilt, wie Sie sich verhalten haben?

Bei Opfern von Gewalttaten empfehlen sich folgende Fragen:
- Wie viel Einfluss hatten Sie auf das Verhalten des Täters?
- Was hätte der Täter gemacht, wenn Sie … getan/nicht getan hätten?
- War das Verhalten des Täters wegen Ihres Verhaltens/Ihrer Reaktion weniger Unrecht?
- Hat Ihre Reaktion den Ausgang der Situation vielleicht zum Guten beeinflusst?
- Welches Ziel hat der Täter mit seinen demütigenden Äußerungen verfolgt?
- War der Täter ein besonders guter Menschenkenner? Hätten Sie seinem Urteil über andere Menschen getraut?

Fallbeispiel

Eine Patientin beschuldigte sich selbst, weil sie nicht versucht habe, sich gegen ihren Vergewaltiger zu wehren. Da die therapeutische Beziehung und auch die Patientin selbst recht stabil waren, entspann sich folgender Dialog:

Th.: Sie hätten sich wehren sollen. Hm. Darf ich Sie fragen, wie groß Sie sind?

Pat.: Meine Körpergröße?

Th.: Ja.

Pat.: 1,60 m.

Th.: Okay. Und wie groß ist er?

Pat. (zeigt mit der Hand): So 1,85 m.

Th.: Meinen Sie denn, Sie hätten eine Chance gehabt?

Pat.: Eigentlich nicht. Und ich hab immer gedacht, wenn ich mich jetzt wehre, lässt er mich nicht wieder gehen.

Th.: Dann haben Sie in dem Moment eine Entscheidung getroffen. Ich wehre mich nicht, weil er mich sonst hier festhält.

Pat.: Stimmt.

(Später erinnerte sie sich, dass sie durchaus versucht hatte, sich zu wehren, wodurch der Täter die Bedrohung noch gesteigert hatte.)

Eine weitere Möglichkeit ist ein Anknüpfen an die Psychoedukation (vgl. Kapitel 4.1): In traumatischen Situationen haben wir aus hirnphysiologischen Gründen nicht die Möglichkeit, besonders überlegte Entscheidungen zu treffen.

4.7.5 Zweite schriftliche Traumaschilderung aufgeben

Bis zur nächsten Sitzung sollen die Patienten das traumatische Ereignis nochmals aufschreiben, dazu wird die Anleitung auf dem Arbeitsblatt 6.2 mit nach Hause gegeben. Der erste Traumabericht bleibt zunächst beim Therapeuten. (Was damit später geschieht, kann im Einzelfall entschieden werden.)

Hinweis: Eigene Erfahrungen

Die meisten Narrative sind eine oder zwei Seiten lang, so dass das Vorlesen selbst nur wenige Minuten dauert. Allerdings kommen auch sehr lange Narrative vor. Eine Patientin schrieb z. B. ihre Geschichte in mehreren Etappen und hatte schließlich 50 Seiten verfasst.

Manche Patienten berichten über starke Erschöpfung und ein hohes Schlafbedürfnis in der Phase der Konfrontation. In manchen Fällen kann es daher sinnvoll sein, sich für diese Phase krankschreiben zu lassen, Urlaub zu nehmen oder diesen Teil der Therapie in die Semester- oder Schulferien zu legen. Auch ist es oft sinnvoll, den Rest des Tages vorzuplanen: Gibt es etwas Angenehmes, was sich ein Patient nach der Stunde vornehmen kann? Was kann er sich Gutes tun? Gibt es ausreichend Zeit, nach der Sitzung noch ein bisschen spazieren zu gehen, bevor man sich ins Auto setzt? Oder gibt es die Möglichkeit, sich abholen zu lassen?

Obwohl sowohl die ursprüngliche CPT als auch dieses Manual nur zwei Sitzungen für die Auseinandersetzung mit dem Ereignis vorsehen, haben wir die Erfahrung gemacht, dass viele Patienten die Annäherung an das traumatische Ereignis schrittweise vollziehen und dadurch mehr Zeit brauchen. In diesen Fällen kann Sitzung 6 so oft wie nötig wiederholt werden. Abbruchkriterium ist, dass die Traumaschilderung ohne allzu große emotionale Beteiligung gelesen werden kann und eine deutliche Symptomreduktion erfolgt. Ein sehr guter Anhaltspunkt sind beinahe gelangweilte Reaktionen im Stil von „Okay, so war es. Es ist passiert. Können wir jetzt was anderes machen?"

Dissoziative Phänomene können nicht nur während der Traumaschilderung auftreten, sondern unserer Erfahrung nach häufig auch direkt danach, und zwar auch bei Patienten, die sonst nicht zu dissoziativem Erleben neigen. Hier ist es besonders wichtig, dies zu erkennen, ruhig zu bleiben, den Patienten beim Beenden dieses Zustands zu unterstützen, und die Episode anschließend zu besprechen. Patienten sollten nach der Sitzung wissen, welche Möglichkeiten es gibt, gegen dissoziatives Erleben anzugehen und dass dieses Erleben durchaus häufiger vorkommt. Auch hier lohnt der Rückgriff auf die Psychoedukation (Die Reaktion (Dissoziation) tritt bei der Erinnerung an das Trauma auf, weil sie auch während des Ereignisses selbst aufgetreten ist).

4.8 Siebte Sitzung – Hängepunkte finden

Überblick

1. Einstieg und Agenda
2. Aktivitäten und Kontakte (vgl. Arbeitsblatt 7.1)
3. Zweite Traumaschilderung vorlesen lassen
   • Besprechen analog zur ersten Traumaschilderung
   • Entscheidung über weiteres Vorgehen in Bezug auf Traumaschilderung
      – Belastung durch das Lesen unverändert hoch?
      – Gibt es Lücken oder „fehlende" Emotionen?
        → *dann:* Weitere Exploration, evtl. drittes Narrativ aufgeben (Sitzung 6 wiederholen).
        → *sonst:* Weiter mit „Hilfreiche Fragen"-Arbeitsblatt
4. „Hilfreiche Fragen"-Arbeitsblatt einführen (vgl. Arbeitsblatt 7.2)
   • Rational verdeutlichen (z. B. „Anwalt des Teufels")
   • Blatt zu eigenem Hängepunkt gemeinsam ausfüllen
5. Neue Aufgabe: Eigene Hängepunkte hinterfragen (vgl. Arbeitsblatt 7.2, 7.3 und 7.4)

Materialien (vgl. CD-ROM)
• Arbeitsblatt 7.1 Aktivitäten und Kontakte • Arbeitsblatt 7.2 Hilfreiche Fragen (Patient benötigt mehrere Kopien) • Arbeitsblatt 7.3 Beispiel für ein ausgefülltes „Hilfreiche Fragen"-Arbeitsblatt • Arbeitsblatt 7.4 Bis zur nächsten Sitzung

4.8.1 Einstieg und Agenda

Diese Sitzung ist thematisch recht dicht. Falls genügend Zeit vorhanden und eine weitere Beschäftigung mit dem Trauma notwendig ist, empfiehlt es sich, nach dem Vorlesen der zweiten Traumaschilderung quasi auf Sitzung 6 zurückzuschwenken, und sich erneut nur mit der Traumaschilderung zu befassen. Die Einführung des „Hilfreiche Fragen"-Arbeitsblattes sollte dann auf eine weitere Sitzung verschoben werden. Viele Patienten sind aber an diesem Punkt für ein strukturiertes Bearbeiten ihrer Hängepunkte bereit.

> Heute haben wir viel vor. Ich werde Sie gleich bitten, Ihren neuen Bericht vorzulesen und wir werden sehen, wie es Ihnen damit geht. Dann werden wir gemeinsam entscheiden, ob wir mit den Hängepunkten aus Ihrem Bericht weiterarbeiten, oder ob Sie sich noch weiterhin mit dem Ereignis beschäftigen. Aber zuerst möchte ich Sie wie immer fragen, ob es etwas Besonderes gibt, was Sie besprechen wollen und wofür wir Zeit einplanen sollten.

4.8.2 Aktivitäten und Kontakte

Falls in der letzten Sitzung ein Ziel/eine Verhaltensaufgabe vereinbart wurde, sollte diese Aufgabe kurz besprochen werden. Bis zur nächsten Sitzung kann dann eine neue Aufgabe vereinbart werden, die mit Hilfe des Arbeitsblattes 7.1 angegangen werden kann.

4.8.3 Zweite Traumaschilderung

Auch in dieser Sitzung erfolgt zunächst eine kurze Exploration, ob und wenn ja, wie die Konfrontation durchgeführt wurde: Ist die Konfrontation dieses Mal leichter/schwerer gefallen, wurden neue Details erinnert etc.? Anschließend liest der Patient die zweite Traumaschilderung ebenfalls laut vor. Diese wird analog zur ersten mit dem vorrangigen Ziel, Hängepunkte festzustellen, besprochen (vgl. Kapitel 4.7.4).

Die Aufgabe, auf Hängepunkte zu achten, kommt primär der Therapeutin zu, während die Patientin weiterhin die Aufgabe hat, ihre Gefühle zu fühlen. Hängepunkte haben meist mit den schwierigsten Momenten des Traumas zu tun, den Momenten, die als sehr belastend erlebt werden, die am schwersten zu erinnern sind, oder bei denen vielleicht immer noch ein Stück in der Erinnerung fehlt.

> **Merke:**
>
> Die Intensität der Belastung durch das Narrativ sollte in dieser Sitzung deutlich gesunken sein. Ist dies nicht der Fall, sollte auch nicht mit der kognitiven Arbeit begonnen werden. Stattdessen sollte eine Exploration der Gründe erfolgen, warum die Belastung beim Lesen nicht nachlässt (vgl. die folgenden Abschnitte). Gegebenenfalls sollten die Patienten gebeten werden, ein drittes Traumanarrativ zu verfassen (die 6. Sitzung wird also nochmals wiederholt). Es kann auch sinnvoll sein, in einem neuen Bericht nur diejenigen Teile des Ereignisses, die immer noch lückenhaft erinnert werden, aufzuschreiben und täglich durchlesen zu lassen.
>
> In den allermeisten Fällen ist die Belastung beim Lesen deutlich rückläufig, jedoch immer noch spürbar. In diesem Fall ist es sinnvoll, dem Patienten den zweiten Traumabericht mit nach Hause zu geben mit der Aufgabe, ihn weiterhin jeden Tag zu lesen, und in dieser Stunde mit der kognitiven Arbeit zu beginnen (vgl. Kapitel 4.8.4).

Die Belastung beim Lesen lässt nicht nach

Die große Mehrheit der Patienten berichtet in dieser Stunde ein Nachlassen der Belastung beim Lesen des Traumanarrativs. Wenn dies nicht der Fall ist, kommen verschiedene Erklärungen in Frage und es ist wichtig, die Ursache herauszufinden. Wenn der Patient keine Medikamente nimmt, die eine ausreichende Aktivierung verhindern könnten (vgl. Kapitel 3.5.2), liegt es meist an einem der im Folgenden aufgeführten Gründe. Wichtig ist es jedoch auch zu beachten, dass es bei Patienten deutliche interindividuelle Unterschiede hinsichtlich der Zeit gibt, die es dauert, bis das Lesen des Narrativs keine allzu intensiven Gefühle mehr auslöst.

Traumanarrativ wird nicht gelesen oder es wird anderweitig vermieden

Dies ist ein häufiger Grund, warum die Belastung beim Lesen nicht nachlässt. Manche Patienten geben ihrem Wunsch nach Vermeidung nach und lesen ihr Narrativ nicht zwischen den Sitzungen. In diesen Fällen ist es wichtig, noch einmal auf die Problematik der Vermeidung einzugehen und darauf zu dringen, das Narrativ zu lesen, um so ein Nachlassen der natürlichen Gefühle zu ermöglichen. Andere Patienten lesen zwar das Narrativ, treffen aber irgendwelche Vorkehrungen, die ihnen helfen, ihre emotionale Beteiligung möglichst gering zu halten.

Manchmal scheint dieses subtile Vermeidungsverhalten im Nachhinein fast wie ein Test. „Ist mein Therapeut wirklich von seinem Vorgehen überzeugt?" „Wenn ich sage, es wirkt nicht und es geht mir schlechter, findet er dann einen anderen Weg und ich muss es nicht lesen?" Diese Phase ist erfahrungsgemäß für beide Beteiligten schwierig: Den Patienten geht es nicht gut, manchmal sogar ein bisschen schlechter als vor Therapiebeginn. Einige Therapeuten beginnen daran zu zweifeln, ob die gut evaluierte Therapie vielleicht genau in diesem Fall die falsche ist, ihre Befürchtungen richtig waren und sie ihrem Patienten umsonst diese belastende Aufgabe stellen. Es ist wichtig, sich in dieser Situation Unterstützung, z. B. in Form von Supervision, zu holen und den Patienten zum Weitermachen zu motivieren.

> **Fallbeispiel**
>
> Als Beispiel kann hier die Therapie einer Patientin dienen, die einige Jahre zuvor vergewaltigt worden war und seitdem unter einer PTBS litt. Die Auseinandersetzung mit dem Trauma dauerte neun Stunden und war begleitet von Schlafstörungen, Alpträumen und Magenbeschwerden bei der Patientin sowie von Sorgen, Zweifeln und Schuldgefühlen auf Seiten der Therapeutin. Letztlich war es eine sehr erfolgreiche Therapie; einige Monate später war die Patientin symptomfrei.
>
> Diese lange Phase der Konfrontation war eine absolute Ausnahme, in der großen Mehrheit der Fälle kann nach zwei oder drei Stunden Arbeit mit dem Ereignis die kognitive Arbeit angeschlossen werden.

Bericht ist lückenhaft

Manchmal lässt die Belastung beim Lesen nicht nach, weil bestimmte Details des traumatischen Ereignisses beim ersten oder auch zweiten Schreiben nicht erinnert werden. Meist sind dies besonders belastende Details oder solche, die dem Ereignis erst eine bestimmte Bedeutung gaben. Um das herauszufinden, sollte der Bericht Schritt für Schritt durchgegangen werden, um zu prüfen, ob es irgendwo eine Lücke gibt.

Teile des Ereignisses werden immer noch vermieden

Komplizierter wird es, wenn Patienten eine Schilderung ihres traumatischen Ereignisses vorlegen, die nachvollziehbare Gefühle enthält, die auf den ersten Blick keine zeitlichen Lücken aufweist und die Patienten angeben, diese Schilderung auch gelesen zu haben, aber die Belastung beim Lesen nicht nachgelassen hat. In solchen Fällen gibt es häufig Aspekte der traumatischen Erfahrung, die als zu schrecklich angesehen werden und nicht erinnert werden. Es lohnt sich dann häufig, noch detaillierter nachzufragen, um eventuell doch bestehende Lücken im erinnerten Ablauf oder emotionalen Erleben zu entdecken. Dies kann durchaus beim Patienten auch direkt so angesprochen werden:

> Sie sagen, Sie lesen Ihren Bericht regelmäßig. Eigentlich würde ich dann erwarten, dass Sie damit weniger Schwierigkeiten haben als am Anfang. Sie berichten aber, dass es noch fast genauso schlimm ist. Ich frage mich, ob es Teile des Ereignisses gibt, die so schlimm sind, dass Sie sie trotzdem nicht erinnern. Ich würde gern das Ereignis nochmals Schritt für Schritt mit Ihnen durchgehen und sehen, ob es irgendwo eine Lücke gibt. Und ich werde besonders nach Ihren Gefühlen fragen. Manchmal geht es darum, ein bestimmtes „gefährliches" Gefühl, das mit dem Trauma zusammenhängt, zu vermeiden.

Psychoedukation

Zu diesem Zeitpunkt in der Therapie kann es sich je nach Hängepunkten auch anbieten, noch einmal auf Themen der Psychoedukation zurückzukommen, z. B. auf das Thema der *Flight-fight-freeze*-Reaktion (vgl. Kapitel 4.1). Vielen Patienten hilft es, sich zu vergegenwärtigen, dass alle drei Reaktionen (Flucht, Kampf, Totstellen) von der Natur vorgesehen sind und auch im Tierreich vorkommen. In einem Moment akuter Bedrohung (also während des Traumas) ist es nicht möglich, bewusste und überlegte Entscheidungen zu treffen, sondern die Reaktion auf das bedrohliche Ereignis geschieht automatisch. Alle drei Reaktionen dienen dem Überleben der bedrohlichen Situation (vgl. Sitzung 1). Bei Vergewaltigungen reagieren die meisten Personen mit Totstellen (Resick & Schnicke, 1993).

4.8.4 Hilfreiche Fragen

In dieser Sitzung wird das Arbeitsblatt 7.2 zu „Hilfreichen Fragen" eingeführt und anhand eines eigenen Beispiels des Patienten (z. B. aus der aktuellen Sitzung oder eines Beispiels von der Hängepunkte-Liste) Schritt für Schritt durchgegangen. Wenn Aspekte des Ungeschehenmachens und Selbstbeschuldigungen nach wie vor im Vordergrund stehen, sollten sie auch weiterhin vorrangig bearbeitet werden. Ansonsten sollten weitere Themen, die besonders wichtig und dringend erscheinen, angegangen werden.

> Wir haben ja darüber gesprochen, dass Hängepunkte Punkte sind, an denen das, was Sie erlebt haben, mit Ihren früheren Überzeugungen in Konflikt steht. Dass das der Grund ist, warum Sie so sehr hängen geblieben sind und Sie lange nicht in Ihrer Verarbeitung des Traumas weiterkommen konnten. Und, dass es darum gehen wird, Ihre Interpretationen des Traumas (die ja auf Ihren Überzeugungen beruhen) zu hinterfragen. Das Schwierige daran ist, dass wir Menschen immer eher nach Beweisen für unsere Überzeugungen suchen, aber nicht nach Beweisen für das Gegenteil. Deshalb fällt es uns schwer, Fehler in unseren Interpretationen zu finden.

Rational verdeutlichen

Das Rational des Arbeitsblattes kann mit der sehr anschaulichen Einführung „Anwalt des Teufels" hergeleitet werden, aber natürlich alternativ auch mit der etwas kürzeren Formulierung eingeführt werden. Ziel ist es, dass Patienten verstehen, dass es darum geht, Gedanken zu verändern. Wichtig dabei ist jedoch, dass dies bei den Patienten nicht zu Selbstbeschuldigungen im Sinne von „Jetzt denke ich auch noch falsch ..." führt.

Anwalt des Teufels: Dass wir Menschen immer eher nach Beweisen für unsere Überzeugungen suchen, gilt z. B. auch für Gruppen: Wenn alle Mitglieder einer Gruppe von einer Idee begeistert sind und die Gruppe einen hohen Zusammenhalt aufweist, finden die Mitglieder der Gruppe oft keine Gegenargumente mehr, die vielleicht „eigentlich" auf der Hand liegen. Das Phänomen heißt *group think*, weil Amerikaner es zuerst beschrieben haben. Auf diese Weise kommen manchmal sehr schlechte Entscheidungen zustande. Wenn die Gruppe aus Politikern, militärischen Strategen oder Unternehmensführern besteht, kann so eine schlechte Entscheidung oft schwerwiegende negative Auswirkungen haben. Und hinterher fragen sich alle, wie das passieren konnte, weil die Informationen eigentlich da waren und man es „hätte besser wissen müssen".

Daher haben sich findige Menschen die Strategie überlegt, bei wichtigen Entscheidungen in Gruppen einen „Anwalt des Teufels" zu bestimmen. Das ist ein Gruppenmitglied, das die Aufgabe hat, immer dagegen zu sein und Argumente gegen jeden Vorschlag zu finden. Auf diese Weise werden immer auch Argumente für die Gegenseite gesehen und gesammelt, und vielleicht wird eine schlechte Entscheidung verhindert. Der Anwalt des Teufels macht sich vielleicht im ersten Moment bei den anderen nicht so beliebt, es ist auch ganz schön anstrengend, dieser Anwalt zu sein, aber letztlich ist es für alle so am besten.

Was wir jetzt also brauchen, ist eine Art „Anwalt des Teufels", um die Überzeugungen, die Ihnen im Weg stehen, zu hinterfragen. Da Sie eine Einzelperson sind und keine Gruppe, werden Sie Ihr eigener Anwalt des Teufels werden müssen. Deshalb gibt es das Arbeitsblatt 7.2. Wie Sie sehen, gibt es oben Platz, um eine Überzeugung aufzuschreiben. Das kann ein ausformulierter Hängepunkt sein, etwas das Sie sich selbst über das Trauma oder Ihre Reaktion sagen. Ich schlage vor, wir gehen das Ganze einmal mit einem Ihrer Hängepunkte durch. Es kann sein, dass nicht alle Fragen für Ihre Aussage passen, die lassen Sie dann einfach aus.

Alternative Einführung: Wir haben ja in den bisherigen Stunden schon viel über Ihre Überzeugungen gesprochen und diese haben sich auch schon ein bisschen verändert. Bisher haben wir das vor allem hier in der Therapie im Gespräch gemacht. Jetzt wird es darum gehen, dass Sie schrittweise in die Lage versetzt werden, Ihre Gedanken selbst zu hinterfragen. Dafür gibt es verschiedene Arbeitsblätter, und das erste bekommen Sie heute mit. Ich stelle Ihnen ja oft Fragen über Ihre Überzeugungen. Deshalb bekommen Sie das Arbeitsblatt 7.2, das ebenfalls Fragen enthält.

Wie Sie sehen, gibt es oben Platz, um eine Überzeugung aufzuschreiben. Das kann ein ausformulierter Hängepunkt sein, etwas das Sie sich selbst über das Trauma oder Ihre Reaktion sagen. Ich schlage vor, wir gehen das Ganze einmal mit einem Ihrer Hängepunkte durch. Es kann sein, dass nicht alle Fragen für Ihre Aussage passen, die lassen Sie dann einfach aus.

Ein Beispiel zu eigenen Hängepunkten gemeinsam in der Stunde erarbeiten

Es bietet sich an, die einzelnen Punkte des Arbeitsblattes 7.2 anhand einer echten Überzeugung des jeweiligen Patienten durchzugehen. Im Folgenden einige beispielhafte Erklärungen:

1. *Was sind die Belege dafür und dagegen?*
   Es gibt fast immer Argumente für beide Sichtweisen.
2. *Ist es eine Gewohnheit, so zu denken oder basiert Ihre Überzeugung auf Tatsachen?*
   Diese Frage ist oft nicht leicht zu beantworten, es geht darum, ob ein bestimmter Gedanke schon so zur Gewohnheit geworden ist, dass man ihn als Tatsache ansieht. Zum Beispiel war eine Patientin immer, wenn sie Schwierigkeiten hatte, ihren Freund zu erreichen, überzeugt, er würde sie betrügen, obwohl sie noch nie einen Grund zur Eifersucht gehabt hatte.
3. *Sind Ihre Interpretationen der Situation zu weit von der Realität entfernt?*
   Auch diese Frage ist oft nicht ganz leicht zu beantworten: Ein Beispiel ist die Angst vor Einbrechern, wenn man einen Wohnungsnachbarn nach Hause kommen hört.
4. *Denken Sie im „Alles-oder-nichts"-Modus?*
   Die Beantwortung dieser Frage fällt Patienten meist relativ leicht: Gute Beispiele sind „Wenn

ich nicht perfekt bin, bin ich nichts wert", „Weil ich Angst vor … habe, bin ich nichts wert", „Ich bin nicht lebenstüchtig, weil ich das Trauma nicht wegstecken konnte".

5. *Verwenden Sie Worte oder Ausdrücke, die extrem oder übertrieben sind (z. B. immer, für immer, nie, muss, sollte, kann nicht, jedes Mal)?*

   Eine humorvolle Art, auf die Macht dieser häufig gebrauchten Begriffe hinzuweisen, ist der Versuch, jemandem ohne diese Wörter Vorwürfe zu machen: „Manchmal machst du …" (statt „immer"), „Oft bringst du den Mülleimer nicht runter". Aber auch bei Selbstaussagen ergibt sich ein ganz anderes Gefühl, wenn man sagt „Da habe ich (noch) Schwierigkeiten" statt „Ich kann das einfach nicht".

6. *Betrachten Sie Einzelheiten aus dem Zusammenhang gerissen?*

   Eine Patientin, deren Onkel sich suizidiert hatte, machte sich Vorwürfe, eine Äußerung des Onkels zwei Tage vor dem Suizid nicht „richtig als Hilferuf gedeutet" zu haben. Diese Einzelheit war aber sehr verständlich, wenn man einbezog, dass der besagte Onkel seit Jahren depressiv war und in der Vergangenheit häufig ähnliche Aussagen getätigt hatte, ohne dass daraufhin etwas passierte.

7. *Ist Ihre Informationsquelle vertrauenswürdig?*

   Diese Frage ist zum Beispiel relevant für Opfer von interpersonaler Gewalt, die vom Täter oder vom sonstigen sozialen Umfeld negative Kommentare zu hören bekommen haben. Häufig sind die Patienten aber auch selbst die Informationsquelle für negative Einschätzungen. In diesem Fall ist es wichtig, zu betonen, dass mit dieser Frage keineswegs die Vertrauenswürdigkeit des Patienten als Person in Frage gestellt werden soll. Aber auch sehr vertrauenswürdige Menschen sind sich selbst manchmal schlechte Ratgeber.

8. *Verwechseln Sie eine geringe Wahrscheinlichkeit mit einer hohen Wahrscheinlichkeit?*

   Viele Menschen sind nach einem Trauma überzeugt, dass die Wahrscheinlichkeit, ein weiteres traumatisches Ereignis zu erleben, deutlich höher ist als vorher.

9. *Basieren Ihre Bewertungen auf Gefühlen statt auf Fakten?*

   Hier sind vor allem Bewertungen von Situationen hinsichtlich ihrer Gefährlichkeit gemeint, aber auch das Schließen von Gefühlen auf deren Berechtigung (z. B. nach einem Streit „Ich war sehr verletzt, also hat er das auch böse gemeint").

10. *Konzentrieren Sie sich auf unwichtige Faktoren?*

    Ein Beispiel wäre hier eine Frau, die sich selbst die Schuld an einer Vergewaltigung gibt, denn „Ich habe mich ja freiwillig mit ihm getroffen".

4.8.5 Neue Aufgabe: Eigene Hängepunkte hinterfragen

Zu Hause sollen die Patienten mit Hilfe des Arbeitsblatts 7.2 eigene Hängepunkte hinterfragen. Als Hilfestellung kann das Arbeitsblatt 7.3 mit nach Hause gegeben werden, welches das Vorgehen an einem Beispiel illustriert. Auf Arbeitsblatt 7.4 sind die Aufgaben nochmals zusammengefasst.

4.9 Achte Sitzung – Hilfreiche Fragen

Überblick

1. Einstieg und Agenda
2. Aktivitäten und Kontakte (vgl. Arbeitsblatt 8.1)
3. Arbeitsblätter „Hilfreiche Fragen" besprechen
   • Falls nicht gemacht: Vermeidung thematisieren
   • Arbeit in der Stunde vertiefen
4. Arbeitsblatt „Problematische Denkmuster" einführen (vgl. Arbeitsblatt 8.2)
   • Rational verdeutlichen
   • Beispiele gemeinsam finden
5. Neue Aufgabe: Eigene problematische Denkmuster bemerken und notieren (vgl. Arbeitsblatt 8.2, 8.3 und 8.4)

Materialien (vgl. CD-ROM)
• Arbeitsblatt 8.1 Aktivitäten und Kontakte (Patient benötigt evtl. mehrere Kopien) • Arbeitsblatt 8.2 Problematische Denkmuster (Patient benötigt mehrere Kopien) • Arbeitsblatt 8.3 Beispiele für ausgefüllte „Problematische Denkmuster"-Arbeitsblätter • Arbeitsblatt 8.4 Bis zur nächsten Sitzung

4.9.1 Einstieg und Agenda

In dieser Sitzung liegt das Hauptaugenmerk auf den zu Hause bearbeiteten „Hilfreiche Fragen"-Arbeitsblättern.

> Heute haben wir wieder viel vor. Wir werden sehen, wie es Ihnen mit dem „Hilfreiche Fragen"-Blatt ergangen ist und Sie bekommen heute ein neues Arbeitsblatt. Aber zuerst möchte ich Sie wie immer fragen, ob es etwas Besonderes gibt, was Sie besprechen wollen und wofür wir Zeit einplanen sollten.

4.9.2 Aktivitäten und Kontakte

Zunächst wird die Verhaltensaufgabe, die sich auf das Wiederherstellen von Kontakt oder Wiederaufnahme von Aktivitäten bezog, besprochen. Die Übung wird ausgewertet und weitere Schritte geplant (vgl. Arbeitsblatt 8.1). Nachdem in den letzten beiden Stunden die Konfrontation im Vordergrund stand, kann es sinnvoll sein, hier vielleicht auch einen neuen Weg einzuschlagen. Wenn z.B. die Aufgaben bisher vor allem auf eine Vergrößerung des Bewegungsradius ausgerichtet waren (Auto fahren, U-Bahn fahren etc.) könnte man jetzt verstärkt soziale Kontakte einbeziehen oder sportliche Aktivitäten oder umgekehrt.

Es gibt auch Patienten, die zu diesem Zeitpunkt kaum noch über Vermeidungsverhalten berichten bzw. auch ohne die Arbeitsblätter zu bearbeiten immer aktiver werden. In diesem Fall kann auf die Bearbeitung der Blätter verzichtet werden – natürlich nicht ohne ein Lob dafür, dass dieser Teil der Therapie offenbar nicht mehr gebraucht wird.

4.9.3 Arbeitsblätter „Hilfreiche Fragen" besprechen

Die ausgefüllten „Hilfreiche Fragen"-Arbeitsblätter werden besprochen. Wie üblich gilt: Wenn ein Patient diese Aufgabe nicht erledigt hat, wird dies in der Stunde nachgeholt. Es wird also ein Hängepunkt anhand der Liste bearbeitet. Beim Besprechen der Fragen muss die Therapeutin darauf achten, welche Fragen vielleicht „falsch" beantwortet wurden oder bei welchen Fragen die Relevanz einer Frage für den Hängepunkt nicht gesehen wurde. In Abbildung 9 finden sich Beispiele für ausgefüllte Arbeitsblätter. Das Arbeitsblatt auf der linken Seite stammt von einem Patienten, der einen schweren Motorradunfall erlebt hatte, an dem er sich selbst die Schuld gab. Das Blatt auf der rechten Seite behandelt ein Thema, das in vielen Therapien eine Rolle spielt: Viele Patienten schämen sich dafür, eine PTBS entwickelt zu haben.

Hilfreiche Fragen

Auf diesem Blatt finden Sie Fragen, die Ihnen helfen, Ihre Überzeugungen in Frage zu stellen. Nicht alle Fragen werden zu jeder Überzeugung passen. Beantworten Sie aber so viele Fragen wie möglich für die Überzeugung, die Sie in Frage stellen wollen.

Überzeugung: ich bin selbst schuld

1. Was sind die Belege dafür und dagegen?

dafür: fühle mich schuldig

dagegen: Polizei gibt Unfallgegner 100 % der Schuld

2. Ist es eine Gewohnheit, so zu denken, oder basiert Ihre Überzeugung auf Tatsachen?

Ich habe das starke Gefühl, aber es ist wohl keine Tatsache.

3. Sind Ihre Interpretationen der Situation zu weit von der Realität entfernt, um zutreffend zu sein?

4. Denken Sie im „Alles-oder-nichts"-Modus?

5. Verwenden Sie Worte oder Ausdrücke, die extrem oder übertrieben sind (z. B. immer, für immer, nie, muss, sollte, kann nicht, jedes Mal)?

nein

6. Betrachten Sie Einzelheiten aus dem Zusammenhang gerissen und konzentrieren sich nur auf einen einzelnen Aspekt?

7. Ist Ihre Informationsquelle vertrauenswürdig?

ich selbst – in diesem Fall vielleicht nicht (Polizei sieht es anders)

8. Verwechseln Sie eine geringe Wahrscheinlichkeit mit einer hohen Wahrscheinlichkeit?

9. Basieren Ihre Bewertungen auf Gefühlen statt auf Fakten?

ja

10. Konzentrieren Sie sich auf unwichtige Faktoren?

Hilfreiche Fragen

Auf diesem Blatt finden Sie Fragen, die Ihnen helfen, Ihre Überzeugungen in Frage zu stellen. Nicht alle Fragen werden zu jeder Überzeugung passen. Beantworten Sie aber so viele Fragen wie möglich für die Überzeugung, die Sie in Frage stellen wollen.

Überzeugung: ich bin schwach, weil ich nicht allein damit klargekommen bin

1. Was sind die Belege dafür und dagegen?

dafür: nicht alle bekommen eine PTBS + meine Freunde („stell dich nicht so an")

dagegen: meine Therapeutin/Partner unterstützt mich

2. Ist es eine Gewohnheit, so zu denken, oder basiert Ihre Überzeugung auf Tatsachen?

Tatsache

3. Sind Ihre Interpretationen der Situation zu weit von der Realität entfernt, um zutreffend zu sein?

4. Denken Sie im „Alles-oder-nichts"-Modus?

5. Verwenden Sie Worte oder Ausdrücke, die extrem oder übertrieben sind (z. B. immer, für immer, nie, muss, sollte, kann nicht, jedes Mal)?

nein

6. Betrachten Sie Einzelheiten aus dem Zusammenhang gerissen und konzentrieren sich nur auf einen einzelnen Aspekt?

ja, ich habe schon vieles wieder geschafft

7. Ist Ihre Informationsquelle vertrauenswürdig?

Vielleicht nicht.

8. Verwechseln Sie eine geringe Wahrscheinlichkeit mit einer hohen Wahrscheinlichkeit?

9. Basieren Ihre Bewertungen auf Gefühlen statt auf Fakten?

auf Gefühlen

10. Konzentrieren Sie sich auf unwichtige Faktoren?

Abbildung 9: Ausgefüllte „Hilfreiche Fragen"-Arbeitsblätter

Man sieht in der Abbildung 9 auch, dass nicht alle Fragen beantwortet wurden. Das kommt häufiger vor. Teilweise passen die Fragen einfach nicht zur Überzeugung bzw. zum Hängepunkt, teilweise werden die Fragen übersehen. Das Beispiel auf der rechten Seite tritt ebenfalls häufig auf: Gewohnheiten werden mit Tatsachen verwechselt.

Formulierung der Hängepunkte

Für die weitere Bearbeitung der Hängepunkte ist es wichtig, dass die Überzeugungen/Hängepunkte klar formuliert sind. Beispiele für Hängepunkte sind im folgenden Kasten aufgeführt (vgl. hierzu Resick, 2010b und Kapitel 3.3.2).

An diesem Punkt der Therapie geht es durchaus darum, die auf der Liste notierten Hängepunkte wirklich zu hinterfragen, die Therapeutin wird also konfrontativer als noch in den ersten Sitzungen. Wichtig ist dabei, weiterhin wertschätzend und annehmend zu bleiben, damit der Patient sich nicht (wieder) selbst abwertet (z. B. „Viele von uns haben möglicherweise dysfunktionale Überzeugungen über bestimmte Themen oder Ereignisse; wenn wir aber das Glück haben, dass das Ereignis nicht eintritt, bekommen wir damit keine Probleme. Und viele Überzeugungen suchen wir uns ja nicht aus – wir bekommen sie mit auf den Weg, lernen sie von unseren Eltern, von anderen Menschen, durch die Medien usw.").

Beispiele für Hängepunkte

- Wenn ich jammere, werde ich von anderen abgelehnt.
- Ich sollte mich nicht so anstellen; anderen geht es viel schlechter.
- Der Täter wird nach Deutschland kommen und mich finden und töten.
- Alle Männer sind Arschlöcher.
- Ich bin nichts wert.

Die Arbeit mit den kognitiven Arbeitsblättern ist am Anfang nicht ganz einfach und auch für viele kognitiv arbeitende Therapeuten eine Herausforderung. Es lohnt sich aber, sich die Zeit zu nehmen und nicht vorschnell aufzugeben. Natürlich kann man eine kognitive Umstrukturierung auch im Gespräch durchführen, aber die Blätter bieten den Patienten die Möglichkeit, sich zunehmend selbst helfen zu können. Ob Patienten bereit sind, sich auf die Arbeit mit den Blättern einzulassen, hängt nicht zuletzt von der Einstellung ihres Therapeuten diesen Arbeitsblättern gegenüber ab.

4.9.4 Einführung des Arbeitsblatts „Problematische Denkmuster"

In dieser Stunde wird das Konzept der problematischen Denkmuster (vgl. Arbeitsblatt 8.2) eingeführt. Die Beschäftigung mit problematischen Denkmustern ist heute ein Standard der kognitiven Verhaltenstherapie. Die Bedeutung von Denkmustern wurde ursprünglich von Aaron T. Beck hervorgehoben (z. B. Beck et al. 1992).

Rational verdeutlichen

Es ist wichtig, zu erklären, dass Denkmuster automatisch ablaufen und meist auf mehrere Gedanken und Konzepte angewendet werden können. Denkmuster sind sozusagen Arten der Informationsverarbeitung (Wie gehe ich mit den Daten, die ich von außen bekomme, um?). Diese Muster können so automatisiert ablaufen, dass die Person gar nicht mehr bemerkt, wie sie denkt, und wie diese Muster negative Gefühle, Einschränkungen im Verhalten oder auch letztlich selbstschädigendes Verhalten (z. B. die Flucht aus näher werdenden persönlichen Beziehungen) verursachen können.

Zur Veranschaulichung wird das Arbeitsblatt 8.2 „Problematische Denkmuster" verwendet.

Meistens gibt es an diesem Punkt der Therapie ausreichend eigene Beispiele des Patienten, um die Denkmuster zu erklären. Da aber nicht jeder Patient jedes problematische Denkmuster verwendet, sind in Tabelle 8 einige Beispiele aufgeführt.

Tabelle 8: Beispiele für problematische Denkmuster

Willkürliches Schlussfolgern Dies ist der Fall, wenn Schlüsse gezogen werden, obwohl es keine oder sogar gegenteilige Informationen gibt.	• Den Menschen geht es immer nur ums Geldverdienen – Wie erklären Sie sich, dass es so viele Menschen gibt, die ehrenamtliche Arbeit machen? – Fallen Ihnen Bereiche ein, in denen Menschen etwas ohne Geld tun? (z. B. die Freiwilligen Feuerwehren, oder Ehrenamtliche im Rettungsdienst) • Männer wollen immer nur Sex von Frauen – Trifft das auf jeden Mann zu, den Sie kennen? – Sie hatten mir ja von Ihrem Freund X erzählt, der Sie so unterstützt. Gilt das für ihn auch? • Wenn ich anderen von meinen Schmerzen erzähle, werde ich abgelehnt – Haben Sie das einmal ausprobiert? (Ein Versuch zeigte, dass im Gegenteil die meisten Leute sehr anteilnehmend reagierten.)
Über- oder Untertreibung Dinge werden in ihrer Bedeutung übermäßig „aufgeblasen" oder heruntergespielt. Besonders häufig sind hier Aussagen, die das Ereignis herunterspielen und mit denen Patienten sich selbst für ihre Reaktionen abwerten.	• Ich sollte mich nicht so anstellen – ich hätte auch tot sein können. – Das stimmt. Aber verlangen Sie nicht ein bisschen viel von sich, wenn Sie denken, dass Sie deshalb nicht unter Ihrer Situation mit chronischen Schmerzen und Bewegungseinschränkungen leiden dürfen? • Ich habe letzte Woche einen Fehler in der Arbeit gemacht – ich bin ein Versager. • Das bedeutet, dass ich nie wieder Sex mit einem Mann haben kann.

Tabelle 8: Beispiele für problematische Denkmuster (Fortsetzung)

Selektives Verallgemeinern Wichtige Aspekte einer Situation werden nicht beachtet. Auch hier geht es häufig um Selbstvorwürfe.	• Ich hätte mich wehren müssen, hätte nicht einfach mitmachen dürfen. – Sie haben mir erzählt, dass der Täter bewaffnet war. Ist das vielleicht ein wichtiger Aspekt, den Sie hier nicht beachten? Wenn Sie an diese Waffe denken, würden Sie immer noch sagen, Sie hätten einfach mitgemacht? • Niemand hat mir in der Situation geholfen. – Sie haben gesagt, dass es einen Passanten gegeben hat, der Sie geschützt hat. – Sie haben erzählt, dass jemand die Polizei gerufen hat. Wer war das noch einmal?
Schwarz-weiß-Denken Etwas ist gut oder schlecht, richtig oder falsch. Es gibt nur ein „entweder-oder", aber kein „sowohl als auch", kein „im Großen und Ganzen" und kein „vielleicht". Manchmal äußert sich dieses dichotome Denken auch im Beurteilen eigener Fortschritte und Leistungen (Wenn etwas nicht sofort zu 100 % klappt, ist es ein Versagen).	• Die Kollegin hat nicht unterstützend reagiert, mit der will ich nichts mehr zu tun haben. • Wenn die Therapie nicht sofort wirkt, mache ich nicht weiter. • Ich muss immer stark sein. • Keiner kann verstehen, was ich durchgemacht habe.
Übergeneralisieren eines einzigen Ereignisses Ein einziges Ereignis wird als ein endloses Muster von Niederlage betrachtet oder es wird von Merkmalen des Täters auf eine ganze Gruppe geschlossen.	• Ich habe Angst vor allen schwarzhaarigen Männern. • Männer sind Arschlöcher. • Man weiß nie, wann das nächste schlimme Ereignis passiert. • Ich bin immer in Gefahr, wenn ich aus dem Haus gehe, weil Gewaltverbrechen so häufig sind.
Gedankenlesen Es wird angenommen, dass andere Personen schlecht über einen selbst denken, auch wenn es dafür keine Belege gibt.	• Wenn ich U-Bahn fahre, merken alle, dass ich Angst habe. • So, wie X geschaut hat, wusste ich ja, was er gedacht hat.
Emotionales Schlussfolgern Ein Gefühl haben und annehmen, dass es begründet ist.	• Es ist gefährlich, nachts aus dem Haus zu gehen – da hab ich Angst. • Ich kann auf keinen Fall U-Bahn fahren, da bekomme ich Angst. • Ich bin wertlos, weil ich mich oft so hilflos fühle.

4.9.5 Neue Aufgabe: Eigene problematische Denkmuster bemerken und notieren

Die Patienten sollen bis zur nächsten Sitzung darauf achten, ob sie problematische Denkmuster anwenden und diese auf dem Arbeitsblatt 8.2 notieren. Dabei können bearbeitete und noch bestehende Hängepunkte nebeneinander festgehalten werden, d.h., es ist möglich, dass einige Sätze Hängepunkte sind („Ich bin selber schuld") und andere einen Prozess verdeutlichen („Oft denke ich, dass ich selbst schuld bin, aber ich weiß heute ..."). Die Beispiele auf dem Arbeitsblatt 8.3 dienen als Hilfestellung. Auf Arbeitsblatt 8.4 sind die Aufgaben nochmals zusammengefasst.

4.10 Neunte Sitzung – Problematische Denkmuster

Überblick

1. Einstieg und Agenda
2. Aktivitäten und Kontakte
3. Problematische Denkmuster
  • Weiteres Hinterfragen von dysfunktionalen Überzeugungen und Denkmustern
4. Arbeitsblatt „Überzeugungen hinterfragen" einführen (vgl. Arbeitsblatt 9.1)
  • Das Ausfüllen des Arbeitsblatts erklären
  • Blatt gemeinsam ausfüllen
    – Erklären: nicht alles wird sich ändern (natürliche vs. sekundäre Gefühle)
    – Oft reicht ein Abschwächen einer extremen Überzeugung
5. Einführung ins Thema Sicherheit (vgl. Arbeitsblatt 9.2)
  • Erstes von fünf Themen (Sicherheit, Vertrauen, Macht/Kontrolle, Wertschätzung, Intimität)
  • Fragen müssen nur kurz beantwortet werden, Reflexionsgrundlage
6. Neue Aufgabe: „Überzeugungen hinterfragen"- und „Sicherheit"-Arbeitsblatt bearbeiten (vgl. Arbeitsblatt 9.1 bis 9.3)

Materialien (vgl. CD-ROM)
• Arbeitsblatt 9.1 Überzeugungen hinterfragen (Patient benötigt mehrere Kopien) • Arbeitsblatt 9.2 Sicherheit • Arbeitsblatt 9.3 Bis zur nächsten Sitzung

4.10.1 Einstieg und Agenda

Diese Stunde ist thematisch relativ dicht und es gibt zwei neue Arbeitsblätter. Wenn man den Therapieverlauf entzerren will, ist es auch möglich, zunächst nur das Arbeitsblatt 9.1 „Überzeugungen hinterfragen" zu behandeln und mit dem Thema Sicherheit in der nächsten Sitzung zu beginnen.

4.10.2 Aktivitäten und Kontakte

Zunächst wird wie üblich die Verhaltensaufgabe, die sich auf das Wiederherstellen von Kontakt oder auf die Wiederaufnahme von Aktivitäten bezog, besprochen und es werden ggf. weitere Schritte vereinbart. Da an diesem Punkt der Therapie die Patienten sehr häufig kein Vermeidungsverhalten mehr aufweisen, ist ab der neunten Sitzung kein „Aktivitäten und Kontakte"-Arbeitsblatt mehr vorgesehen. Falls notwendig, können aber natürlich weitere Aufgaben geplant werden.

4.10.3 Problematische Denkmuster

In der Sitzung wird anschließend zur Besprechung der kognitiven Übungsaufgabe übergegangen, also zu den vorhandenen problematischen Denkmustern. Hier geht es vor allem darum, festzustellen, ob eigene Beispiele gefunden wurden und ob sie richtig zugeordnet wurden. Es kommt durchaus vor, dass Patienten nicht alle problematischen Denkmuster verwenden.

Viele Patienten können auch selbst sehr klar formulieren, warum manche dysfunktionalen Gedanken sich besser anfühlen als die Überzeugungen vor dem Trauma (z. B. Wer immer nur das Schlimmste erwartet, wird nicht enttäuscht. Wer sich anderen nicht öffnet, kann sich vor Verletzungen schützen). In diesem Fall kann man die positiven und negativen Auswirkungen der neuen Überzeugungen diskutieren.

Für die meisten Patienten ist dieses Arbeitsblatt eine Herausforderung und das Besprechen erfordert entsprechend Zeit. Wenn noch Zeit übrig ist, können in der Stunde auch noch weitere Bei-

Problematische Denkmuster

Hier finden Sie eine Liste von problematischen Denkmustern, die viele Menschen oft verwenden. Denkmuster sind sozusagen verschiedene Arten, die Information, die wir bekommen, zu verarbeiten. Es ist am Anfang gar nicht so leicht, das eigene Denken auf diese Weise zu hinterfragen, schließlich verwendet man diese Muster nicht mit Absicht.

1. **Willkürliches Schlußfolgern**, wo es keine oder sogar gegenteilige Beweise gibt.
   Menschen sind schlecht, man kann niemandem vertrauen
   Wenn einem so etwas einmal passiert, kann es immer wieder passieren.

2. **Über- oder Untertreibung**: Dinge entweder in ihrer Bedeutung übermäßig „aufblasen" oder aber ihre Bedeutung herunterspielen.
   Eigentlich war es gar nicht so schlimm, ich reagiere über.
   Ich hatte noch Glück; es hätte viel schlimmer kommen können.

3. Wichtige **Aspekte einer Situation nicht beachten**.

4. **Schwarz-weiß-Denken**: Etwas ist gut oder schlecht, richtig oder falsch.

5. **Übergeneralisieren** eines einzigen Ereignisses: Ein einziges Ereignis als ein endloses Muster von Niederlage betrachten oder von Merkmalen des Täters auf eine ganze Gruppe schließen.
   Vielleicht soll mir mehr passieren, mein Schicksal?. Mir sind erstmal alle Menschen unsympathisch, bis sie mir das Gegenteil beweisen.

6. **Gedankenlesen**: Davon ausgehen, dass andere schlecht über Sie denken, wenn es dafür keine Belege gibt.
   Man denkt, ich soll mich einkriegen und nicht überreagieren.

7. **Emotionales Schlussfolgern**: Ein Gefühl haben und davon ausgehen, dass es begründet ist.
   Weil ich draußen Angst habe, ist es gefährlich.
   Weil ich immer Angst habe, ist alles gefährlich.
   Ich habe Angst zu schlafen, weil es plötzlich gefährlich werden könnte.

Problematische Denkmuster

Hier finden Sie eine Liste von problematischen Denkmustern, die viele Menschen oft verwenden. Denkmuster sind sozusagen verschiedene Arten, die Information, die wir bekommen, zu verarbeiten. Es ist am Anfang gar nicht so leicht, das eigene Denken auf diese Weise zu hinterfragen, schließlich verwendet man diese Muster nicht mit Absicht.

1. **Willkürliches Schlußfolgern**, wo es keine oder sogar gegenteilige Beweise gibt.
   Ich bin schuld

2. **Über- oder Untertreibung**: Dinge entweder in ihrer Bedeutung übermäßig „aufblasen" oder aber ihre Bedeutung herunterspielen.
   Ich berücksichtige die Schwere ihrer Krankheit nicht

3. Wichtige **Aspekte einer Situation nicht beachten**.
   Da ich vor ihrem Tod öfters dachte, es wäre angenehmer, allein zu sein, muss es wohl gewollt passiert sein.

4. **Schwarz-weiß-Denken**: Etwas ist gut oder schlecht, richtig oder falsch.
   Entweder man liebt einen Menschen ganz oder gar nicht (weil ich manchmal gedacht habe, es wäre leichter, sich zu trennen, habe ich sie nicht genug geliebt.)

5. **Übergeneralisieren** eines einzigen Ereignisses: Ein einziges Ereignis als ein endloses Muster von Niederlage betrachten oder von Merkmalen des Täters auf eine ganze Gruppe schließen.
   Ich töte, was ich liebe

6. **Gedankenlesen**: Davon ausgehen, dass andere schlecht über Sie denken, wenn es dafür keine Belege gibt.
   Ihre Familie ist wütend auf mich

7. **Emotionales Schlussfolgern**: Ein Gefühl haben und davon ausgehen, dass es begründet ist.
   Ich habe Schuldgefühle, also bin ich auch schuldig

Abbildung 10: Beispiele für Arbeitsblätter zu problematischen Denkmustern

---

spiele für problematische Denkmuster des Patienten gesucht werden.

Beispiele für ausgefüllte Arbeitsblätter finden sich in Abbildung 10. Das Blatt auf der linken Seite stammt von einer Patientin, die einen sexuellen Übergriff erlebt hatte, das auf der rechten Seite von einem Patienten, der sich die Schuld am Tod seiner Freundin gab, die an einer schweren Krankheit verstorben war. Beide Arbeitsblätter liefern Beispiele für sehr typische Gedanken.

4.10.4 Arbeitsblatt „Überzeugungen hinterfragen" einführen

Als nächstes wird das Arbeitsblatt 9.1 „Überzeugungen hinterfragen" eingeführt. Dieses Arbeitsblatt ist ein Klassiker der kognitiven Therapie (bereits Aaron Beck arbeitete in den 1970er Jahren mit einem ähnlichen Arbeitsblatt; Beck et al., 1992, S. 391). In das Arbeitsblatt 9.1 wurden zusätzlich die Inhalte „hilfreiche Fragen" und „problematische Denkmuster" integriert. Es ermöglicht so die kognitive Umstrukturierung von Überzeugungen. Arbeitsblatt 9.1 baut somit auf die Arbeitsblätter 7.2 „Hilfreiche Fragen" und 8.2 „Problematische Denkmuster" auf.

Das Ausfüllen des Arbeitsblatts erklären und Arbeitsblatt gemeinsam ausfüllen

Das Arbeitsblatt ist inhaltlich nicht auf traumarelevante Überzeugungen beschränkt, sondern kann auch bei depressiven oder ängstlichen Gedanken, aber auch bei anderen Themen des Alltags helfen, sich über die eigenen Gedanken und Gefühle klarer zu werden. Da das Arbeitsblatt sehr komplex ist, empfiehlt es sich, das Arbeitsblatt anhand eines Hängepunkts des Patienten Schritt für Schritt gemeinsam durchzugehen und auszufüllen. Die Patienten verfügen so auch über ein ausgefülltes Muster. Viele Patienten finden es schwierig, Hängepunkte oder automatische Gedanken gut zu formulieren. Dann kann es sinnvoll sein, im Verlauf der Stunde auftauchende Hängepunkte (zum Beispiel zum Thema Sicherheit) direkt in eine weitere Kopie des Arbeitsblattes einzutragen und als Hausaufgabe mit nach Hause zu geben.

> Heute bekommen Sie ein neues Arbeitsblatt, das uns für die ganze restliche Therapiezeit begleiten wird. Wie Sie sehen, wirkt es zuerst ganz schön kompliziert, aber das meiste davon kennen Sie schon. Die beiden Spalten hier links sind – genau wie die ABC-Blätter, die wir ganz am Anfang bearbeitet haben – für auslösende Situation, Gedanken und Gefühle gedacht. Der einzige Unterschied ist, dass Sie noch zusätzlich eintragen sollen, wie sehr Sie von den Gedanken überzeugt sind und wie stark die Gefühle sind.
>
> Die nächste Spalte (D) „Gedanken in Frage stellen" kennen Sie auch schon – das sind die Fragen vom „Hilfreiche Fragen"-Arbeitsblatt, nur etwas verkürzt, damit der Platz ausreicht. In der nächsten Spalte (E) „Problematische Denkmuster" finden Sie die sieben problematischen Denkmuster vom letzten Arbeitsblatt wieder, ebenfalls ein bisschen verkürzt. Und Sie sollen diese beiden Spalten auf die Gedanken in B anwenden, wie Sie es in den letzten Wochen auch schon gemacht haben.
>
> Das einzige, was neu ist, ist die letzte Spalte. Wenn Sie jetzt Ihre automatischen Gedanken aus B genauer betrachtet haben, fällt Ihnen vielleicht eine andere Interpretation der Situation ein. Die können Sie dann in Spalte F notieren und auch hier zusätzlich angeben, wie sehr sie von der alternativen Erklärung überzeugt sind (G).
>
> Dann sollen Sie noch einmal zurückgehen und sehen, wie sehr Sie jetzt, nachdem Sie das halbe Arbeitsblatt ausgefüllt haben, von den Gedanken in Spalte B überzeugt sind. Manchmal wird sich das ändern, manchmal nicht so sehr. Und schließlich, unter H, sollen Sie Ihre aktuellen Gefühle notieren, also wie es Ihnen geht, nachdem Sie das Blatt bearbeitet haben.

Nicht alle Überzeugungen werden sich ändern

Wichtig ist, den Patienten zu vermitteln, dass sich manche Überzeugungen, die negative Gefühle auslösen, nicht ändern werden. Viele der Gedanken, die sich Patienten machen (und viele der negativen Gefühle) sind angemessen. Gefühle werden sich oft nur ein bisschen ändern, oder es braucht mehrere Anläufe. Das ist auch in Ordnung so, denn das Arbeitsblatt soll negative Gefühle nicht „entfernen", sondern sie genauer beleuchten, um so zu sehen, woher die Gefühle kommen. Wenn die Gefühle aus dysfunktionalen Überzeugungen herrühren, werden sie sich vermutlich verändern, sobald diese Überzeugungen hinterfragt und Stück für Stück durch funktionalere ersetzt werden. Dieser Prozess des Hinterfragens und Ersetzens benötigt Zeit und oft mehrere Wiederholungen. Das einmalige Ausfüllen eines Arbeitsblatts ist nicht ausreichend. „Natürliche" oder „angemessene" Gefühle werden sich vermutlich nicht (sehr) ändern, diese Gefühle müssen gefühlt werden, um mit der Zeit weniger intensiv zu werden.

Es geht nicht darum, Überzeugungen ins Gegenteil zu verkehren

Manche Patienten haben Sorge (möglicherweise auch im Rahmen von landläufigen Überzeugungen über Psychotherapie), dass sie sich durch das Hinterfragen ihrer Gedanken zu sehr verändern. Dann kommen Einwände wie „Ich möchte meine Persönlichkeit nicht verlieren". Diese Sorgen sollten genau exploriert werden. Ziel der kognitiven Arbeit ist sicher nicht, die Persönlichkeit von Patienten „umzustrukturieren". Ein Fortschritt wäre schon, wenn es gelingt, eine extreme Überzeugung abzuschwächen: z. B. aus der Überzeugung „Ich kann niemandem vertrauen" wird „Ich bin ein eher vorsichtiger Mensch, und es gibt Menschen, denen ich vertrauen kann".

Auch hier empfiehlt es sich, möglichst nach positiven Formulierungen zu suchen: statt „Manche Menschen wollen anderen schaden, aber das trifft nicht auf alle zu" sollte es besser heißen „Manche Menschen wollen anderen schaden, aber andere meinen es gut mit ihren Mitmenschen".

Selten sind Vorbehalte eher ein Widerstand gegen ein echtes Hinterfragen und gegen Veränderung. In diesem Fall können die Auswirkungen der aktuellen Überzeugungen exploriert werden. Diese sind meist negativ und einengend.

4.10.5 Einführung ins Thema Sicherheit

Falls der Therapieverlauf nicht entzerrt werden soll (vgl. Kapitel 4.10.1), wird nun in das Thema „Sicherheit" eingeführt. Dieses Thema wird in der nächsten Sitzung weiter vertieft und in den Sitzungen 11 bis 14 durch die Themen Vertrauen, Macht/Kontrolle, Wertschätzung sowie Intimität und Selbstfürsorge ergänzt werden.

> Wir haben uns ja schon mit einigen Ihrer Themen beschäftigt. Bisher gab es ganz verschiedene Themen, wir haben bisher an den Punkten gearbeitet, die gerade am dringendsten erschienen. In den nächsten fünf Sitzungen werden wir weiter an Ihren Überzeugungen arbeiten, mit den Mitteln, die Sie schon kennen. Nur wird es jetzt jede Stunde einen bestimmten Themenbereich geben, mit dem wir uns beschäftigen. Die fünf Bereiche sind Sicherheit, Vertrauen, Macht/Kontrolle, Wertschätzung und Intimität und Selbstfürsorge. Jeder dieser Bereiche kann auf zwei Weisen betrachtet werden, nämlich in Bezug auf Sie selbst und in Bezug auf andere. Der Grund für dieses Vorgehen ist, dass traumatische Ereignisse sehr häufig die Überzeugungen in diesen Bereichen beeinträchtigen. Das muss aber nicht heißen, dass bei Ihnen alle Bereiche oder alle Bereiche gleich stark betroffen sind. Gleichzeitig ist es aber so, dass wir oft gar nicht merken, dass wir uns bestimmte ungute Denkmuster angewöhnt haben (das haben wir ja auch schon festgestellt). Deshalb sehen wir uns alle diese Bereiche an. Der erste Bereich ist Sicherheit.

Es ist ausreichend, das Arbeitsblatt 9.2 in dieser Stunde nur kurz zu besprechen. Die Fragen dienen lediglich dem Anstoß zur Selbstreflexion. Es geht nicht darum, die Fragen schriftlich ausführlich zu beantworten, sondern sich mit den Themen zu beschäftigen. Die Fragen sind relativ selbsterklärend und die Patienten kommen im Allgemeinen gut damit zurecht.

4.10.6 Neue Aufgabe

Meistens wird es eigene Hängepunkte aus dem Bereich Sicherheit geben, die bereits aufgetaucht sind. Dann kann direkt vereinbart werden, zu diesen Hängepunkten ein „Überzeugungen hinterfragen"-Arbeitsblatt zu Hause auszufüllen (vgl. Arbeitsblatt 9.1). Falls dies nicht der Fall sein sollte, wird das Arbeitsblatt 9.2 „Sicherheit" mit nach Hause gegeben, mit der Aufgabe, sich mit den Reflexionsfragen zu befassen und zu überlegen, ob doch noch Hängepunkte da sind. Es soll also mindestens ein Arbeitsblatt zum Thema Sicherheit ausgefüllt werden, wenn in diesem Bereich Hängepunkte bestehen. Auf dem Arbeitsblatt 9.3 „Bis zur nächsten Stunde" sind die Aufgaben nochmals zusammengefasst.

> **Hinweis: Eigene Erfahrungen**
>
> Im Allgemeinen kommen die Patienten gut mit den zwei neuen Arbeitsblättern zurecht. In manchen Fällen kann es jedoch sinnvoll sein, falls ausreichend Zeit vorhanden ist, zunächst nur das Arbeitsblatt „Überzeugungen hinterfragen" bearbeiten zu lassen und den Einstieg in das Thema „Sicherheit" in die nächste Sitzung zu verschieben.

4.11 Zehnte Sitzung – Sicherheit

Überblick

1. Einstieg und Agenda
2. Aktivitäten und Kontakte
3. Thema Sicherheit
   - Arbeitsblatt „Sicherheit" besprechen
     – Sind neue Hängepunkte aufgetaucht?
     – Bereits erreichte Veränderungen verstärken
4. „Überzeugungen hinterfragen"-Arbeitsblätter besprechen (vgl. Arbeitsblatt 10.1)
   - Unterstützung beim richtigen Ausfüllen des Arbeitsblatts
   - Inhaltlich besprechen (kognitive Arbeit vertiefen)
   - Motivieren, Problemlösen
5. Einführung in das Thema Vertrauen (vgl. Arbeitsblatt 10.2)
   - Arbeitsblatt kurz durchgehen
6. Neue Aufgabe: „Überzeugungen hinterfragen"- und „Vertrauen"-Arbeitsblatt bearbeiten (vgl. Arbeitsblatt 10.1 bis 10.3)

Materialien (vgl. CD-ROM)

- Arbeitsblatt 10.1 Überzeugungen hinterfragen (Patient benötigt mehrere Kopien)
- Arbeitsblatt 10.2 Vertrauen
- Arbeitsblatt 10.3 Bis zur nächsten Sitzung

4.11.1 Einstieg und Agenda

In dieser Stunde steht das Thema Sicherheit im Vordergrund, aber auch andere Themen und Hängepunkte, die noch wichtig sind. Nicht für alle Patienten sind alle Themenbereiche gleich wichtig. Es ist daher möglich, das Arbeitsblatt zum jeweiligen Thema zunächst nur kurz durchzugehen, um zu prüfen, ob es in diesem Bereich noch Hängepunkte gibt. Falls keine Hängepunkte (mehr) feststellbar sind, kann sich die weitere Arbeit den verbleibenden Hängepunkten zuwenden.

4.11.2 Aktivitäten und Kontakte

Wie in Kapitel 4.10.2 bereits angemerkt, sind in den meisten Fällen die „Aktivitäten und Kontakte"-Arbeitsblätter an diesem Punkt der Therapie nicht mehr notwendig. Falls noch Probleme vorhanden sind, die bearbeitet werden müssen, sollten die weiteren Schritte und Verhaltensaufgaben, auch mit Blick auf das Therapieende, geplant werden (vgl. Arbeitsblatt 8.1 „Aktivitäten und Kontakte").

4.11.3 Thema Sicherheit

Falls das Thema Sicherheit in der letzten Stunde noch nicht eingeführt wurde, sollte dies nun nachgeholt werden. Ansonsten sollte kurz anhand der ausgefüllten Arbeitsblätter exploriert werden, wie die Patienten mit dem Thema Sicherheit umgegangen sind (z. B. „Wie ging es Ihnen mit dem Thema Sicherheit? Fiel es Ihnen schwer oder eher leicht, die Fragen zu beantworten? Würden Sie sagen, dass bei Ihnen der Bereich Sicherheit ein wichtiger ist?"). Die meisten Patienten sind gut in der Lage, ihre Überzeugungen und deren Veränderung oder Stabilität zu reflektieren. Daher geht es in dieser Stunde auch darum, festzustellen, was bereits erreicht wurde, welche Bereiche so bleiben können und in welchen Bereichen noch Veränderungsbedarf besteht. Besonders wichtig ist dabei oft das Vermeidungsverhalten.

Vermeidungs- vs. Sicherheitsverhalten

Die ausgefüllten Blätter können weitere Hängepunkte aufzeigen. Es ist aber auch sinnvoll, direkt nach Vermeidungs- und Sicherheitsverhalten zu fragen, da Patienten dieses oft als selbstverständlich und sinnvoll hinnehmen und es vielleicht gar nicht als Symptom sehen. Beispielfragen wären:

- Gibt es Dinge, die Sie vor dem Trauma getan haben und jetzt nicht mehr tun?
- Fühlen Sie sich seit dem Trauma in Ihrem Alltagsleben eingeschränkt? Wo, warum?
- Treffen Sie besondere Sicherheitsvorkehrungen, wenn Sie ...?
- Gehen Sie noch genauso häufig weg wie vor dem Ereignis?
- Haben Sie sich bewaffnet? (Dies ist sicher in den USA ein größeres Thema, weil dort Feuerwaffen legal sind. In Deutschland besorgen sich Patienten teilweise Pfefferspray oder Messer.)

Während viele Verhaltensweisen sich klar dem Vermeidungsverhalten zuordnen lassen (z. B. in der Wohnung nicht mehr baden, weil man sich dann im Falle eines Einbruchs schlecht wehren könnte), ist es in anderen Fällen schwierig, die Grenze zwischen vernünftigem Sicherheitsverhalten und übertriebenem Vermeidungsverhalten zu ziehen. Dabei spielen teilweise auch eigene Einstellungen der Therapeutin eine Rolle. Wichtige Anhaltspunkte sind hier die Aktivitäten vor dem Ereignis und die Einschränkungen im Alltagsleben, die das Sicherheitsverhalten verursacht.

Zu viel oder zu wenig Sicherheitsverhalten?

Der weitaus häufigere Fall ist, dass Patienten zu sehr auf Sicherheit bedacht sind. Ein 43-jähriger Patient, der zusammengeschlagen wurde, hatte beispielsweise Angst, in seiner Wohnung laut Musik zu hören, weil er dann einen Eindringling nicht bemerken würde. Er kontrollierte auch häufig mehrfach (von außen und von innen), ob er die Wohnungstür wirklich abgeschlossen hatte. Frauen mit sexueller Gewalterfahrung beschließen manchmal, zur Sicherheit jeglichen Kontakt mit Männern soweit wie möglich zu reduzieren.

Es gibt aber auch Fälle, in denen Patienten eher zu wenig Sicherheitsverhalten zeigen oder Schwierigkeiten haben, nein zu sagen und klare Grenzen zu setzen. Dies hat manchmal mit dysfunktionalen Überzeugungen darüber zu tun, ob sie überhaupt das Recht haben, Grenzen zu setzen und sich um ihre eigene Sicherheit zu kümmern.

4.11.4 „Überzeugungen hinterfragen"- Arbeitsblatt besprechen

Der Hauptteil der Stunde besteht im Besprechen der Arbeitsblätter „Überzeugungen hinterfragen". Es ist wichtig, diesen viel Aufmerksamkeit zu schenken, da viele Patienten zunächst Probleme haben, eine andere Perspektive auf ihre Überzeu-

Überzeugungen hinterfragen					
A Situation/Auslöser	B Gedanke(n)	D Gedanken in Frage stellen	E Problematische Denkmuster	F Alternative Gedanken	
Beschreiben Sie Ereignis/Situation/Überzeugung, die negative Emotionen auslöste Er kommt nach Deutschland und sucht mich	Schreiben Sie den Gedanken auf, der zur Spalte A gehört. Wie sehr sind Sie davon überzeugt? (0–100%) Es wird wieder passieren 100%	Verwenden Sie das Arbeitsblatt Hilfreiche Fragen, um Ihre automatischen Gedanken zu hinterfragen Belege dafür? Er hat mich nicht vergewaltigt Belege dagegen? Er weiß nicht, wo ich bin Gewohnheit oder Tatsache? Gewohnheit Falsche Interpretationen? ja „Alles-oder-nichts"-Modus?	Verwenden Sie das Arbeitsblatt Problematische Denkmuster, um Ihre automatischen Gedanken aus (B) zu untersuchen Voreilige Schlüsse ziehen Über- oder Untertreibung Aspekte nicht beachten ja: Aspekte wie er ist vielleicht arm, er ist nicht Supermann Schwarz-weiß-Denken ja	Was könnte ich statt B noch sagen? Wie könnte ich das noch interpretieren? Bewerten Sie 0–100%, wie sehr Sie von den alternativen Erklärungen überzeugt sind. – er weiß nicht, wo ich wohne – er würde sich hier nicht zurecht finden – er würde in meinem Ort auffallen – 100%	
	C Gefühl(e) Geben Sie Ihre Gefühle an und bewerten Sie die Stärke von 0–100% Angst 100% Ohnmacht 80%	Extrem oder übertrieben? Aus Zusammenhang gerissen? Informationsquelle vertrauenswürdig? Geringe oder hohe Wahrscheinlichkeit? Gefühle statt Fakten? Unwichtige Faktoren?	Übergeneralisieren Gedankenlesen Emotionales Schlussfolgern ja	G Alte Gedanken bewerten Geben Sie an, wie sehr Sie jetzt von den Gedanken in B überzeugt sind von 0–100% 0%	
				H Gefühle Was fühlen Sie jetzt? 0–100% erleichtert 100% unbeschwerter 90% Angst 10% Ohnmacht 0%	

Abbildung 11: Ausgefülltes „Überzeugungen hinterfragen"-Arbeitsblatt zum Thema Sicherheit

Überzeugungen hinterfragen				
A Situation/Auslöser	B Gedanke(n)	D Gedanken in Frage stellen	E Problematische Denkmuster	F Alternative Gedanken
Beschreiben Sie Ereignis/Situation/Überzeugung, die negative Emotionen auslöste *allein spazieren gehen*	Schreiben Sie den Gedanken auf, der zur Spalte A gehört. Wie sehr sind Sie davon überzeugt? (0–100%) *jemand wird mich überfallen* *80%*	Verwenden Sie das Arbeitsblatt Hilfreiche Fragen, um Ihre automatischen Gedanken zu hinterfragen Belege dafür? *Zeitung/TV, überall Verbrechen* Belege dagegen? *kenne niemanden, dem etwas passiert ist* Gewohnheit oder Tatsache?	Verwenden Sie das Arbeitsblatt Problematische Denkmuster, um Ihre automatischen Gedanken aus (B) zu untersuchen Voreilige Schlüsse ziehen	Was könnte ich statt B noch sagen? Wie könnte ich das noch interpretieren? Bewerten Sie 0–100%, wie sehr Sie von den alternativen Erklärungen überzeugt sind. *Ich wohne in einer sicheren Gegend, Spazierengehen ist dort nicht gefährlich.*
		Falsche Interpretationen?	Aspekte nicht beachten	
	C Gefühl(e)	„Alles-oder-nichts"-Modus		G Alte Gedanken bewerten
	Geben Sie Ihre Gefühle an und bewerten Sie die Stärke von 0–100% *Angst 80%*	Extrem oder übertrieben?	Schwarz-weiß-Denken	Geben Sie an, wie sehr Sie jetzt von den Gedanken in B überzeugt sind von 0–100% *10%*
		Aus Zusammenhang gerissen?	Übergeneralisieren	
		Informationsquelle vertrauenswürdig? *ich (subjektiv, nicht unbedingt vertr.)*	*Ja*	H Gefühle
			Gedankenlesen	Was fühlen Sie jetzt? 0–100% *Angst 5%*
		Gefühle statt Fakten?		
		Unwichtige Faktoren?	Emotionales Schlussfolgern *Ja*	

Abbildung 12: Ausgefülltes Arbeitsblatt zum Thema Sicherheit (Angst davor, sich alleine draußen aufzuhalten)

gungen einzunehmen. In diesem Fall kann es notwendig sein, bestimmte Blätter nochmals gemeinsam zu besprechen und zu ergänzen. Die Arbeitsblätter sind am besten als eine Ergänzung und Strukturierungshilfe für die kognitive Arbeit in der Stunde zu betrachten.

Es sollten zwei Ziele verfolgt werden: Erstens sollen die Patienten beim Bearbeiten der Blätter unterstützt werden, zweitens soll die Verbindung zum täglichen Leben des Patienten deutlich werden bzw. bleiben. Im Folgenden sind einige Themen aufgeführt, die immer wieder in Verbindung mit den „Überzeugungen hinterfragen"-Arbeitsblättern auftauchen (nicht nur beim Thema Sicherheit). Abbildung 11 zeigt beispielsweise ein sehr gut ausgefülltes Arbeitsblatt. Es stammt von einer Patientin, die einen sexuellen Übergriff erlebt hatte[7]. Ein weiteres häufig auftretendes Thema, nämlich die Angst, sich allein draußen aufzuhalten, ist in Abbildung 12 dargestellt.

Die Arbeit mit den Blättern kann anfänglich eine Gratwanderung sein. Wenn die Patientin die Arbeitsblätter nicht versteht, dann helfen sie auch nicht. Wenn ein Arbeitsblatt „nicht funktioniert", liegt es häufig daran, dass die Gedanken (in B) nicht gut formuliert wurden und/oder die Gefühle (in C) nicht zu den Gedanken passen. Oft stellt sich bei einer näheren Betrachtung heraus, dass

die angegebenen Gefühle von einem anderen Hängepunkt herrühren, dann sollte man diesen auf ein weiteres Blatt schreiben und die beiden Gedanken getrennt hinterfragen.

Wie bei den ABC-Blättern auch ist es wichtig, darauf zu achten, dass in den Feldern C und H wirklich Gefühle und keine Gedanken eingetragen werden. Vor allem wenn die Therapie gut verläuft oder bei eher grundlegenden Überzeugungen kann es aber passieren, dass die alternativen Überzeugungen keine besonderen Emotionen auslösen, sondern sich vage „richtig" anfühlen. Ein Beispiel hierfür ist das ausgefüllte Arbeitsblatt in Abbildung 13 (vgl. Seite 116 in Kapitel 4.13).

Es kommt auch vor, dass in Spalte A eher Themengebiete als wirkliche Ereignisse geschrieben werden. Dies ist in Ordnung, solange die zu hinterfragenden Gedanken in B gut formuliert sind. Hier sei wieder auf die Überlegungen zu den Hängepunkten (vgl. Kapitel 3.3.2) verwiesen.

„Ja, aber ..."

Manche Patienten berichten, dass sie zwar die Arbeitsblätter ausfüllen, ihre Gedanken hinterfragen und Alternativen dazu finden, dass sich die Gefühle dadurch aber nicht ändern. Manchmal liegt das daran, dass in B zwar dysfunktionale Gedanken aufgeschrieben wurden, es aber eine allgemeine Grundüberzeugung gibt, die von der Umstrukturierung nicht berührt wird. Dies ist beispielsweise der Fall, wenn folgende Aussagen getroffen werden: „Ja, ich habe in diesem

---

[7] „Er hat mich nicht vergewaltigt" ist deshalb ein Beleg, dass der Täter sie sucht, weil die Patientin befürchtete, dass der Täter dies noch tun wolle, um die Tat zu „vervollständigen".

Fall Gedanken gelesen und es gibt keine Beweise, dass mich diese Person ablehnt, aber im Großen und Ganzen werde ich von anderen trotzdem nicht gemocht."

Wenn es dann in der Stunde noch gelingt, den Teil nach dem „aber" herauszufinden (dieser wird oft nicht so deutlich formuliert), kann ein Arbeitsblatt zu dieser Überzeugung ausgefüllt werden.

Dranbleiben lohnt sich

Viele Patienten sind im ersten Moment entmutigt und denken „Das kann ich eh nicht" oder „Das bringt mir nichts". Unserer Erfahrung nach lohnt es sich, mit sich selbst und den Patienten Geduld zu haben und trotzdem immer wieder auf die Arbeitsblätter zurückzukommen. Häufig benötigt es viele Arbeitsblätter zum gleichen Thema, um Schritt für Schritt funktionalere Überzeugungen aufzubauen.

Patienten, die gelernt haben, mit den Blättern zu arbeiten, profitieren oft sehr davon.

> **Fallbeispiele**
>
> Eine Patientin berichtete, dass sie zwei ihrer Blätter immer neben sich liegen habe, wenn sie am Schreibtisch arbeite, und diese lesen würde, wenn sie wieder Angst bekäme. In Abbildung 11 ist eines ihrer letzten Blätter zu sehen. Die Ängste vor einem erneuten Angriff des Täters waren über mehrere Wochen Thema und die Patientin bearbeitete diese in vielen Blättern. Zunächst schienen ihr die Alternativerklärungen wenig glaubhaft (30%) und die Angst ließ kaum nach. Durch die häufige Wiederholung und Einübung der rationaleren Gedanken konnte sie schließlich die dargestellten sehr deutlichen emotionalen Veränderungen im Angsterleben wahrnehmen und wieder einige Zeit später wurden die Angstgedanken selbst seltener. Dieses Beispiel zeigt, wie wichtig es ist, nicht zu schnell aufzugeben.
>
> Ähnliches gilt für den Fall der 25-jährigen Patientin, deren Arbeitsblatt in Abbildung 12 dargestellt ist. Sie beschäftigte sich, weil die anderen Ängste und Symptome bereits deutlich nachgelassen hatten, über Wochen hinweg mit ihrer Angst, das Haus zu Fuß zu verlassen. Hier war gut zu beobachten, wie die Patientin schrittweise immer weniger von den Angstgedanken überzeugt war.

„Es fühlt sich aber anders an"

In vielen Therapien zeigt sich, dass das Hinterfragen mit den Blättern mit der Zeit immer einfacher von der Hand geht und auf Seiten des Patienten die Einsicht entsteht, dass die bestehenden Denkmuster nicht helfen. Gleichzeitig kommt es aber häufig zu der frustrierenden Erfahrung, dass sich die Überzeugungen nur langsam ändern und sich die alternativen Gedanken „falsch anfühlen".

Dies ist ein Beispiel für emotionales Schlussfolgern (Logik richtet sich nicht danach, ob sich etwas falsch oder richtig anfühlt) und vor allem auch eine Frage der Gewohnheit. Die häufig schon aus der Kindheit vertrauten Überzeugungen und Denkmuster fühlen sich vertraut und richtig an, und es erfordert Training, dies zu ändern.

> Stellen Sie sich vor, Sie ziehen nach England. Dort ist Linksverkehr. Sind Sie schon mal links gefahren? Es fühlt sich falsch an, oder? Genauso falsch wird es sich für einen Engländer anfühlen, rechts zu fahren. So, wenn Sie jetzt wirklich nach England ziehen, wird es sich in den ersten Wochen wahrscheinlich grundfalsch anfühlen, wenn Sie Autofahren. Und was passiert dann? Irgendwann ist es kein komisches Gefühl mehr, Sie haben sich umgewöhnt. Jetzt könnte es sich vielleicht sogar falsch anfühlen, wenn Sie in Deutschland sind und rechts fahren sollen. Was meinen Sie, ist es „wirklich" falsch, links zu fahren? Auch, wenn es sich so anfühlt? So ähnlich ist es auch mit den Gedanken. Wie lange denken Sie schon X, und wie oft hatten Sie diesen Gedanken schon?

Um selbst nicht die Geduld zu verlieren, hilft es auch dem Therapeuten, sich immer wieder klar zu machen, dass Umlernprozesse oft nicht sehr viel mit Einsicht, sondern mehr mit Übung zu tun haben.

4.11.5 Einführung in das Thema Vertrauen

Im nächsten Schritt wird das Thema „Vertrauen" eingeführt. Das Arbeitsblatt 10.2 „Vertrauen" wird kurz besprochen und soll dann zu Hause bearbeitet werden.

> Wie beim Thema „Sicherheit" gibt es auch beim Thema „Vertrauen" zwei Sichtweisen:

Die auf sich selbst bezogene Sichtweise und die auf andere. Es ist nach traumatischen Erfahrungen häufig so, dass das Vertrauen in die eigene Urteilsfähigkeit und eigene Entscheidungen beeinträchtigt ist, also das Sich-selbst-Vertrauen. Im Deutschen wird das Wort „Selbstvertrauen" in einer etwas anderen Bedeutung verwendet. Ein Trauma kann auch das Vertrauen zu anderen zerstören, vielleicht, weil eine andere Person einem etwas angetan hat, oder weil man nach dem Trauma wenig Unterstützung von anderen bekommen hat und sich deshalb alleingelassen fühlt. Wie war das bei Ihnen vor dem Trauma? Hatten Sie das Gefühl, Sie können Ihrem Urteil vertrauen? Haben Sie anderen vertrauen können? Wie hat das Trauma Ihr Vertrauen in sich und in andere verändert?

4.11.6 Neue Aufgabe

Das Arbeitsblatt 10.2 „Vertrauen" soll dazu verwendet werden, um sich über die eigenen Überzeugungen und evtl. Hängepunkte im Bereich „Vertrauen" klar zu werden. Außerdem sollen weitere Arbeitsblätter 10.1 „Überzeugungen hinterfragen" bearbeitet werden. Es soll mindestens ein Arbeitsblatt zum Thema Vertrauen ausgefüllt werden. Auf dem Arbeitsblatt 10.3 „Bis zur nächsten Sitzung" sind die Aufgaben nochmals zusammengefasst.

4.12 Elfte Sitzung – Vertrauen

Überblick

1. Einstieg und Agenda
2. Aktivitäten und Kontakte
3. Thema Vertrauen
   - Arbeitsblatt „Vertrauen" besprechen
   - Psychoedukation Vertrauen
     – Kontinuum der Intensität
     – Zeitlicher Verlauf (Vertrauen kann sich entwickeln)
     – Bereiche von Vertrauen
   - Ggf. Vorsichtsmaßnahmen vs. Vermeidung
   - Ungünstige Reaktionen des sozialen Umfelds
4. Einführung in das Thema Macht und Kontrolle (vgl. Arbeitsblatt 11.2)
   - Arbeitsblatt kurz besprechen
5. Neue Aufgabe: „Überzeugungen hinterfragen"- und „Macht und Kontrolle"-Arbeitsblatt bearbeiten (vgl. Arbeitsblatt 11.1 bis 11.3)

Materialien (vgl. CD-ROM)

- Arbeitsblatt 11.1 Überzeugungen hinterfragen (Patient benötigt mehrere Kopien)
- Arbeitsblatt 11.2 Macht und Kontrolle
- Arbeitsblatt 11.3 Bis zur nächsten Sitzung

4.12.1 Einstieg und Agenda

Das Hauptthema dieser Sitzung ist Vertrauen. Dieses wird auch mit Hilfe der ausgefüllten „Überzeugungen hinterfragen"-Arbeitsblätter bearbeitet. Je nachdem, wie groß die Problematik im Bereich Vertrauen ist und welche anderen Hängepunkte noch zu bearbeiten sind, wird ein größerer oder kleinerer Teil der Stunde für das Thema Vertrauen verwendet.

4.12.2 Aktivitäten und Kontakte

Zunächst wird, falls erforderlich, wie üblich die Verhaltensaufgabe besprochen und es werden ggf. weitere Schritte geplant (vgl. Arbeitsblatt 8.1 „Aktivitäten und Kontakte").

4.12.3 Thema Vertrauen

Anhand der ausgefüllten Arbeitsblätter soll exploriert werden, wie die Patienten mit dem Thema Vertrauen umgegangen sind (z.B. Wie ging es Ihnen mit dem Thema Vertrauen? Fiel es Ihnen schwer oder eher leicht, die Fragen zu beantworten? Würden Sie sagen, dass bei Ihnen der Bereich Vertrauen ein wichtiger ist? Hat sich hier vielleicht auch schon etwas verändert?). Wie bei den anderen Sitzungen dient auch hier das Besprechen der Arbeitsblätter dazu, Erfolge und Probleme bei der kognitiven Umstrukturierung festzustellen. Wenn Patienten sehr viele Arbeitsblätter bearbeitet haben, ist es oft schwierig, alle Blätter gemeinsam anzusehen. In diesem Fall sollte die Patientin aussuchen, welches Arbeitsblatt sie gerne besprechen möchte, oder es sollten Blätter besprochen werden, die für die Patientin besonders schwierig oder überraschend waren. Als Hausaufgabe sollten wieder „Überzeugungen hinterfragen"-Arbeitsblätter zu den verbleibenden Hängepunkten bearbeitet werden, u.a. mindestens eines zum Thema Macht und Kontrolle, welches später noch in dieser Stunde eingeführt wird.

Vertrauen als Kontinuum

Häufig entwickeln vor allem Opfer von (sexueller) Gewalt eine „Ganz-oder-gar-nicht"-Einstellung zum Thema Vertrauen. Die Therapeutin sollte darauf hinweisen, dass Vertrauen ein Kontinuum darstellt und man Menschen mehr oder weniger Vertrauen entgegenbringen kann. Verschiedene

Aktivitäten setzen unterschiedlich viel Vertrauen voraus. So ist es nicht erforderlich, einer Kollegin besonders zu vertrauen, um mit ihr in die Kantine zu gehen, eine Einladung nach Hause setzt vielleicht mehr Vertrauen voraus.

Vertrauen als Prozess

Ähnlich wie die graduelle Abstufung in der Intensität von Vertrauen geht bei traumatisierten Menschen manchmal die zeitliche Entwicklung verloren: analog zum „ganz oder gar nicht" gibt es also ein „jetzt oder nie". Wenn dies der Fall ist, kann es hilfreich sein, Möglichkeiten zu erörtern, langsam Vertrauen zu jemandem aufzubauen, dies bedeutet beispeilsweise, zunächst nur Situationen aufzusuchen, in denen nicht viel Vertrauen erforderlich ist, und abzuwarten, wie sich die Person verhält.

Verschiedene Arten von Vertrauenswürdigkeit

Je nach Patient kann es auch hilfreich sein, darauf einzugehen, dass Vertrauen sich auf verschiedene Bereiche beziehen kann.

> Die meisten Menschen haben nur wenige Menschen in ihrem Umfeld, denen sie in allen Bereichen voll vertrauen können. So kann es zum Beispiel Freunde geben, die man mitten in der Nacht anrufen kann, weil man sich aus der Wohnung ausgeschlossen hat und ein Sofa zum Schlafen braucht, aber mit denen man niemals seinen Liebeskummer besprechen würde. Oder jemand ist ein richtig guter Zuhörer und behält jedes Geheimnis für sich, aber Geld würde man der Person nicht unbedingt leihen. Oder jemand ist völlig zuverlässig und hält jede Verabredung ein, kann aber kein Geheimnis für sich behalten. Und so, wie man Erfahrungen mit Menschen macht, kann man lernen, sie zunehmend besser einzuschätzen und erfahren, in welchen Bereichen und wie weit man ihnen vertrauen kann.

Unterscheidung zwischen Vorsichtsmaßnahmen und Vermeidungsverhalten

Bei Frauen, die sich z.B. nach einer Vergewaltigung gar nicht mehr mit Männern treffen, kann man basierend auf der Vorstellung vom „Vertrauen als Kontinuum" Möglichkeiten besprechen, langsam Vertrauen aufzubauen und gleichzeitig vorsichtig zu sein. So kann man das Verhalten der anderen Person beurteilen (wichtig ist, das *Verhalten* der anderen Person zu beurteilen, nicht so sehr die eigenen Befürchtungen!) und zusätzlich einbeziehen, was man über diese Person erfährt. Resick und Schnicke (1993) schlagen vor, sich zunächst an öffentlichen Orten zu treffen, in getrennten Autos zu fahren etc. Dies wären Vorsichtsmaßnahmen, die die eigene Sicherheit erhöhen, im Gegensatz zu Vermeidungsverhalten, das darin bestehen könnte, gar nicht mehr auszugehen.

Ungünstige Reaktionen des sozialen Umfelds

Manche Patienten sind sehr enttäuscht oder verbittert über die Reaktionen ihres sozialen Umfelds auf das traumatische Ereignis. Oft reagieren Menschen, die mit einem fremden traumatischen Ereignis konfrontiert werden, nicht sehr hilfreich. Manche reagieren mit Beschuldigungen („Kein Wunder, wenn du ...") oder Abwertung („Stell dich nicht so an, du bist nicht der erste Mensch, der einen Unfall hatte") oder sie wenden sich ab.

Hier können Zuschreibungen exploriert und gegebenenfalls alternative Erklärungen vorgeschlagen werden (z.B. Andere Menschen sind von dem Ereignis überfordert, wissen nicht, wie sie reagieren sollen, vermeiden damit eigene Gefühle von Verletzlichkeit oder Hilflosigkeit). Dies ermöglicht es, negative Überzeugungen abzubauen und erleichtert möglicherweise eine Wiederaufnahme von Kontakten nach dem Muster „Wenn ich mit ... auch nicht über das Trauma sprechen kann, kann ich aber vielleicht mit ihr ins Kino gehen und danach über den Film sprechen".

> **Hinweis: Sonderstellung des Vertrauens-Moduls**
>
> Resick (2010a) weist darauf hin, dass in dieser Sitzung besonders häufig Schwierigkeiten in der therapeutischen Beziehung auftreten. Sie berichtet über Patienten, die über plötzliche Verschlechterungen berichten, die aufhören, Übungsaufgaben zu machen, oder die überraschend etwas berichten, das noch nie angesprochen wurde. „Sie suchen sich normalerweise das Vertrauens-Modul aus, wenn sie Sie testen wollen" (Resick, 2010a).

4.12.4 Einführung in das Thema Macht und Kontrolle

Im Anschluss an das Thema Vertrauen wird das Thema Macht und Kontrolle eingeführt. Der Therapeut beschreibt, wie sich das Trauma, je nach Vorerfahrung, unterschiedlich auswirken kann. Möglicherweise werden erste Hängepunkte des Patienten in diesem Bereich identifiziert. Hierzu wird das Arbeitsblatt 11.2 „Macht und Kontrolle" verteilt, welches zu Hause bearbeitet werden soll.

4.12.5 Neue Aufgabe

Das Arbeitsblatt 11.2 „Macht und Kontrolle" soll dazu verwendet werden, um sich mit eigenen Überzeugungen und evtl. Hängepunkten im Bereich „Macht und Kontrolle" zu beschäftigen. Außerdem sollen weitere Arbeitsblätter 11.1 „Überzeugungen hinterfragen" bearbeitet werden. Es soll mindestens ein Arbeitsblatt zum Thema Macht und Kontrolle ausgefüllt werden. Auf dem Arbeitsblatt 11.3 „Bis zur nächsten Sitzung" sind die Aufgaben nochmals zusammengefasst.

4.13 Zwölfte Sitzung – Macht und Kontrolle

Überblick

1. Einstieg und Agenda
2. Aktivitäten und Kontakte
3. Thema Macht und Kontrolle
• Arbeitsblatt „Macht und Kontrolle" besprechen
• Kognitive Arbeit mit den „Überzeugungen hinterfragen"-Arbeitsblättern (vgl. Arbeitsblatt 12.1)
   – Generalisierte Hilflosigkeit
   – Übertriebenes Kontrollbedürfnis
   – Kontrollierbarkeit als Kontinuum
   – Ausüben und Abgeben von Macht in Beziehungen (vgl. auch Arbeitblatt Z.2)
4. Einführung in das Thema Wertschätzung (vgl. Arbeitsblatt 12.2)
• Rational verdeutlichen (Für sich etwas Gutes tun und Komplimente)
5. Neue Aufgaben: „Überzeugungen hinterfragen"- und „Wertschätzung"-Arbeitsblatt bearbeiten (vgl. Arbeitsblatt 12.1 bis 12.3)
• Arbeitsblatt Wertschätzung bearbeiten
• Mindestens ein „Überzeugungen hinterfragen"-Blatt zum Thema Wertschätzung ausfüllen
• Sich selbst etwas Gutes tun
• Komplimente machen und empfangen

Materialien (vgl. CD-ROM)
• Arbeitsblatt 12.1 Überzeugungen hinterfragen (Patient benötigt mehrere Kopien) • Arbeitsblatt 12.2 Wertschätzung • Arbeitsblatt 12.3 Bis zur nächsten Sitzung • Arbeitsblatt Z.2: Macht ausüben und Macht abgeben

4.13.1 Einstieg und Agenda

Das Hauptthema dieser Sitzung ist Macht und Kontrolle. Dieses wird auch mit Hilfe der ausgefüllten „Überzeugungen hinterfragen"-Blätter bearbeitet. Je nachdem wie groß die Problematik im Bereich Macht und Kontrolle ist und welche anderen Hängepunkte oder Themen noch zu bearbeiten sind, wird ein größerer oder kleinerer Teil der Stunde für Macht und Kontrolle verwendet.

4.13.2 Aktivitäten und Kontakte

Zunächst wird, falls erforderlich, wie üblich die Verhaltensaufgabe besprochen und es werden ggf. weitere Schritte geplant (vgl. Arbeitsblatt 8.1 „Aktivitäten und Kontakte").

4.13.3 Thema Macht und Kontrolle

Anhand der ausgefüllten Arbeitsblätter soll exploriert werden, wie die Patienten mit dem Thema Macht und Kontrolle umgegangen sind (z.B. Wie ging es Ihnen mit dem Thema? Fiel es Ihnen schwer oder eher leicht, die Fragen zu beantworten? Würden Sie sagen, dass bei Ihnen der Bereich Macht und Kontrolle ein wichtiger ist? Hat sich hier vielleicht auch schon etwas verändert?). Das Ziel hierbei ist, eine ausgewogene Sichtweise über diese Themen zu entwickeln – niemand kann Ereignisse oder das Verhalten anderer komplett kontrollieren, aber es ist durchaus möglich, Ereignisse, das Verhalten anderer und die eigenen Reaktionen darauf wenigstens zu beeinflussen.

Kognitive Arbeit mit den „Überzeugungen hinterfragen"-Arbeitsblättern

Nachdem die bestehenden Überzeugungen zu Themen von Macht und Kontrolle mit Hilfe des entsprechenden Arbeitsblatts besprochen wurden, geht die kognitive Arbeit mit den „Überzeugungen hinterfragen"-Arbeitsblättern weiter. Macht und Kontrolle und damit verbundene Themen sind der Hauptinhalt der Stunde. Resick und Schnicke (1993) geben weitere Hinweise, die für die Besprechung dieses Themas relevant sind, und im

Folgenden aufgeführt werden. Falls dieser Bereich bei einer Patientin kaum eine Rolle spielen sollte, können alternativ andere Hängepunkte und Themen bearbeitet werden.

Generalisierung von Hilflosigkeitsüberzeugungen

Die während eines Traumas erlebte Hilflosigkeit wird oft sehr stark generalisiert. Patienten erleben sich oft auch in ganz anderen Bereichen als hilflos – zum Beispiel im Berufsleben oder in der Familie – und versuchen gar nicht erst, ihre Situation zu verändern. Es kann sinnvoll sein, diese anderen Bereiche ebenfalls einzubeziehen und auch hier konkrete Möglichkeiten, z. B. Einfluss zu nehmen, sich zu behaupten oder abzugrenzen, zu besprechen. Abbildung 13 verdeutlicht, dass es manchmal auch darum geht, Grenzen setzen zu *dürfen*. Die Patientin, deren Arbeitsblatt abgedruckt ist, hatte in ihrer Kindheit gelernt, dass sie kein Recht habe, nein zu sagen und Grenzen zu setzen. Im Arbeitsblatt bearbeitet sie ihre Schwierigkeiten, sich gegen Anforderungen abzugrenzen. In Klammen sind Hinzufügungen aus der Sitzung selbst angegeben. Es fiel der Patientin zunächst schwer, die Gefühle, die von den alternativen Gedanken ausgelöst werden, anzugeben. Sie berichtete, es fühle sich vage „richtig" an. In einem solchen Fall ist es aus therapeutischer Sicht auch in Ordnung, nicht auf Gefühlswörtern zu beharren: Die Erkenntnis, Grenzen setzen zu dürfen, muss nicht unbedingt intensive Gefühle hervorrufen. In diesem Fall ist auch das „Gefühl" Souveränität in Ordnung, obwohl es sich dabei streng genommen nicht um ein Gefühl handelt.

Übertriebenes Kontrollbedürfnis

Manche Menschen versuchen, die während eines Traumas erlebte Hilflosigkeit zu kompensieren und versuchen fortan, alles und jeden zu kontrollieren und zu bestimmen. Das führt vor allem in Partnerschaften zu Problemen, aber auch am Arbeitsplatz. Und es ist sehr anstrengend. Manche Patienten entwickeln auch zwanghafte Verhaltensweisen, wie z. B. ständiges Kontrollieren, ob die Tür abgeschlossen ist. Hier greifen die Bereiche Macht/Kontrolle, Vertrauen und auch Sicherheit ineinander.

Kontrolle als Kontinuum

Viele Patienten gehen davon aus, dass man in einer Situation entweder die volle Kontrolle oder gar keinen Einfluss hat. Ihnen fehlt die Vorstellung eines Kontinuums: Man kann Dinge mehr oder weniger beeinflussen.

Überzeugungen hinterfragen				
A Situation/Auslöser	B Gedanke(n)	D Gedanken in Frage stellen	E Problematische Denkmuster	F Alternative Gedanken
Beschreiben Sie Ereignis/Situation/Überzeugung, die negative Emotionen auslöste *Schwierig-keiten, nein zu sagen*	Schreiben Sie den Gedanken auf, der zur Spalte A gehört. Wie sehr sind Sie davon überzeugt? (0–100%) *wenn ich nein sage, verletze ich ihn* *87 %*	Verwenden Sie das Arbeitsblatt Hilfreiche Fragen, um Ihre automatischen Gedanken zu hinterfragen Belege dafür? Belege dagegen? *Wenn ich nein sage, setze ich eine Grenze, mit der er zurechtkommen muss* Gewohnheit oder Tatsache? *Gewohnheit*	Verwenden Sie das Arbeitsblatt Problematische Denkmuster, um Ihre automatischen Gedanken aus (B) zu untersuchen Voreilige Schlüsse ziehen Über- oder Untertreibung Aspekte nicht beachten	Was könnte ich statt B noch sagen? Wie könnte ich das noch interpretieren? Bewerten Sie 0–100%, wie sehr Sie von den alternativen Erklärungen überzeugt sind. *Ich setze meine Grenze und er muss damit zurechtkommen.*
	C Gefühl(e)	Falsche Interpretationen? „Alles-oder-nichts"-Modus? Extrem oder übertrieben?	Schwarz-weiß-Denken	G Alte Gedanken bewerten
	Geben Sie Ihre Gefühle an und bewerten Sie die Stärke von 0–100% *Angst* *Unsicherheit* *(Angst vor Schuldgefühl)* *90 %*	Aus Zusammenhang gerissen? *Hab ich früher gelernt* Informationsquelle vertrauenswürdig? *nein (Kompass)* Geringe oder hohe Wahrscheinlichkeit? Gefühle statt Fakten? Unwichtige Faktoren?	Übergeneralisieren Gedankenlesen Emotionales Schlussfolgern	Geben Sie an, wie sehr Sie jetzt von den Gedanken in B überzeugt sind von 0–100% *10 %* H Gefühle Was fühlen Sie jetzt? 0–100% *(Freude* *Souveränität* *Erleichterung)* *98 %*

Abbildung 13: Arbeitsblatt zum Thema „Macht und Kontrolle[8]"

---

8 Der „Kompass" bezieht sich auf ein Bild, das die Patientin sehr angesprochen hatte – eigentlich ist sie ein vertrauenswürdiger Mensch, aber durch das traumatische Ereignis stimmt in mancher Hinsicht der innere Kompass nicht mehr und sie gibt sich selbst unzutreffende Informationen.

Ausüben und Abgeben von Macht in Beziehungen

Wenn Patienten über Schwierigkeiten mit Macht in persönlichen Beziehungen berichten, wenn sie also entweder Schwierigkeiten haben, sich durchzusetzen und sich abzugrenzen, oder wenn sie andere Personen sehr unter Druck setzen, kann es hilfreich sein, das fakultative Arbeitsblatt Z.2 „Macht ausüben und Macht abgeben" (Z.2) zu verwenden. Auf dem Arbeitsblatt werden verschiedene Verhaltensweisen daraufhin untersucht, wie förderlich sie für Beziehungen sind. Es hilft zu verdeutlichen, dass sowohl das Ausüben als auch das Abgeben von Macht positiv und negativ sein kann. Zudem kann es dazu herangezogen werden, extreme Überzeugungen in diesem Bereich zu hinterfragen.

4.13.4 Einführung in das Thema Wertschätzung

Im Anschluss an das Thema Macht und Kontrolle wird nun das Thema Wertschätzung eingeführt. Dazu wird das Arbeitsblatt 12.2 „Wertschätzung" besprochen. Es geht darum, zu eruieren, wie bereits vor dem Trauma vorhandene Überzeugungen bezüglich Wertschätzung durch das Trauma beeinflusst worden sein können. Dazu werden die Überzeugungen, die der Patient vor dem Trauma hatte, exploriert.

Sich selbst etwas Gutes tun

Zum Thema Wertschätzung gehört auch, dass man diese zeigt. Das gilt auch für den Selbstwert. Deshalb sollen die Patienten üben, sich selbst jeden Tag etwas Gutes zu tun, ohne es sich erst verdienen zu müssen. Die Übungen sollen auf dem Arbeitsblatt 12.3 dokumentiert werden.

> Als weitere Aufgabe sollen Sie sich selbst jeden Tag etwas Gutes tun. Das können ganz verschiedene Sachen sein, sich Zeit nehmen, in Ruhe ein Buch zu lesen, sich in die Badewanne legen, einen Spaziergang machen, jemanden anrufen, um ein bisschen zu tratschen, sich auf einen Kaffee verabreden, sich selbst Blumen kaufen usw. Wichtig ist dabei, dass Sie das tun, ohne es sich „verdienen" zu müssen. Und es muss wirklich für Sie sein. Also nicht, „Ach ja, ich könnte mir ja ein Stück Kuchen kaufen, und dann gleich mit dem Kuchen Tante Berta im Krankenhaus besuchen." Es kann sein, dass es Ihnen schwerfällt, aber es ist eine wichtige Übung. Meinen Sie, Sie bekommen das hin? Was könnte für Sie etwas Gutes sein?

Komplimente machen und annehmen

Zusätzlich zur Übung „Sich selbst etwas Gutes tun", sollen die Patienten auch noch üben, Komplimente zu machen und anzunehmen.

> Eine weitere Art Wertschätzung zu zeigen, besteht darin, diese verbal auszudrücken – zum Beispiel durch Komplimente. Anderen Menschen Komplimente zu machen zeugt von Wertschätzung. Wie man mit positiven Äußerungen anderer umgeht, hat viel mit dem eigenen Selbstwertgefühl zu tun. Ich habe daher noch eine weitere Aufgabe für Sie. Und zwar möchte ich, dass Sie üben, Komplimente zu machen und Komplimente anzunehmen. Sie sollen jeden Tag jemandem ein Kompliment machen, irgendetwas, es kann auch eine Kleinigkeit sein. Und bitte achten Sie darauf, wie Sie reagieren, wenn Ihnen jemand etwas Nettes sagt. Viele Menschen neigen nämlich dazu, Komplimente abzuwehren und sagen dann Sachen wie „Ach, das Kleid ist ganz alt" oder „Aber meine Haare sitzen heute überhaupt nicht". Was Sie üben sollen, ist, zu lächeln und zu sagen „Oh, danke!" – Selbstverständlich vorausgesetzt, dass Sie sich wirklich über das Kompliment freuen.

Eine gute Möglichkeit, dies einmal auszuprobieren, besteht natürlich sofort in der Therapiesitzung.

4.13.5 Neue Aufgaben

Die Aufgaben bis zur nächsten Sitzung bestehen darin, das Arbeitsblatt 12.2 „Wertschätzung" zu bearbeiten. Zudem sollen zum Thema Wertschätzung und anderen Themen „Überzeugungen hinterfragen"-Arbeitsblätter ausgefüllt werden. Weiterhin soll geübt werden, sich selbst etwas Gutes zu tun und anderen Komplimente zu machen. Für die Dokumentation der Übungen kann das Arbeitsblatt 12.3 genutzt werden.

4.14 Dreizehnte Sitzung – Wertschätzung

Überblick

1. Einstieg und Agenda
2. Aktivitäten und Kontakte
3. Thema Wertschätzung
   - Reaktionen auf tägliche angenehme Aktivität und Geben und Empfangen von Komplimenten
     - Reaktionen anderer Menschen auf Komplimente?
     - Komplimente genießen können?
   - Arbeitsblatt Wertschätzung besprechen
   - Selbstwert (Perfektionismus?)
   - Wertschätzung anderer
     - Institutionen
     - Selektive Aufmerksamkeit
   - (Ausgewählte) „Überzeugungen hinterfragen"-Arbeitsblätter besprechen
4. Einführung in das Thema Intimität und Selbstfürsorge (vgl. Arbeitsblatt 13.2)
   - Selbstintimität/Selbstfürsorge
     - Emotionsregulation, mit sich selbst klarkommen
     - Eigene Werte, Lebensziele
   - Intimität mit anderen
     - Nicht nur sexuell
5. Neue Aufgaben (vgl. Arbeitsblatt 13.1 bis 13.3)
   - Arbeitsblatt Intimität und Selbstfürsorge bearbeiten
   - Weiterhin üben, sich selbst etwas Gutes zu tun und Komplimente zu machen und zu empfangen
   - Mindestens ein „Überzeugungen hinterfragen"-Blatt zum Thema Intimität und Selbstfürsorge ausfüllen

Materialien (vgl. CD-ROM)

- Arbeitsblatt 13.1 Überzeugungen hinterfragen (Patient benötigt mehrere Kopien)
- Arbeitsblatt 13.2 Intimität und Selbstfürsorge
- Arbeitsblatt 13.3 Bis zur nächsten Sitzung

4.14.1 Einstieg und Agenda

Das Hauptthema dieser Sitzung ist Wertschätzung. Dieses wird auch mit Hilfe der ausgefüllten „Überzeugungen hinterfragen"-Arbeitsblätter bearbeitet. Je nachdem, wie groß die Problematik im Bereich Wertschätzung ist und welche anderen Hängepunkte oder Themen noch zu bearbeiten sind, wird ein größerer oder kleinerer Teil der Stunde für das Thema Wertschätzung verwendet.

4.14.2 Aktivitäten und Kontakte

Zunächst wird, falls erforderlich, wie üblich die Verhaltensaufgabe besprochen und es werden ggf. weitere Schritte geplant (vgl. Arbeitsblatt 8.1 „Aktivitäten und Kontakte").

4.14.3 Thema Wertschätzung

Die Reihenfolge, in der die Themen aus dem Bereich Wertschätzung bearbeitet werden, ist nicht von Bedeutung. Die Therapeuten sollten sich aber auf jeden Fall erkundigen, wie es den Patientinnen mit den Übungen „sich etwas Gutes tun" und „Komplimente machen und entgegennehmen" ergangen ist.

- Wie ging es Ihnen damit, sich selbst etwas Gutes zu tun? Was haben Sie gemacht? Wie haben Sie sich dabei gefühlt?
- Haben Sie jemandem ein Kompliment gemacht? Wem? Wie hat die Person reagiert?
- Haben Sie ein Kompliment bekommen? Wie war das? Was haben Sie gemacht?

Die Patienten sollen auch weiterhin darin unterstützt werden, sich selbst etwas Gutes zu tun und Komplimente zu geben und anzunehmen.

Kognitive Arbeit mit dem Arbeitsblatt zur Wertschätzung

Das Arbeitsblatt zum Thema Wertschätzung wird gemeinsam durchgesehen und es werden Problembereiche besprochen. Auch die bearbeiteten „Überzeugungen hinterfragen"-Arbeitsblätter (oder nur eine Auswahl davon) können gemeinsam gelesen und falls erforderlich verbessert werden.

Schwierigkeiten, sich selbst wertzuschätzen

Wenn Patienten sich bei den angenehmen Aktivitäten unwohl gefühlt haben (z. B. weil sie es ihrer Meinung nach nicht verdient hatten) und auf dem Arbeitsblatt Schwierigkeiten in dem Bereich Selbstwert offenbar geworden sind, kann dies der Ausgangspunkt für weitere therapeutische Arbeit und ein „Überzeugungen hinterfragen"-Blatt sein. Im Idealfall wird es zu einer Gewohnheit, sich jeden Tag eine angenehme Aktivität zu gönnen.

Bei der Bearbeitung des Themas Wertschätzung werden manchmal auch wieder Themen von Assimiliation aktuell, weil durch die Beschäftigung mit dem Selbstwert Schuld- oder Schamgedanken ansprochen werden können.

Perfektionismus

Traumatisierte Menschen, die davon ausgehen, während des traumatischen Ereignisses etwas falsch gemacht zu haben, verurteilen sich selbst häufig auch aufgrund anderer Arten von Fehlern, was letztlich zu einer sehr negativen Selbsteinschätzung führt. Dieser übertriebene Anspruch an sich selbst, perfekt zu sein, kann im Zusammenhang mit dem Thema Wertschätzung angesprochen und hinterfragt werden.

Schwierigkeiten, andere wertzuschätzen

Es kommt nicht selten vor, dass Menschen nach einem Trauma ihre Geringschätzung für den Täter oder Schuldigen auf eine ganze Gruppe generalisieren (alle erfolgreichen Männer, alle Menschen einer bestimmten Hautfarbe oder Herkunft, alle Motorradfahrer). In der Therapie geht es darum, extreme Überzeugungen abzumildern, etwa indem nach Gegenbeispielen gefragt wird.

Überakkommodierte Überzeugungen über öffentliche Institutionen

Häufig beziehen sich Ärger und Wut einer traumatisierten Person auch auf öffentliche Organe, beispielsweise die Regierung (die einen Kriegseinsatz beschlossen hat), aber auch auf die Polizei oder Justiz. Bei Patienten, die zu Schimpftiraden neigen, ist es wichtig, immer wieder auf das traumatische Ereignis zurückzukommen und sich nicht in politischen Diskussionen zu verlieren: Das Schimpfen ist häufig eine Form der Vermeidung. Diese Themen wurden häufig auch schon zu einem früheren Zeitpunkt in der Therapie angesprochen und tauchen dann manchmal im Zusammenhang mit dem Thema Wertschätzung wieder auf.

Wichtig ist es, eine Differenzierung vorzunehmen, um so zu einer weniger extremen Perspektive zu gelangen:
- Welcher Teil der Regierung? Die Bundesregierung?
- Welcher Teil der polizeilichen Aufgaben? Wie ist es mit …?
- Versagt die Justiz Ihrer Meinung nach in allen Rechtsbereichen?

Selektive Wahrnehmung – übertriebene Wahrnehmung von Bedrohung

Nach einer Traumatisierung fühlen sich Menschen auch deshalb häufig gefährdeter als vorher, weil sie Themen, die mit dem Trauma zusammenhängen, eher Beachtung schenken und daher merken, wie häufig diese Themen im täglichen Leben oder in den Medien auftauchen. So kann es sein, dass jemand vor dem Trauma Medienberichten über Verbrechen kaum Beachtung geschenkt hat und danach durch die persönliche Betroffenheit diese sehr deutlich wahrnimmt. Dies kann die Überzeugung verstärken, dass Verbrechen allgegenwärtig und die Menschen schlecht sind. Hier bietet sich eine entsprechende Psychoedukation an: Über diese Ereignisse wird in den Nachrichten deshalb berichtet, weil sie etwas „Besonderes" sind. Es wird aber nicht darüber informiert, wie viele Menschen tagtäglich ihrer Arbeit nachgehen, ihre Kinder erziehen und ausgehen, ohne ein Verbrechen zu begehen. Oft ist auch schon der Hinweis ausreichend, dass die Straftaten in Deutschland in den letzten Jahren und Jahrzehnten gesunken sind (Brings, 2008).

4.14.4 Einführung in das Thema Intimität und Selbstfürsorge

Gegen Ende der Stunde wird noch das Thema Intimität und Selbstfürsorge eingeführt (vgl. Arbeitsblatt 13.2). Es wird kurz angerissen, wie die Intimität mit sich selbst und mit anderen durch das Trauma beeinflusst worden sind.

Die Intimität mit anderen umfasst nicht nur körperliche Intimität, sondern jede Art von naher Beziehung. Die Selbstfürsorge wird hier als die Fähigkeit verstanden, sich selbst zu beruhigen und eigene Gefühle zu modulieren sowie allein zu sein, ohne sich einsam oder leer zu fühlen. In diesem Zusammenhang sollen auch bestehende Probleme mit externalen Quellen der Selbstberuhigung besprochen werden, z. B. Alkohol, Essen, Geldausgeben. Selbstfürsorge ist aber auch der bewusste Umgang mit eigenen Werten und Lebenszielen.

Die Patienten werden dazu ermuntert, sich darüber Gedanken zu machen, wie die Intimität mit sich selbst und anderen vor dem Ereignis ausgesehen hat und wie sie durch das Trauma beeinflusst wurde.

4.14.5 Neue Aufgaben

Die Aufgaben bis zur nächsten Sitzung bestehen darin, das Arbeitsblatt 13.2 „Intimität und Selbstfürsorge" zu bearbeiten. Zudem sollen zum Thema Intimität mindestens ein „Überzeugungen hinterfragen"-Arbeitsblatt ausgefüllt werden. Weiterhin soll auch geübt werden, sich selbst etwas Gutes zu tun und anderen Komplimente zu machen bzw. Komplimente anzunehmen. Für die Dokumentation der Übungen kann das Arbeitsblatt 13.3 genutzt werden.

4.15 Vierzehnte Sitzung – Intimität und Selbstfürsorge

Überblick

1. Einstieg und Agenda
2. Aktivitäten und Kontakte
3. Thema Intimität und Selbstfürsorge
• Angenehme Aktivitäten und Komplimente
• Arbeitsblatt Intimität und Selbstfürsorge
• Hängepunkte feststellen und bearbeiten
   – Emotionsregulation (Kaufen, Essen, Rauchen?)
   – Fokus auf dem Eingehen und Aufrechterhalten von Beziehungen
   – Sexuelle Intimität
• Weiterhin Arbeit mit „Überzeugungen hinterfragen"-Arbeitsblättern
4. Zweiten Bericht über die Auswirkungen des Traumas aufgeben (vgl. Arbeitsblatt 14.2)
5. Neue Aufgaben (vgl. Arbeitsblatt 14.1 und 14.2):
• Zweiter Bericht über Auswirkungen des Traumas
• Angenehme Aktivitäten und Komplimente
• „Überzeugungen hinterfragen"-Arbeitsblätter ausfüllen

Materialien (vgl. CD-ROM)
• Arbeitsblatt 14.1 Überzeugungen hinterfragen (Patient benötigt mehrere Kopien) • Arbeitsblatt 14.2 Zweiter Bericht über die Auswirkungen des Traumas

4.15.1 Einstieg und Agenda

Das Hauptthema dieser Sitzung ist Intimität und Selbstfürsorge. Dieses wird auch mit Hilfe der ausgefüllten „Überzeugungen hinterfragen"-Arbeitsblätter bearbeitet. Je nachdem, welche Bedeutung der Bereich „Intimität und Selbstfürsorge" für den Patienten hat und welche anderen Hängepunkte oder Themen noch zu bearbeiten sind, wird ein größerer oder kleinerer Teil der Stunde für dieses Thema verwendet.

4.15.2 Aktivitäten und Kontakte

Zunächst wird, falls erforderlich, wie üblich die Verhaltensaufgabe besprochen und es werden ggf. weitere Schritte geplant (vgl. Arbeitsblatt 8.1 „Aktivitäten und Kontakte").

4.15.3 Thema Intimität und Selbstfürsorge

Die beiden Bereiche Wertschätzung sowie Intimität und Selbstfürsorge bleiben wichtige Themen, die auch nicht im Rahmen der Therapie „abgeschlossen" werden können und sollen. Ein positiver Selbstwert zählt zu den menschlichen Grundbedürfnissen und nahe Beziehungen zu anderen Menschen gehören zu einem erfüllten Leben dazu.

Zunächst wird wieder exploriert, wie es der Patientin seit der letzten Sitzung in Bezug auf die angenehmen Aktivitäten und das Geben und Empfangen von Komplimenten ergangen ist. Die Patientin wird ermutigt, mit den Übungen weiterzumachen.

Kognitive Arbeit mit dem Arbeitsblatt Intimität und Selbstfürsorge

Nach einer kurzen Exploration (z. B. Wie ging es Ihnen mit dem Thema Intimität und Selbstfürsorge? Fiel es Ihnen schwer oder eher leicht, die Fragen zu beantworten? Würden Sie sagen, dass bei Ihnen der Bereich Intimität und Selbstfürsorge ein wichtiger ist? Hat sich hier vielleicht auch schon etwas verändert?) werden die ausgefüllten Blätter gemeinsam besprochen.

Potenziell selbstschädigende Verhaltensweisen zur Emotionsregulation

Probleme mit Nikotin, Alkohol oder Essen machen Schwierigkeiten mit der Selbstfürsorge deutlich. Diese Themen (die meist auch schon vorher im

Therapieverlauf zum Thema geworden sind) kommen also oft in dieser Stunde wieder auf die Tagesordnung. Idealerweise gelingt es den Klienten an diesem Punkt immer öfter, statt zur Zigarette, zur Flasche oder in den Kühlschrank zu greifen, sich ein Arbeitsblatt zu nehmen und sich selbst mit funktionaleren Selbstaussagen zu beruhigen. Es dauert häufig eine Weile, bis Patienten merken, dass die Arbeitsblätter wirklich helfen. Viele erleben dann auch die „Überzeugungen hinterfragen"-Arbeitsblätter als hilfreich, wenn es um Meinungsverschiedenheiten oder Arbeitsstress geht.

Nahe persönliche Beziehungen

Viele traumatisierte Menschen ziehen sich aus sozialen Kontakten zurück, sei es aus Angst vor (oder Erfahrung von) Anschuldigungen oder Zurückweisung, aus Scham über das Erlebte oder über die eigenen Reaktionen auf das Ereignis. Oft reagieren Angehörige oder Freunde auf nicht hilfreiche Weise auf das Trauma und die Reaktionen des Patienten. Der Grund dafür ist häufig, dass sie selbst überfordert sind oder Angst haben, etwas falsch zu machen. Wenn dies der Fall ist, sollten die Patienten ermutigt werden, ihre Gefühle und Bedürfnisse klar zu kommunizieren und der anderen Seite nochmals eine Chance zu geben. Sollte die andere Person dann erneut negativ reagieren, ist ein Beziehungsabbruch immer noch möglich.

Sexuelle Intimität nach einer Vergewaltigung

Frauen, die vergewaltigt wurden, haben oft besonders große Schwierigkeiten mit sexueller Intimität. Diese ist häufig zu einem Trigger für Intrusionen geworden. Paarbeziehungen können dadurch sehr belastet werden. Es kann hilfreich sein, zunächst mit der Patientin zu erarbeiten, ob sie mit dem derzeitigen Partner (oder einer anderen Person) Sex haben möchte und ob sie ihm vertraut. Anschließend geht es darum, Unterschiede zwischen der Vergewaltigung und Sex mit dem Partner zu benennen und sich diese bewusst zu machen.

Zu Beginn kann es sinnvoll sein, die Reizbedingungen unterschiedlich zu gestalten (z. B. das Licht anlassen, wenn es bei der Vergewaltigung dunkel war). Die Patientin wird dann dazu aufgefordert, sexuellen Kontakt mit ihrem Partner zu initiieren. Falls sich Angst oder Intrusionen einstellen, sollen die sexuellen Aktivitäten unterbrochen werden, die Partner sollen sich einfach gegenseitig nur festhalten, bis sich die Patientin wieder beruhigt hat, und dann weitermachen. Während der „Beruhigungsphase" kann die Patientin sich selbst Dinge wie „Ich möchte mit ... schlafen", „Ich kann ... vertrauen" sagen und auf Unterschiede zur traumatischen Situation achten. Auf diesem Weg kann die Verbindung zwischen „Sexualität" und „Angst/Ekel/Scham" schrittweise gelöscht werden.

Wenn es sich bei einer Vergewaltigung um ein einmaliges Ereignis im Erwachsenenalter handelte, hatten viele unserer Patientinnen wenig Probleme mit körperlicher Intimität.

Fallbeispiel

Eine 30-jährige Patientin hatte im Laufe der Therapiesitzungen schon mehrfach gefragt, ob sie nach ihrer Vergewaltigung jemals wieder normal sexuellen Kontakt haben könne. Die Therapeutin hatte jeweils geantwortet, dass das Thema sowieso drankomme und angeboten, es vorzuziehen (die Patientin hatte einen Mann kennengelernt). Dieses Angebot lehnte die Patientin jedes Mal ab („Nein, nein, im Moment ist es dazu eh noch viel zu früh"). Zwei Sitzungen, bevor das Thema „Intimität und Selbstfürsorge" bearbeitet werden sollte, teilte die Patientin mit, sie habe mit dem betreffenden Mann geschlafen, und es sei „super" gewesen. Sie berichtete, zwar Angst gehabt zu haben, sie habe diese aber gut bewältigen können.

4.15.4 Aufgeben des zweiten Berichts über die Auswirkungen des Traumas

In dieser Sitzung werden die Patienten gebeten, einen zweiten Bericht über die Auswirkungen des Traumas zu schreiben, analog zum ersten Bericht (vgl. Kapitel 4.2). Ziel ist es, die Veränderungen der letzten Wochen zusammenzufassen, Fortschritte festzustellen und auch Bereiche abzustecken, in denen noch gearbeitet werden muss.

4.15.5 Neue Aufgaben

Die Anleitung für den zweiten Bericht über die Auswirkungen des Traumas ist auf dem Arbeitsblatt 14.2 zu finden. Zusätzlich kann es sinnvoll sein, dass die Patienten auch weitere „Überzeugungen hinterfragen"-Blätter ausfüllen (vgl. Arbeitsblatt 14.1). So können einerseits noch evtl. bestehende Hängepunkte bearbeitet werden, andererseits können diese Arbeitsblätter auch nach Abschluss der Therapie hilfreich sein.

4.16 Fünfzehnte Sitzung – Reflexion und Abschluss

Überblick
1. Einstieg und Agenda
2. Aktivitäten und Kontakte – Reflexion des in der Therapie Erreichten
3. Zweiter Bericht über die Auswirkungen des Traumas
• Therapieverlauf reflektieren
• Verbleibende Ziele
4. Rückfallprophylaxe
• „Dranbleiben"
• Auf mögliches Wiederauftreten von Symptomen vorbereiten
• Jahrestag
Materialien (vgl. CD-ROM)
• Ersten Bericht über Auswirkungen mitbringen!

4.16.1 Einstieg und Agenda

Diese Stunde dient der Reflexion des Therapieverlaufs und des in der Therapie Erreichten sowie dem Abschluss der Therapie.

> Heute ist ja unsere vorerst letzte Stunde, wir sind zwar nicht am Ende des Weges angekommen, aber am Ende eines wichtigen Abschnitts. Deshalb werden wir heute nicht nur über die letzte Woche sprechen, wie sonst immer beim Besprechen der Übungsaufgaben, sondern auch über den ganzen Verlauf der Therapie.

4.16.2 Aktivitäten und Kontakte

Auch wenn evtl. die Verhaltensaufgaben zu „Aktivitäten und Kontakte" in den letzten Wochen keine Rolle mehr gespielt haben sollten, lohnt es sich, auf die ersten Ziele zurückzublicken. Oft merken Patienten erst, wenn sie daran zurückdenken (z. B. an die erste Autofahrt), wie viele Dinge sie nun wieder als selbstverständlich betrachten, die eine Zeitlang nicht möglich waren.

4.16.3 Zweiter Bericht über die Auswirkungen des Traumas

Anschließend werden die Patienten gebeten, den zweiten Bericht über die Auswirkungen des Traumas laut vorzulesen. Anhand dieses Berichts wird reflektiert, was sich seit Beginn der Therapie alles verändert hat, was erreicht werden konnte und welche Ziele für die Zukunft noch bestehen. Es bietet sich an, dass der Therapeut den ersten Bericht zu dieser Abschlusssitzung mitbringt (vgl. Kapitel 4.2). Der Patient liest zusätzlich auch den ersten Bericht, anschließend werden die beiden Berichte verglichen.

Therapieverlauf reflektieren

Anhand der beiden Berichte kann meist festgestellt werden, dass sich die Überzeugungen der Patientin im Laufe der Therapie verändert haben. Es ist wichtig zu betonen, dass diese Veränderungen ein Resultat der Arbeit der Patientin sind. Zudem kann erfragt werden, welche Erkenntnisse oder Gedanken dem Patienten besonders wichtig waren.

Verbleibende Ziele

Aus den erreichten Veränderungen ergeben sich häufig auch Ziele, die noch zu erreichen sind. Diese Ziele und die Strategien, wie diese zu erreichen sind, können ebenfalls in dieser Stunde besprochen werden.

4.16.4 Rückfallprophylaxe

Es hat sich gezeigt, dass die Therapieerfolge bei der kognitiv-verhaltenstherapeutischen Behandlung der Posttraumatischen Belastungsstörung im Allgemeinen stabil sind (Tarrier & Sommerfield, 2004). Wenn Patienten nicht erneut ein Trauma erleben, sind Rückfälle daher weniger zu fürchten. Es kommt aber immer wieder vor, dass einzelne Symptome wieder auftreten. Es ist daher wichtig, die Veränderungen in den Überzeugungen langfristig zu stabilisieren.

„Dran bleiben"

Auch wenn sich seit Therapiebeginn viel verändert hat, ist es nicht ausreichend, sich auf dem Erreichten auszuruhen. Meistens gibt es auch noch weitere Ziele, die erreicht werden sollten. Damit die Veränderungen im Denken stabil bleiben, muss hier weiterhin geübt werden, denn Denken hat viel mit Gewohnheiten zu tun. Dies hat auch Mark Twain bereits in schöne Worte gefasst: „Man kann eine Gewohnheit nicht aus dem Fenster werfen. Man muss sie die Treppe hinunterlocken, Stufe für Stufe".

Es gibt viele Möglichkeiten, die dabei helfen, dass das in der Therapie Erreichte nicht im Alltag untergeht. Patienten können sich beispielsweise Notizen im Kalender machen (oder automatische Erinnerungen in ihrem Handy einstellen), die hin und wieder daran erinnern, sich etwas Gutes zu tun. Manche Patienten hängen sich Postkarten, die für sie persönlich eine bestimmte Bedeutung haben, in der Nähe des Schreibtisches auf oder lesen immer mal wieder ihre Arbeitsblätter durch.

Patienten, die sehr zu Vermeidungsverhalten neigen (häufig war das auch schon vor dem Trauma so), können sich z.B. eine Liste mit Verhaltensweisen an den Kühlschrank hängen, die ihnen dabei hilft, darauf aufmerksam zu werden, sobald sie wieder vermehrt Vermeidungsverhalten zeigen.

Auf zukünftige Schwierigkeiten vorbereiten

Auch bei erfolgreichen Therapien kann es vorkommen, dass die Symptome irgendwann wieder stärker werden. Mögliche Auslöser hierfür sind beispielsweise:
- Stress (manchmal auch nach besonders stressigen Phasen),
- körperliche Krankheiten,
- aktuelle Themen in der Presse, die dem eigenen Trauma ähneln,
- bestimmte Zeiten im Jahr (Weihnachten, Geburtstage) und
- Jahrestage (siehe unten).

Es muss den Patienten verdeutlicht werden, dass nicht alles umsonst war, wenn Symptome oder sonstige Schwierigkeiten wieder auftreten. Die gelernten Strategien sind auch weiterhin wirksam. Es gilt also, nicht in Panik zu verfallen oder aufzugeben, sondern sich auf das zu besinnen, was in der Therapie geholfen hat und diese Strategien erneut anzuwenden.

Jahrestage

Insbesondere die Jahrestage eines traumatischen Ereignisses sind häufig problematische Zeiten für Patienten. Es ist wichtig, darauf vorbereitet zu sein. Eventuell kann auch eine Art „Notfallplan" entwickelt werden, wie ein Patient den Jahrestag gut überstehen oder aktiv gestalten kann (nicht oder auch gerade an diesem Tag allein sein, sich frei nehmen, zum Friedhof gehen etc.). Gerade am ersten Jahrestag kann es sich auch anbieten, das Trauma mit einem Ritual abzuschließen. So verbrannte z.B. eine Patientin feierlich alle Fotos, die mit ihrem Trauma im Zusammenhang standen.

Kapitel 5

Evaluation

Die in diesem Manual beschriebene deutsche Adaptation der CPT wurde im Rahmen eines umfassenden Forschungsprojekts an der Traumaambulanz der Ludwig-Maximilians-Universität überprüft. Die Auswertung der bisher erhobenen Daten von 31 Patienten entspricht den hohen Erfolgsraten für die CPT in den US-amerikanischen Studien.

5.1 Vorgehen

5.1.1 Studiendesign

Die hier dargestellten Zwischenergebnisse stammen aus einer Studie, die derzeit an der Traumaambulanz der Ludwig-Maximilians-Universität läuft. Ziel ist die Erprobung der dialogischen Exposition in der Traumatherapie (DET) von Prof. Willi Butollo, einer Behandlungsform, die auf gestalttherapeutischen Grundlagen basiert und Elemente anderer Therapierichtungen einbezieht (Butollo & Karl, in Vorbereitung). Verglichen wird diese Therapie mit der CPT, wie sie in diesem Buch dargestellt ist. Die Zuordnung der Patienten zur DET bzw. CPT erfolgte randomisiert.

In beiden Bedingungen fanden wöchentliche Gruppensupervisionen statt. Geleitet wurden diese Sitzungen von Prof. Willi Butollo, dem Leiter der Ambulanz, für die DET, und Prof. Rita Rosner für die CPT. Die Therapeuten führten jeweils ausschließlich Therapien in einer Behandlungsrichtung durch.

Obwohl sich die beiden untersuchten Manuale im Grad ihrer Strukturierung unterscheiden, weisen doch beide eine bestimmte Sequenz von aufeinander folgenden und teilweise aufeinander aufbauenden Themen und Aufgaben auf. Die Erfahrung zeigte schnell, dass Patienten für die Bearbeitung der verschiedenen Themen unterschiedlich lang brauchten. Da der zeitliche Rahmen für eine von der gesetzlichen Krankenkasse finanzierte Kurzzeittherapie in Deutschland 25 Stunden beträgt, entschieden wir, mit jedem Patienten in der vom Manual vorgegebenen Reihenfolge zu arbeiten, aber falls notwendig einzelne Themen auszudehnen. Somit gab es zwei Kriterien für das Ende der Therapie: Die vollständige Bearbeitung des Manuals oder das Erreichen der Grenze von 24 Sitzungen.

5.1.2 Stichprobe

Rekrutierung und Randomisierung

Die Rekrutierung der Patienten für die Studie erfolgte aus den regulären Anmeldungen in der Ambulanz. Es handelt sich dabei um einen dreistufigen Prozess, der mit einem telefonischen Screeninggespräch beginnt. Dabei erhebt eine Ambulanzmitarbeiterin anhand eines strukturierten Anmeldebogens erste Informationen zu Art und Schwere der Symptomatik und eventuellen Auslösern. Anschließend wird im Team besprochen, ob die Patientin mit hoher Wahrscheinlichkeit eine Posttraumatische Belastungsstörung hat und zu einem Erstgespräch eingeladen werden soll. Wenn dies nicht der Fall ist, wird die Patientin an eine andere Stelle verwiesen. Wenn eine PTBS zu vermuten ist, wird ein ausführliches Anamnesegespräch durch eine erfahrene Psychotherapeutin geführt, gefolgt von einem Diagnostiktermin, zu dem eine computergestützte Diagnostik mit DIA-X (Wittchen & Pfister, 1997) durchgeführt wird. Außerdem erhalten die Patienten eine umfangreiche Fragebogenbatterie. Wenn die Patienten das Einschlusskriterium erfüllen (PTBS als Hauptdiagnose, das auslösende Ereignis liegt mindestens drei Monate zurück) und keine Ausschlusskriterien (akute Suizidalität, schwere Persönlichkeitsstörungen (Borderline-, Antisoziale Persönlichkeitsstörung und die Persönlichkeitsstörungen des A-Clusters (paranoid, schizoid und schizotypisch)), Substanzabhängigkeit, frühkindliche Traumatisierungen (z. B. sexueller Missbrauch), psychotische Vorgeschichte, Dissoziative Identitätsstörung, neurologische Behinderung (z. B. Schädel-Hirn-Trauma mit funktionalen Beeinträchtigungen), prätraumatische schwere Depression, bestehende Psychotherapie, mangelnde Motivation, unzureichende deutsche Sprachkenntnisse), erfolgte die randomisierte Zuordnung zu einer der zwei Behandlungsgruppen. Die Zusammenarbeit jeder therapeutischen Dyade begann mit einem Gespräch zur Anamneseerhebung, damit sich die jeweilige Therapeutin selbst ein Bild machen konnte. Die erste manualisierte Sitzung war damit die zweite Sitzung mit der jeweiligen Therapeutin.

Zusammensetzung der Stichprobe

Im Folgenden werden die Daten der ersten 31 im Rahmen der Studie durchgeführten CPT-Therapien dargestellt. 25 davon waren Frauen (80%). Die Patienten waren zwischen 19 und 51 Jahre alt (im Schnitt 32,1 Jahre, Standardabweichung 9,3 Jahre).

Die meisten Patienten wiesen das Vollbild einer PTBS auf ($N=27$ oder 87.1%), bei vier Patienten (12,9%) lag eine subsyndromale Symptomausprägung vor. Der Schweregrad, gemessen mit der PDS (Foa, Cashman, Jaycox & Perry, 1997, siehe auch S. 13) lag bei durchschnittlich 27,8 Punkten, was einer mittelschweren Symptomatik entspricht.

Lediglich bei acht der mit CPT behandelten Patienten war die PTBS die einzige Diagnose. 14 Patienten wiesen eine, neun zwei oder mehr komorbide Störungen auf. Die häufigsten komorbiden Störungen waren Angst- oder depressive Störungen.

Das traumatische Ereignis lag im Mittel 17,8 Monate zurück, bei 18 Patienten (58%) war das Ereignis in den sechs Monaten vor Therapiebeginn passiert. Es handelte sich also meist um relativ „frische" Traumata. Interpersonelle Gewalterfahrungen ($N=15$) und Unfälle ($N=8$) waren die beiden häufigsten Traumaarten, gefolgt vom Verlust einer nahestehenden Person ($N=3$) und berufsbedingter Traumatisierung ($N=2$). Kriegserfahrungen, Miterleben einer Naturkatastrophe und schwere Krankheit wurden jeweils von einer Person angegeben.

Bei drei der Patienten schloss das traumatische Ereignis den Tod einer nahestehenden Person ein und vier trugen bleibende körperliche Einschränkungen davon.

5.1.3 Maße

Bisher kann nur auf Prä-post-Daten zurückgegriffen werden, da zum Zeitpunkt dieser Veröffentlichung noch nicht ausreichend Katamnesedaten vorliegen. Eine Katamneseuntersuchung ist jedoch geplant. Im Folgenden sind die Maße, die sich nicht speziell auf die PTBS beziehen und daher nicht im Kapitel 1.1.5 aufgeführt sind, kurz erläutert.

Brief Symptom Inventory (BSI)

Das BSI (Derogatis & Melisaratos, 1983) ist eine gekürzte Fassung der SCL-90-R (Derogatis, 1977), eines der verbreitetsten Maße zur Erfassung der Gesamtpsychopathologie weltweit. Das BSI erfasst 53 Symptome, für die jeweils die daraus resultierende Belastung für die letzten sieben Tage eingeschätzt werden soll. Wie auch mit der SCL-90-R lassen sich mit dem BSI die erhobenen Symptome in neun Skalen einteilen: Somatisierung, Zwanghaftigkeit, Unsicherheit im Sozialkontakt, Depressivität, Ängstlichkeit, Aggressivität/Feindseligkeit, phobische Angst, Paranoides Denken, Psychotizismus. Außerdem lassen sich verschiedene übergreifende Kennwerte ermitteln, wobei dem GSI *(global severity index)* als Maß allgemeiner psychischer Belastung eine besondere Bedeutung zukommt (Geisheim et al., 2002).

Inventory of Interpersonal Problems – Circumplex Version (IIP-C)

Das IIP-C ist ein Verfahren zur Messung interpersonaler Probleme, das bereits auf eine 20-jährige Geschichte zurückblicken kann. Vorgeschlagen wurde es von Horowitz, Rosenberg, Baer, Ureño und Villaseñor (1988). Das ursprüngliche IIP besteht aus 127 Items, die sich in zwei Gruppen unterteilen lassen. Für 78 Items sollen die Probanden angeben, wie schwer ihnen das beschriebene Verhalten fällt (z.B. „Es fällt mir schwer, jemandem ein Geschenk zu machen"), die anderen 49 Items beschreiben Verhaltensweisen, die im Übermaß gezeigt werden können (z.B. „Ich öffne mich anderen zu sehr"). Gemeinsam ist beiden Arten von Items der Antwortmodus: Die Einschätzung erfolgt auf einer fünfstufigen Likertskala.

Theoretisch basiert das IIP auf der Annahme, dass interpersonales Verhalten sich in einem zweidimensionalen semantischen Raum mit den voneinander unabhängigen Dimensionen Zuneigung und Dominanz darstellen lässt. Jede der acht Circumplex-Skalen beinhaltet acht Items, sodass das IIP-C mit 64 Items um die Hälfte kürzer ist als die ursprüngliche Version.

5.2 Ergebnisse

Im Folgenden sind nur die Ergebnisse der CPT-Gruppe dargestellt. Die Werte in den PTBS-Maßen konnten deutlich reduziert werden. Die Durchschnittswerte für die verschiedenen Maße sind in Tabelle 9 zu finden.

Tabelle 9: Symptomatik vor und nach der Therapie (Mittelwerte)

Instrument		prä	post
IES-R	Gesamtwert	62.6	14.48
	Intrusion	20.76	5.3
	Vermeidung	19.6	3.69
	Hyperarousal	22.2	5.4
PSS	Gesamtwert	27.87	11.19
BSI	GSI	1.43	0.58
PTCI	Gesamtwert	128.10	77.39

Die Effektstärke (Cohens *d*) betrug 1.64 für die PDS und 2.53 für den Gesamtwert des IES-R (Subskalen: Intrusion 2.16, Vermeidung 2.22, Hyperarousal 2.16). Diese Werte sind als sehr hoch zu bezeichnen und liegen im Bereich der in Metaanalysen gefundenen Ergebnisse für kognitiv-behaviorale Therapien. In Tabelle 10 sind zum Vergleich Werte aus Metaanalysen zur kognitiv-verhaltenstherapeutischen Traumatherapie dargestellt.

Nach der Therapie erfüllten 25 (78%) der Probanden nicht mehr die Kriterien für eine Posttraumatische Belastungsstörung. Zwei Patienten erfüllten noch die Kriterien für das Vollbild der Störung, vier für eine subsyndromale PTBS (nur zwei der drei Symptomcluster sind erfüllt).

Die BSI-Werte reduzierten sich deutlich. Die Effektstärke (Cohens d) für den GSI lag bei 1.53. Obwohl die CPT nicht explizit auf eine Veränderung interpersonaler Probleme abzielt, ergab sich in allen Skalen eine leichte Abnahme der Werte. In den Skalen „zu dominant", „zu streitsüchtig", „zu fürsorglich" und „zu aufdringlich" waren diese Veränderungen statistisch signifikant. Die Mittelwerte für die einzelnen Skalen zu Beginn und am Ende der Therapie sowie die Signifikanzniveaus für die Veränderung sind in Tabelle 11 dargestellt.

Tabelle 10: Effektstärken aus verschiedenen Metaanalysen

Arbeit	Vergleich	Effekt prä-post	
		selbst	fremd
Van Etten & Taylor (1998)	prä-post	1.27 (0.80–1.74)	1.89 (1.66–2.12)
Bradley et al. (2005)	prä-post	1.66 (1.18–2.14)	
Bisson et al. (2007)	BG-WL	1.70 (1.24–2.17)	1.40 (0.91–1.89)
CPT (N=31)	prä-post	2.55 (IES-R) 1.65 (PDS)	

Anmerkung: BG: Behandlungsgruppe, WL = Warteliste

Tabelle 11: Veränderung in den Subskalen des IIP-C

Subskala	prä	post	p
dominant	7.87	5.35	0.001
streitsüchtig	9.29	6.97	0.007
abweisend	9.00	6.90	0.022
sozial vermeidend	10.35	8.48	0.025
unterwürfig	11.87	10.35	0.217
ausnutzbar	11.16	9.68	0.096
fürsorglich	13.58	10.39	0.009
aufdringlich	10.45	8.00	0.006

Zusammenfassend lässt sich sagen, dass die Ergebnisse für die Traumasymptomatik positiv und mit anderen Studien vergleichbar sind. Allerdings sind diese aufgrund der relativ kleinen Stichprobe noch als vorläufig zu betrachten.

Literatur

Ahrens, J. & Rexford, L. (2002). Cognitive processing therapy for incarcerated adolescents with PTSD. *Journal of Aggression, Maltreatment, and Trauma, 6* (1), 201–216.

American Psychiatric Association (1994). *Diagnostic and statistical manual of mental disorders* (4th ed.). Washington, D.C.: Psychiatric Press.

Beck, J.G. & Clapp, J.D. (2011). A different kind of comorbidity: Understanding posttraumatic stress disorder and chronic pain. *Psychological Trauma: Theory, Research, Practice, and Policy, 3* (2), 101–108.

Beck, A.T., Rush, A.J., Shaw, B.F. & Emery, G. (1992). *Kognitive Therapie der Depression* (3., überarbeitete Auflage). Weinheim: Psychologie Verlags Union.

Benish, S.G., Imel, Z.E. & Wampold, B.E. (2008). The relative efficacy of bona fide psychotherapies for treating post-traumatic stress disorder: a meta-analysis of direct comparisons. *Clinical Psychology Review, 28,* 746–758.

Boos, A. (2005). *Kognitive Verhaltenstherapie nach chronischer Traumatisierung: Ein Therapiemanual.* Göttingen: Hogrefe.

Boos, A., Scheifling-Hirschbil, I. & Rüddel, H. (1999). Therapie-Evaluation einer stationären Gruppe „Traumabewältigung" innerhalb der psychosomatischen Behandlung und Rehabilitation von Patientinnen mit chronischer PTBS. *Verhaltenstherapie, 9,* 200–210.

Bradley, R., Greene, J., Russ, E., Dutra, L. & Westen, D. (2005). A Multidimensional Meta-Analysis of Psychotherapy for PTSD. *American Journal of Psychiatry, 162* (2), 214–227.

Breslau, N., Kessler, R.C., Chilcoat, H.D., Schultz, L.R., Davis, G.C. & Andreski, P. (1998). Trauma and posttraumatic stress disorder in the community: the 1996 Detroit Area Survey of Trauma. *Archives of General Psychiatry, 55* (7), 626–632.

Brings, S. (2008). Öffentliche Sicherheit und Strafverfolgung. In *Statistisches Bundesamt (Destatis): Datenreport 2008. Ein Sozialbericht für die Bundesrepublik Deutschland.* Bonn: Bundeszentrale für politische Bildung.

Butollo, W. & Karl, R. (in Vorbereitung). *Dialogische Exposition in der Traumatherapie.* Stuttgart: Klett-Cotta.

Cahill, S.P., Rothbaum B.O., Resick, P.A. & Follette, V.M. (2009). Cognitive-behavioral therapy for adults. In E.B. Foa, T.M. Keane, M.J. Friedman & J.A. Cohen (Eds.), *Effective treatments for PTSD. Practice Guidelines from the International Society for Traumatic Stress Studies* (2nd ed.). New York: Guilford Press.

Calhoun, K. & Resick, P.A. (1993). Post-traumatic stress disorder. In D.H. Barlow (Ed.), *Clinical handbook of psychological disorders: A step-by-step treatment manual* (2nd ed.). New York: Guilford Press.

Chard, K.M. (2005). An evaluation of cognitive processing therapy for the treatment of post-traumatic stress disorder related to childhood sexual abuse. *Journal of Consulting and Clinical Psychology, 73* (5), 965–971.

Chard, K.M., Weaver, T.L. & Resick, P.A. (1997). Adapting CPT for child sexual abuse survivors. *Cognitive and Behavioral Practice, 4,* 31–52.

Cook, J.M., Schnurr, P.P. & Foa, E.B. (2004). Bridging the gap between posttraumatic stress disorder research and clinical practice: The example of exposure therapy. *Psychotherapy: Theory, Research, Practice, Training, 4,* 374–387.

Ehlers, A. (1999). *Posttraumatische Belastungsstörung.* Göttingen: Hogrefe.

Ehlers, A., Bisson, J., Clark, D.M., Creamer, M., Pilling, S.M., Richards, D., Schnurr, P.P., Turner, S. & Yule, W. (2010). Do all psychological treatments really work the same in posttraumatic stress disorder? *Clinical Psychology Review, 30* (2), 269–276.

ESEMeD/MHEDEA 2000 Investigators (2004). Prevalence of mental disorders in Europe: Results from the European Study of the Epidemiology of Mental Disorders (ESEMeD) project. *Acta Psychiatrica Scandinavica, 109* (Suppl. 240), 21–27.

Foa, E.B., Cashman, L., Jaycox, L. & Perry, K. (1997). The validation of a self-report measure of posttraumatic stress disorder: the Posttraumatic Diagnostic Scale. *Psychological Assessment, 9* (4), 446–451.

Foa, E., Ehlers, A., Clark, D.M., Tolin, D.F. & Orsillo, S.M. (1999). The Posttraumatic Cognitions Inventory (PTCI): development and validation. *Psychological Assessment, 11* (3), 303–314.

Foa, E.B., Riggs, D.S., Dancu, C.V. & Rothbaum, B.O. (1993). Reliability and validity of a brief instrument for assessing post-traumatic stress disorder. *Journal of Traumatic Stress, 6* (4), 459–473.

Foa, E.B., Steketee, G. & Rothbaum, B.O. (1989). Behavioral/cognitive conceptualizations of post-traumatic stress disorder. *Behavior Therapy, 20,* 155–176.

Galovski, T.E., Monson, C., Bruce, S.E. & Resick, P.A. (2009). Does cognitive-behavioral therapy for PTSD improve perceived health and sleep impairment? *Journal of Traumatic Stress, 22* (3), 197–204.

Geisheim, C., Hahlweg, K., Fiegenbaum, W., Frank, M., Schröder, B. & von Witzleben, I. (2002). Das Brief Symptom Inventory (BSI) als Instrument zur Qualitätssicherung in der Psychotherapie. *Diagnostica, 48* (1), 28–36.

Gillespie, K., Duffy, M., Hackmann, A. & Clark, D.M. (2002). Community based cognitive therapy in the treatment of posttraumatic stress disorder following the Omagh bomb. *Behaviour Research and Therapy, 40* (4), 345–357.

Griesel, D., Wessa, M. & Flor, H. (2006). Psychometric qualities of the German version of the Posttraumatic Diagnostic Scale (PTDS). *Psychological Assessment, 18* (3), 262–268.

Griffin, M. G., Uhlmansiek, M. H., Resick, P. A. & Mechanic, M. (2004). Comparison of the Posttraumatic Stress Disorder Scale versus the Clinician-Administered Posttraumatic Stress Disorder Scale in domestic violence survivors. *Journal of Traumatic Stress, 17* (6), 497–503.

Horowitz, L. M., Rosenberg, S. E., Baer, B. A., Ureño, G. & Villaseñor, V. S. (1988). Inventory of Interpersonal Problems: Psychometric properties and clinical applications. *Journal of Consulting and Clinical Psychology, 56*, 885–892.

Jakupcak, M., Cook, J., Imel, Z., Fontana, A., Rosenheck, R. & McFall, M. (2009). Posttraumatic stress disorder as a risk factor for suicidal ideation in Iraq and Afghanistan War veterans. *Journal of Traumatic Stress, 22* (4), 303–306.

Kaluza, G. (2007). *Gelassen und sicher im Stress*. Berlin: Springer.

Kaysen, D., Lostutter, T. W. & Goines, M. A. (2005). Cognitive processing therapy for acute stress disorder resulting from an anti-gay assault. *Cognitive and Behavioral Practice, 12* (3), 278–289.

Kessler, R. C. (2000). Posttraumatic stress disorder: The burden to the individual and to society. *Journal of Clinical Psychiatry, 61* (Suppl. 5), 4–12.

Lee, D., Scragg, P. & Turner, S. (2001). The role of shame and guilt in traumatic events: A clinical model of shame-based and guilt-based PTSD. *British Journal of Medial Psychology, 74* (4), 451–466.

Maercker, A., Forstmeier, S., Wagner, B., Glaesmer, H. & Brähler, E. (2008). Posttraumatische Belastungsstörungen in Deutschland. *Nervenarzt, 79* (5), 577–586.

Maercker, A., Michael, T., Fehm, L., Becker, E. S. & Margraf, J. (2004). Age of traumatisation as a predictor of post-traumatic stress disorder or major depression in young women. *British Journal of Psychiatry, 184*, 482–487.

Maercker, A. & Schützwohl, M. (1998). Erfassung von psychischen Belastungsfolgen: Die Impact of Event Skala – revidierte Version (IES-R). *Diagnostica, 44* (3), 130–141.

Messman-Moore, T. L. & Resick, P. A. (2002). Brief treatment of complicated PTSD and peritraumatic responses in a client with repeated sexual victimization. *Cognitive and Behavioral Practice, 9*, 89–99.

Monson, C. M., Schnurr, P. P., Resick, P. A., Friedman, M. J., Young-Xu, Y. & Stevens, S. P. (2006). Cognitive processing therapy for veterans with military-related posttraumatic stress disorder. *Journal of Consulting and Clinical Psychology, 74* (5), 898–907.

Neuner, F. (2008) Stabilisierung vor Konfrontation in der Traumatherapie – Grundregel oder Mythos? *Verhaltenstherapie, 18*, 109–118.

Neuner, F., Onyut, P. L., Ertl, V., Odenwald, M., Schauer, E. & Elbert, T. (2008). Treatment of posttraumatic stress disorder by trained lay counselors in an African refugee settlement: a randomized controlled trial. *Journal of Consulting and Clinical Psychology, 76* (4), 686–694.

Nishith, P., Nixon, R. D. V. & Resick, P. A. (2005). Resolution of trauma-related guilt following treatment of PTSD in female rape victims: A result of cognitive processing therapy targeting comorbid depression? *Journal of Affective Disorders, 86* (2–3), 259–265.

Nishith, P., Resick, P. A. & Griffin, M. G. (2002). Pattern of change in prolonged exposure and cognitive processing therapy for female rape victims with posttraumatic stress disorder. *Journal of Consulting and Clinical Psychology, 70* (4), 880–886.

Orth, U. & Wieland, E. (2006). Anger, hostility, and posttraumatic stress disorder in trauma-exposed adults: a meta-analysis. *Journal of Consulting and Clinical Psychology, 74* (4), 698–706.

Perkonigg, A., Kessler, R. C., Storz, S. & Wittchen, H.-U. (2000). Traumatic events and post-traumatic stress disorder in the community: prevalence, risk factors and comorbidity. *Acta Psychiatrica Scandinavica, 101* (1), 46–59.

Plouffe, K. A. (2007). Paraprofessional intervention utilizing a cognitive processing therapy protocol. *Clinical Case Studies, 6* (4), 348–361.

Rando, T. A. (1993). *Treatment of Complicated Mourning*. Champaign, IL: Research Press.

Rauch, S. A. M., Grunfeld, T. E. E, Yadin, E., Cahill, S. P., Hembree, E. & Foa, E. B. (2009). Changes in reported physical health symptoms and social function with prolonged exposure therapy for chronic posttraumatic stress disorder. *Depression and Anxiety, 26* (8), 732–738.

Resick, P. A. (2003). *Stress und Trauma*. Bern: Hans Huber.

Resick, P. A. (2010a). *Workshop CPT*, 26. bis 27.07.2010 in München.

Resick, P. A. (2010b). *Stuck point help sheet for CPT therapists*. Persönliche Mitteilung, 21.12.2010.

Resick, P. A., Galovski, T. E., Uhlmansiek, M. O., Scher, C. D., Clum, G. A. & Young-Xu, Y. (2008). A randomized clinical trial to dismantle components of cognitive processing therapy for posttraumatic stress disorder in female victims of interpersonal violence. *Journal of Consulting and Clinical Psychology, 76* (2), 243–258.

Resick, P. A., Monson, C. M. & Chard, K. M. (2007). *Cognitive Processing Therapy: Veteran/military Version*. Washington, DC: Department of Veterans' Affairs.

Resick, P. A., Nishith, P., Weaver, T. L., Astin, M. C. & Feuer, C. A. (2002). A comparison of cognitive-processing therapy with prolonged exposure and a waiting condition for the treatment of chronic posttraumatic stress disorder in female rape victims. *Journal of Consulting and Clinical Psychology, 70* (4), 867–879.

Resick, P. A. & Schnicke, M. K. (1992). Cognitive processing therapy for sexual assault victims. *Journal of Consulting and Clinical Psychology, 60* (5), 748–756.

Resick, P. A. & Schnicke, M. K. (1993). *Cognitive Processing Therapy for Rape Victims: A Treatment Manual.* Newbury Park, CA: Sage.

Rosner, R., Henkel, C., Ginkel K. & Mestel, R. (2010). Was passiert nach der stationären Stabilisierung mit komplex traumatisierten PTB-Patientinnen? Die Bedeutung von Stabilisierung und Konfrontation für die Behandlung traumatisierter Frauen. *Zeitschrift für Psychiatrie, Psychologie und Psychotherapie, 58* (2), 127–135.

Rosner, R., Pfoh, G. & Kotoučová, M. (im Druck). Manual zur ambulanten Therapie der komorbiden komplizierten Trauer. In R. Rosner, G. Pfoh, R. Rojas, M. Brandstätter, G. Lumbeck, M. Kotoučová, R. Neuburger & E. Geissner (Hrsg.), *Komplizierte Trauer.* Göttingen: Hogrefe.

Rothbaum, B. O., Foa, E. B., Riggs, D. S., Murdock, T. & Walsh, W. (1992). A prospective examination of posttraumatic stress disorder in rape victims. *Journal of Traumatic Stress, 5* (3), 455–475.

Saß, H., Wittchen, H.-U., Zaudig, M. & Houben, I. (2002). *Diagnostische Kriterien DSM-IV-TR.* Göttingen: Hogrefe.

Schock, K., Rosner, R., Wenk-Ansohn, M. & Knaevelsrud, C. (2010). Retraumatisierung – Annäherung an eine Begriffsbestimmung. *Psychotherapie Psychosomatik Medizinische Psychologie, 60* (7), 243–249.

Schulz, P. M., Huber, L. C. & Resick, P. A. (2006). Practical adaptations of cognitive processing therapy with Bosnian refugees: Implications for adapting practice to a multicultural clientele. *Cognitive and Behavioral Practice, 13,* 310–321.

Schulz, P. M., Resick, P. A., Huber, L. C. & Griffin, M. G. (2006). The effectiveness of cognitive processing therapy for PTSD with refugees in a community setting. *Cognitive and Behavioral Practice, 13,* 322–331.

Sobel, A. A., Resick, P. A. & Rabalais, A. E. (2009). The effect of cognitive processing therapy on cognitions: impact statement coding. *Journal of Traumatic Stress, 22* (3), 205–211.

Taft, C. T., Kaloupek, D. G., Schumm, J. A., Marshall, A. D., Panuzio, J., King, D. W. & Keane, T. M. (2007). Posttraumatic stress disorder symptoms, physiological reactivity, alcohol problems, and aggression among military veterans. *Journal of Abnormal Psychology, 116* (3), 498–507.

Tarrier, N. & Sommerfield, C. (2004). Treatment of chronic PTSD by cognitive therapy and exposure: 5-year follow-up. *Behavior Therapy, 35,* 231–246.

Teten, A. L., Schumacher, J. A., Taft, C. T., Stanley, M. A., Kent, T. A., Bailey, S. D., Dunn, N. J. & White, D. L. (2010). Intimate partner aggression perpetrated and sustained by male Afghanistan, Iraq, and Vietnam veterans with and without posttraumatic stress disorder. *Journal of Interpersonal Violence, 25* (9), 1612–1630.

Vries, G.-J. de & Olff, M. (2009). The lifetime prevalence of traumatic events and posttraumatic stress disorder in the Netherlands. *Journal of Traumatic Stress, 22* (4), 259–267.

Wald, J. (2009). Work limitations in employed persons seeking treatment for chronic posttraumatic stress disorder. *Journal of Traumatic Stress, 22* (4), 312–315.

Weltgesundheitsorganisation WHO (2005). *Internationale Klassifikation psychischer Störungen. ICD-10 Kapitel V (F). Klinisch-diagnostische Leitlinien.* Bern: Hans Huber.

Wittchen, H.-U. & Pfister, H. (Hrsg.). (1997). *DIA-X Interview. Instruktionsmaterial zur Durchführung von DIA-X-Interviews.* Frankfurt: Swets & Zeitlinger.

Wittchen, H.-U., Zaudig, M. & Fydrich, T.(1997). *Strukturiertes Klinisches Interview für DSM-IV (SKID).* Göttingen: Hogrefe.

Zappert, L. N. & Westrup, D. (2008). Cognitive processing therapy for posttraumatic stress disorder in a residential treatment setting. *Psychotherapy Theory, Research, Practice, Training, 45* (3), 361–376.

Zayfert, C., Deviva, J. C, Becker, C. B., Pike, J. L., Gillock, K. L. & Hayes, S. A. (2005). Exposure utilization and completion of cognitive behavioral therapy for PTSD in a „real world" clinical practice. *Journal of Traumatic Stress, 18* (6), 637–645.

Anhang

	Übersicht über die Arbeitsblätter auf der CD-ROM
Sitzung 1	• Arbeitsblatt 1.1 Was versteht man unter einer Posttraumatischen Belastungsstörung? • Arbeitsblatt 1.2 Welche Faktoren spielen bei der Aufrechterhaltung der Posttraumatischen Belastungsstörung eine Rolle? • Arbeitsblatt 1.3 Was passiert in der Therapie? • Arbeitsblatt 1.4 Therapievertrag • Arbeitsblatt 1.5 Ziele und Ressourcen
Sitzung 2	• Arbeitsblatt 2.1 Aktivitäten und Kontakte • Arbeitsblatt 2.2 Hängepunkte – Was ist das? • Arbeitsblatt 2.3 Hängepunkte-Liste • Arbeitsblatt 2.4 Bericht über die Auswirkungen des Traumas
Sitzung 3	• Arbeitsblatt 3.1 Aktivitäten und Kontakte • Arbeitsblatt 3.2 Gefühle • Arbeitsblatt 3.3 ABC-Arbeitsblatt • Arbeitsblatt 3.4 Bis zur nächsten Sitzung
Sitzung 4	• Arbeitsblatt 4.1 Aktivitäten und Kontakte • Arbeitsblatt 4.2 ABC-Arbeitsblatt • Arbeitsblatt 4.3 Bis zur nächsten Sitzung
Sitzung 5	• Arbeitsblatt 5.1 Aktivitäten und Kontakte • Arbeitsblatt 5.2 Schriftliche Traumaschilderung
Sitzung 6	• Arbeitsblatt 6.1 Aktivitäten und Kontakte • Arbeitsblatt 6.2 Zweite schriftliche Traumaschilderung
Sitzung 7	• Arbeitsblatt 7.1 Aktivitäten und Kontakte • Arbeitsblatt 7.2 Hilfreiche Fragen • Arbeitsblatt 7.3 Beispiel für ein ausgefülltes „Hilfreiche Fragen"-Arbeitsblatt • Arbeitsblatt 7.4 Bis zur nächsten Sitzung
Sitzung 8	• Arbeitsblatt 8.1 Aktivitäten und Kontakte • Arbeitsblatt 8.2 Problematische Denkmuster • Arbeitsblatt 8.3 Beispiele für ausgefüllte „Problematische Denkmuster"-Arbeitsblätter • Arbeitsblatt 8.4 Bis zur nächsten Sitzung
Sitzung 9	• Arbeitsblatt 9.1 Überzeugungen hinterfragen • Arbeitsblatt 9.2 Sicherheit • Arbeitsblatt 9.3 Bis zur nächsten Sitzung
Sitzung 10	• Arbeitsblatt 10.1 Überzeugungen hinterfragen • Arbeitsblatt 10.2 Vertrauen • Arbeitsblatt 10.3 Bis zur nächsten Sitzung
Sitzung 11	• Arbeitsblatt 11.1 Überzeugungen hinterfragen • Arbeitsblatt 11.2 Macht und Kontrolle • Arbeitsblatt 11.3 Bis zur nächsten Sitzung

Übersicht über die Arbeitsblätter auf der CD-ROM	
Sitzung 12	• Arbeitsblatt 12.1 Überzeugungen hinterfragen • Arbeitsblatt 12.2 Wertschätzung • Arbeitsblatt 12.3 Bis zur nächsten Sitzung
Sitzung 13	• Arbeitsblatt 13.1 Überzeugungen hinterfragen • Arbeitsblatt 13.2 Intimität und Selbstfürsorge • Arbeitsblatt 13.3 Bis zur nächsten Sitzung
Sitzung 14	• Arbeitsblatt 14.1 Überzeugungen hinterfragen • Arbeitsblatt 14.2 Zweiter Bericht über die Auswirkungen des Traumas
Optionale Sitzung	• Arbeitsblatt T.1 Mythen über Trauer und Trauern • Arbeitsblatt T.2 Bis zur nächsten Sitzung
Zusatzmaterial	• Arbeitsblatt Z.1: Schlafhygenie • Arbeitsblatt Z.2: Macht ausüben und Macht abgeben

Lisa M. Najavits

Posttraumatische Belastungsstörung und Substanzmissbrauch

Das Therapieprogramm »Sicherheit finden«

(Reihe: »Therapeutische Praxis«)
2009, 371 Seiten,
Großformat, inkl. CD-ROM,
€ 59,95 / sFr. 99,–
ISBN 978-3-8017-2127-5

Das evidenzbasierte Therapieprogramm bietet mit 25 flexibel einsetzbaren Sitzungen eine ideale Basis zur Behandlung von Personen mit Suchterkrankungen, die an den Folgen traumatischer Erfahrungen leiden.

Anne Boos

Kognitive Verhaltenstherapie nach chronischer Traumatisierung

Ein Therapiemanual

(Reihe: »Therapeutische Praxis«)
2005, 202 Seiten, Großformat,
€ 36,95 / sFr. 63,50
ISBN 978-3-8017-1791-9

Das Manual erläutert praxisnah das kognitiv-verhaltenstherapeutische Vorgehen bei Posttraumatischen Belastungsstörungen unter Berücksichtigung komorbider Störungen und Symptome.

Johanna Thünker
Reinhard Pietrowsky

Alpträume

Ein Therapiemanual

(Reihe: »Therapeutische Praxis«)
2011, 106 Seiten, Großformat,
inkl. CD-ROM, € 39,95 / sFr. 59,–
ISBN 978-3-8017-2297-5

Das Manual beschreibt ein Programm zur Therapie von Alpträumen, welches auf der Imagery-Rehearsal-Therapie basiert.

Christoph Kröger · Carolin Ritter
Richard A. Bryant

Akute Belastungsstörung

Ein Therapiemanual

(Reihe: »Therapeutische Praxis«)
2012, 125 Seiten,
Großformat, inkl. CD-ROM,
€ 36,95 / sFr. 49,90
ISBN 978-3-8017-2418-4

Das Manual liefert einen anwendungsbezogenen Leitfaden zur Diagnostik und Behandlung der akuten Belastungsstörung.

Anne Boos

Traumatische Ereignisse bewältigen

Hilfen für Verhaltenstherapeuten und ihre Patienten

2007, 172 Seiten, Kleinformat,
€ 16,95 / sFr. 28,40
ISBN 978-3-8017-2066-7

Anke Ehlers

Posttraumatische Belastungsstörung

(Reihe: »Fortschritte der Psychotherapie«, Band 8)
1999, VII/99 Seiten,
€ 19,95 / sFr. 35,90
(Im Reihenabonnement
€ 15,95 / sFr. 26,80)
ISBN 978-3-8017-0797-2

Der Ratgeber bietet verständliche Informationen zur Posttraumatischen Belastungsstörung und zeigt Wege auf, wie die Folgen eines Traumas im Rahmen einer Verhaltenstherapie bewältigt werden können.

Psychotherapeuten, Psychologen und Psychiater finden in diesem Buch zahlreiche praxisorientierte Hinweise für die Diagnostik und Behandlung der posttraumatischen Belastungsstörung.

HOGREFE

Hogrefe Verlag GmbH & Co. KG
Merkelstraße 3 · 37085 Göttingen · Tel.: (0551) 99950-0 · Fax: -111
E-Mail: verlag@hogrefe.de · Internet: www.hogrefe.de

Georg H. Eifert

Akzeptanz- und Commitment-Therapie (ACT)

(Reihe: »Fortschritte der Psychotherapie«, Band 45)
2011, VII/102 Seiten,
€ 19,95 / sFr. 29,90
(Im Reihenabonnement
€ 15,95 / sFr. 23,80)
ISBN 978-3-8017-2215-9

Das Buch liefert eine prägnante und leicht zugängliche Einführung in die Grundlagen und Strategien der Akzeptanz- und Commitment-Therapie (ACT).

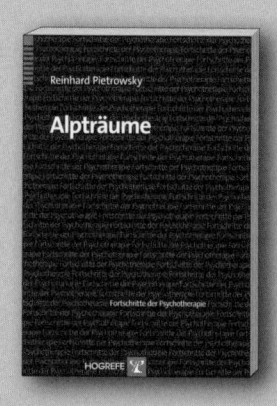

Reinhard Pietrowsky

Alpträume

(Reihe: »Fortschritte der Psychotherapie«, Band 46)
2011, VIII/85 Seiten,
€ 19,95 / sFr. 28,50
(Im Reihenabonnement
€ 15,95 / sFr. 22,90)
ISBN 978-3-8017-2315-6

Praxisorientiert informiert dieses Buch über Alpträume und stellt das diagnostische und therapeutische Vorgehen bei dieser Störung des Schlafes vor.

Regina Steil · Rita Rosner

Posttraumatische Belastungsstörung

(Reihe: »Leitfaden Kinder- und Jugendpsychotherapie«, Band 12)
2009, IX/140 Seiten,
€ 24,95 / sFr. 37,40
(Im Reihenabonnement
€ 17,95 / sFr. 29,90)
ISBN 978-3-8017-1818-3

Der Leitfaden bietet einen praxisorientierten und umfassenden Einblick in die Diagnostik und Behandlung der Posttraumatischen Belastungsstörung (PTB) bei Kindern und Jugendlichen.

Rita Rosner · Regina Steil

Ratgeber Posttraumatische Belastungsstörung

Informationen für Betroffene, Eltern, Lehrer und Erzieher

(Reihe: »Ratgeber Kinder- und Jugendpsychotherapie«, Band 12)
2009, 56 Seiten, Kleinformat,
€ 8,95 / sFr. 15,20
ISBN 978-3-8017-1819-0

Der Ratgeber bietet leicht verständliche Informationen zur Posttraumatischen Belastungsstörung in Kindheit und Jugend.

Anne Dyer · Regina Steil

Starke Kinder

Strategien gegen sexuellen Missbrauch

2012, ca. 140 Seiten,
Kleinformat,
ca. € 14,95 / sFr. 21,90
ISBN 978-3-8017-2366-8

Der Ratgeber will Eltern für die Gefahr eines sexuellen Missbrauchs ihrer Kinder sensibilisieren. Er zeigt Strategien gegen sexuelle Gewalt auf und macht Vorschläge, wie mit dem Verdacht eines sexuellen Missbrauchs umgegangen werden kann.

John P. Forsyth · Georg H. Eifert

Mit Ängsten und Sorgen erfolgreich umgehen

Ein Ratgeber für den achtsamen Weg in ein erfülltes Leben mit Hilfe von ACT

2010, 245 Seiten, Kleinformat,
inkl. CD-ROM, € 24,95 / sFr. 42,–
ISBN 978-3-8017-2249-4

Der Ratgeber liefert ein wirkungsvolles Selbsthilfeprogramm zum erfolgreichen Umgang mit Ängsten und Sorgen. Mithilfe des ACT-Ansatzes lernen Betroffene, ihre Aufmerksamkeit von der Angst weg auf das zu richten, was ihnen wirklich wichtig ist im Leben.

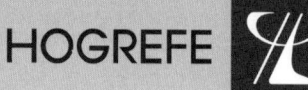

HOGREFE

Hogrefe Verlag GmbH & Co. KG
Merkelstraße 3 · 37085 Göttingen · Tel.: (0551) 99950-0 · Fax: -111
E-Mail: verlag@hogrefe.de · Internet: www.hogrefe.de